« RÉPONSES »
Collection créée par Joëlle de Gravelaine,
dirigée par Sylvie Angel et Abel Gerschenfeld

YVA BARTHÉLÉMY

LA VOIX LIBÉRÉE

Dessins originaux de Josée Bougault

ROBERT LAFFONT

ISBN 2-221-09861-7

À mon fils Jean-Michel
sur son chemin
de lumière

Ce qu'un être peut expérimenter de plus beau et de plus profond, c'est le sens du mystère. C'est le principe qui sous-tend la religion et toute entreprise artistique ou scientifique sérieuse. Celui qui n'a pas expérimenté cela, s'il n'est pas mort, est au moins aveugle. Saisir que, derrière chaque expérience de la vie, il y a quelque chose qui échappe à notre entendement, dont la beauté et le sublime ne nous atteignent qu'indirectement, c'est la religiosité. Dans ce sens, je suis religieux. Pour moi, il suffit de s'émerveiller devant ces secrets et de tenter humblement de saisir par l'esprit ne serait-ce qu'une image de la structure grandiose de tout ce qui est.

ALBERT EINSTEIN

Remerciements

Comme dans la première édition de mon livre, je tiens à renouveler mes remerciements au Dr Jean Abitbol, qui est toujours resté attentif aux résultats de mon travail. Dans le domaine de l'art lyrique, ses observations et ses diagnostics sont appréciés et recherchés. Son avis m'est très précieux pour cibler une rééducation.

J'adresse également mes remerciements au Dr Bernard Azoulay, qui a toujours accepté de me confier les cassettes filmées de larynx en action chantée pour éclairer mes observations et adapter ainsi au mieux mes exercices de remise en état de bonne marche.

Je suis toujours reconnaissante à ma sœur Josée, peintre et sculptrice, qui a mis son grand talent au service des planches anatomiques de ce livre, qu'elle a su rendre esthétiques.

Mes remerciements vont aussi tout naturellement vers les amis fidèles qui m'ont soutenue et aidée dans mon parcours passionnant, laborieux et si riche d'amitiés :

Tout d'abord à Jean-Jacques Desbons, président de mon association IDEV [1], et à sa femme, Florence, qui, en 1978, ont découvert avec joie les bienfaits de ma méthode sur leurs voix et qui m'ont depuis entourée d'une aide

1. Institut pour le développement de l'expression vocale.

fidèle et attentive. Malgré leurs activités très prenantes, ils furent toujours présents dans les moments importants de ma vie et ils surent par leurs personnalités gérer la bonne marche de cette association pour sauvegarder ma tranquillité, en me laissant centrée sur ma recherche. Le monde merveilleux de la musique et du chant était leur passion à tous deux. Leur belle et grande demeure campagnarde était toujours inondée par les effluves de la musique où le beau chant avait une place privilégiée. Les vins appartenant aux plus grands millésimes accompagnaient délicieusement nos émotions musicales.

Jean-Jacques nous a quittés tellement trop tôt ! Il a surveillé jusqu'au terme de sa vie l'évolution constante de mon travail. Il reste infiniment présent.

Florence a spontanément et chaleureusement repris la présidence de l'association en continuant parallèlement de favoriser mes activités dans le cadre de l'atelier de musique du Perche, qu'elle préside.

Je remercie aussi le cercle d'amis qui animent mon association :

Camille, trésorière scrupuleuse et si délicate dans son aide bénévole, et cela malgré une activité débordante dans son métier ;

Dominique, secrétaire générale du conseil d'administration, toujours présente dans les réunions importantes, soutenant l'association avec beaucoup de générosité ;

Annie, secrétaire modèle de l'IDEV, dont la disponibilité amicale m'est précieuse ;

sans oublier :

Marianne, délicieuse chanteuse qui m'assiste fidèlement depuis des années et qui transmet scrupuleusement ma technique ;

Jean-Nicolas, pianiste concertiste, qui met son talent au service des élèves pour approfondir leur musicalité.

Un grand merci enfin à tous mes élèves et stagiaires, avec qui j'ai vécu des moments de joie partagée.

L'oiseau libéré

À peine a-t-elle dit « Allô » au téléphone que je sais que c'est elle et que mon oreille en est toute réjouie : me voici prise dans un jaillissement de notes de toutes couleurs et de toutes hauteurs, une sorte d'arc-en-ciel musical destiné à établir un pacte de bonheur entre elle et moi.

Comment Yva y parvient-elle ? Ce livre, *La Voix libérée*, est là pour nous l'expliquer et nous apprendre à en faire autant : à libérer les sources d'harmonie et de joie que recèle notre gosier...

Car Yva n'est pas qu'une soprano, une représentante consommée de l'art lyrique – même si elle y a renoncé pour se consacrer à la recherche vocale –, elle sait, elle a voulu savoir pourquoi l'oiseau qui est en nous chante.

Ou ne chante pas.

Pourquoi on lui a, en quelque sorte, « coupé le kiki »...

Tous les êtres humains sont dotés d'un instrument magique, de ce pouvoir qui fit d'Orphée un dieu : émettre des sons si beaux qu'ils peuvent charmer les autres créatures...

Bien des animaux en sont privés : la vache, le chien, par exemple, quand ils donnent de la voix ne nous emballent guère. Même les oiseaux ne sont pas tous des rossignols : le chant du canard, du paon, de la mouette donne envie de se boucher les oreilles... Alors que celui de l'être humain est parfois si beau qu'on y sent la présence d'une âme, de la divinité...

Reste que cet immense pouvoir, la plupart du temps, est mutilé, enchaîné, rendu infirme par un mauvais usage.

Bien sûr, tout le monde ne peut pas espérer être Maria Callas ou Pavarotti, ou même Piaf ou Céline Dion – ces surdoués anatomiques –, mais tout le monde possède au départ un gosier semblable au leur : un larynx, des cordes vocales, des poumons, et une multiplicité de petits muscles, le tout prêt à fonctionner.

C'est ce qu'Yva Barthélémy a compris – on ne saurait dire découvert, car chacun sait qu'un instrument vocal est présent chez chaque nouveau-né... Il suffit de savoir s'en servir.

Ce qui n'est pas forcément simple... Chez moi, par exemple, on ne chantait pas et on m'empêchait de chanter au nom d'une condamnation sans appel : « Tu chantes faux ! »

C'est sur le tard, quand à force de me retenir j'en perdais presque ma voix parlée, que j'ai connu Yva.

« Personne ne chante faux, a-t-elle tout de suite protesté, ni toi, ni les autres, c'est ton oreille interne qui n'est pas ouverte. Manque de musculature.

— Mais à quoi ça sert que j'entende, je n'ai pas de voix !

— Évidemment ! Tu n'as jamais exercé tes cordes vocales, ni le reste de ton larynx, ton instrument vocal s'est atrophié...

— Alors, plus rien à espérer, je suis infirme de ce côté-là ?

— Il y a tout à faire, au contraire, viens me voir et je t'expliquerai comment...

— Tu vas me faire chanter ?

— Je vais commencer par te faire faire de la gymnastique... Des exercices spécifiques que j'ai inventés ! »

Le mot « gymnastique » ne m'enthousiasme guère, pourtant, dès la première leçon, l'enseignement d'Yva se révèle un bonheur ! Ouvrir la bouche toute grande – interdit dans mon enfance –, tirer la langue – je ne vous dis pas les taloches –, retrouver l'usage de mon diaphragme, des muscles du cou... Car tout ce joli monde, à l'appel de la « sourcière », se remet en mouvement, chaque région réveillant sa voisine, comme par contagion... Bénéfice supplémentaire : je vois mon corps changer de forme !

« Yva, j'ai mon estomac qui se creuse, mon cou s'allonge, mes joues remontent...

— C'est un sous-produit de mon travail vocal : tu te sculptes...

— Et puis, j'ose à peine te le dire, tu vas me croire prétentieuse...

— Quoi donc ?

— J'émets des *o,* des *a,* des *i,* des *é* qui ne me déplaisent pas trop ! »

Yva sourit, branche le magnétophone, me fait écouter la bande : « Mais qui chante ces notes-là, c'est toi, Yva ?

— Mais non, c'est toi, ce sont tes nouveaux sons, ma chérie... Tu te rends compte comme c'est joli ? »

D'avoir émis quelques notes qui n'écorchent pas mon oreille est un stimulant formidable. L'entier de ma tête – n'oublions pas qu'elle est « creuse », pleine de cavités – se met à vibrer, se détendre... Et mes pensées aussi !

Je serais donc de la même famille que les rossignols, même si je ne dois jamais les égaler ?

Merci à Yva.

Merci pour cette révélation et ce travail exceptionnel, merci aussi pour ses expressions spontanées, délicieuses, profondes, qui ponctuent ses leçons. Le sait-elle, Yva, qu'elle est un poète ? De cela aussi je m'enchante...

« Tu comprends, je suis un luthier, et je m'applique pièce par pièce à recomposer, remettre en état ton instrument qui s'était délabré à ne pas servir... Allez, aujourd'hui, on va travailler ta mâchoire... N'oublie pas : on ne chante pas sans ouvrir la bouche ! C'est que ta bouche est une cathédrale, c'est sous cette immense voûte que tu dois chanter ! Doux, doux, ta voix doit sortir comme un ruban de soie, sans effort, sans cassure... Ça n'est que du souffle !

« Et puis souris, sois belle, oui, même en tirant la langue, en ouvrant grands tes yeux tu es belle ! Si tu ne me crois pas, prends le miroir... »

Mais je n'ai pas besoin du miroir, c'est toi Yva qui es belle : chaque fois que je me trouve faire un progrès, dont parfois je n'ai même pas conscience, je vois ton visage s'illuminer... Comme si tu avais ramassé un oiseau blessé, et que grâce à tes soins, si attentifs, si minutieux, grâce à ta science et à ton amour de l'être, tu le rendais à sa vocation : chanter. Chanter la vie, chanter le bonheur, chanter la paix sur le monde...

Il est sûrement beau, et même magnifique d'être une grande diva, – j'admire profondément la Callas – mais apprendre à chanter à tous, libérer la voix de ceux qu'on a en quelque sorte muselés, me paraît un accomplissement tout aussi extraordinaire.

Sans compter les « grandes voix », celles des stars de l'art lyrique, auxquelles il arrive aussi d'être fatiguées, perdues même qu'Yva Barthélémy ne cesse de remettre en forme – et c'est sa fierté – dans le secret de son studio parisien.

Réjouis-toi, Yva : même si tes « oiseaux », emportés par leur chant retrouvé, te quittent pour aller vers leur destin, parfois fabuleux, aucun ne pourra jamais t'oublier.

Maintenant, explique-nous point par point comment tu parviens à un tel miracle.

Car cette grande initiatrice n'a pas voulu garder pour elle seule la longue histoire de ses étonnantes découvertes, elle a la générosité, page après page, étape après étape, de partager avec tous sa belle aventure sur les chemins de la voix retrouvée.

MADELEINE CHAPSAL

Préface

Je n'oublierai jamais ce concert donné à l'IDEV (Institut pour l'expression du développement vocal) après sa première année de fonctionnement : nous étions tous chanteurs amateurs ou professionnels, tantôt sur « scène », et tantôt dans le public. C'était une très belle soirée d'été comme il y en a parfois à Paris, il faisait beau et chaud, nous mangions des cerises et les noyaux volaient gaiement par les fenêtres.

La petite maison de la rue Roger-Verlomme était pleine à craquer, les uns et les autres étaient assis sur les marches de l'escalier ou sur les rebords des fenêtres. L'ambiance était chaleureuse et exigeante à la fois car tous nous étions à même de percevoir les failles et les talents de ceux qui chantaient. Nos voisins, les pères blancs, virent soudainement ce soir-là leur liturgie s'emplir d'airs d'opéra ! Ils se sont habitués depuis et spiritualité et chant font très bon ménage.

Chanter en soliste devant tout un public de chanteurs est probablement plus difficile que de se retrouver nu devant les autres. Je tremblais de la tête aux pieds mais, grâce à la technique vocale qu'Yva Barthélémy m'avait enseignée, ma voix, elle, ne tremblait absolument pas et je pus interpréter vaillamment ce que j'avais préparé.

Joëlle de Gravelaine, aujourd'hui disparue, était parmi

nous et elle nous étonna par la manière très habitée qu'elle eut d'interpréter, avec son incroyable voix de contralto, des œuvres de Haendel. Je voudrais témoigner ici de la grande estime que j'ai pour elle. Elle avait su très tôt reconnaître l'importance du travail d'Yva. Avec patience et persévérance, elle avait permis l'avènement de ce texte qui depuis bientôt vingt ans est réimprimé régulièrement. L'accueil fait à ce livre montre combien elle avait vu juste. L'appui éditorial qu'elle lui a apporté a ouvert à de nombreux chanteurs l'accès à la connaissance de cette technique vocale.

Il y avait aussi mon mari, Jean-Jacques, qui chanta l'air du comte dans *Les Noces de Figaro*. Nous étions tous sous le charme de sa séduisante voix de baryton d'autant qu'un petit air de compétition régnait ce soir-là, Philippe Meyer, également élève de l'école, interprétant le même air, « Cosa sento », avec tout autant de séduction. Jean-Jacques avait de très sévères troubles cardiaques, il avait coutume de dire qu'il soignait le cœur par le chœur et lui aussi avait très vite compris l'importance du travail d'Yva à qui il apportait un grand soutien en tant qu'ami et premier président de l'IDEV.

C'est en 1984 qu'Yva Barthélémy a écrit *La Voix libérée*, où elle développe avec beaucoup de précision une méthode qu'elle avait mise au point après un long travail sur elle-même, puis affinée avec d'autres chanteurs afin de perfectionner et de préserver leur instrument vocal. Elle s'était aussi intéressée à la rééducation des voix abîmées par la fatigue ou par des accidents.

Écrire ce livre était pour elle aussi important que de transmettre directement sa technique aux chanteurs qui souhaitaient améliorer leurs performances vocales. Elle tenait beaucoup à laisser un document écrit qui témoignerait pour le futur du travail de recherche qu'elle avait accompli.

Aujourd'hui, presque vingt ans après sa première publication, elle l'a complété de deux chapitres consacrés aux progrès acquis depuis 1983. Et elle m'a fait l'honneur et le très grand plaisir de me demander de rédiger sa nouvelle préface, dans l'espoir que ma pratique de la psychanalyse ainsi que la connaissance de la voix que j'ai acquise à travers son enseignement devrait permettre quelques réflexions.

En premier lieu, j'ai appris qu'une bonne technique vocale permet de s'exprimer en public sans que la voix trahisse de façon déplaisante son trac, son embarras ou des émotions trop envahissantes. Je l'ai vérifié sur moi-même chaque fois que j'ai chanté et aussi lorsque j'ai eu à faire des conférences devant un parterre de psychanalystes exigeants.

La technique vocale d'Yva s'apparente à une excellente condition physique telle celle qu'acquièrent les athlètes pour réussir une épreuve sportive. Elle fabrique des athlètes de la voix. Cela permet aux chanteurs d'aborder sans fatigue vocale excessive leur répertoire et de disposer de toutes leurs facultés pour interpréter les œuvres et exprimer leurs émotions sans que la voix faiblisse ou même trahisse leur trouble intérieur.

La bonne connaissance des phénomènes intrapsychiques, qui inclut la mise au jour de l'inconscient, permet aux psychanalystes d'aborder des cures analytiques avec des patients très perturbés : c'est une condition essentielle de la pratique de la psychanalyse sans laquelle le psychanalyste risque de se déstructurer et de bien mal soigner ses patients. Dans les deux cas, le phénomène est le même : la forme physique ou psychique agit comme une armature qui empêche une déstructuration de la voix ou de la psyché sous le choc des émotions.

La voix est un instrument majeur de la séduction puisque c'est elle qui nous permet de rencontrer « humainement » l'autre. Très vite, le petit enfant le SAIT puisqu'il va moduler ses cris puis ses gazouillis en fonction de ce qu'il souhaite obtenir des personnes qui s'occupent de lui. La voix la plus juste, qui respecte au plus près l'écriture musicale et possède une technique vocale parfaite, si elle n'exprime pas une séduction, n'aura aucune chance de capter l'attention du public. Alors qu'une voix éventuellement moins « travaillée » mais qui a le souhait d'accrocher l'attention, aura plus de chance d'avoir du succès.

Tous les grands orateurs ou chanteurs le savent : un discours morne devient un flot de mots privés de sens, une mélodie monocorde n'est plus qu'un flot de notes insipides...

Cette rencontre « humainement » exprimée par la voix peut être de nature différente (sexuelle, intellectuelle, spirituelle, etc.) mais dans tous les cas elle exprimera la force de vie d'un individu. Lorsque cette force vient à manquer, parce que la personne est déprimée ou parce que, pour des raisons pathologiques ou conjoncturelles (deuil par exemple) elle est trop centrée sur elle-même, la voix, en quelque sorte dévitalisée, peut provoquer la fuite de celui qui écoute.

Cette approche de la voix dans sa fonction de communication s'apparente au dualisme des pulsions de vie et de mort. Sans entrer dans une théorisation compliquée, il est évident qu'une voix bien vivante attire l'autre alors qu'une voix mortifère le fait fuir.

Savoir écouter est aussi essentiel à la connaissance de l'autre que la capacité de capter son attention.

Les centaines de chanteurs écoutés à l'IDEV en présence d'Yva et ses remarques toujours judicieuses m'ont appris à écouter avec une attention soutenue le message plus profond du chant.

Dans mon métier j'ai aussi appris à écouter mes patients au-delà des mots prononcés. En effet, il ne s'agit pas de s'attarder au discours manifeste mais de saisir le discours latent, souvent inconscient même pour celui qui l'exprime. Là encore le petit enfant qui ne possède pas encore bien le langage ne s'y trompe pas, il SAIT, au-delà des mots, l'état psychique de celui qui émet un message.

Je suis devenue de plus en plus attentive à la « musique » des mots exprimée à travers la voix, à tel point parfois que j'en perds le sens premier de la phrase. Mais quelle approche fine de l'autre ! Merci, Yva, pour tout ce que tu nous as apporté. Mon souhait est que ce nouveau livre apporte encore pour longtemps la joie de saisir toute la magie de la voix à ceux qui ne l'auraient pas encore découverte.

FLORENCE DESBONS

À Régine Crespin

Chère Grande Dame,

Le Monde de la Voix est le vôtre. Vous l'avez servi avec tant de grâce, de puissance, d'émotion et de sensibilité. Les plus grands chefs d'orchestre et le public ont admiré votre talent, votre authenticité. Vous savez si bien exprimer l'inexprimable.

J'aime votre particulière façon d'épouser les mots et de faire vivre amoureusement chaque inflexion, comme dans vos inoubliables *Nuits d'été* de Berlioz et *Schéhérazade* de Ravel. Je prends plaisir à écouter la résonance de vos silences, si sensible que je suis au contenu de votre voix et de votre pensée musicale.

La justesse parfaite de votre émission est une adéquation entre la voix de votre cœur et celle qui vous attire vers le haut, vers l'infini, vers la spiritualité.

Vous possédez ce qui ne s'apprend pas. J'aime votre personnalité imposante, impressionnante, et cependant si chaleureuse lorsqu'on a la chance de vous côtoyer.

Je n'oublierai jamais la confiance que vous m'avez témoignée en me proposant d'assurer votre classe du Conservatoire pendant l'un de vos séjours aux États-Unis. Vous souhaitiez faire connaître ma préparation musculaire à vos élèves. Je garde un souvenir très agréable de l'intérêt qu'ils ont manifesté pour mon travail. Ils ont bien compris son impact sur la résistance et la santé de la voix.

Soyez assurée, madame, de ma fidélité et de mon admiration.

Vingt ans après...

Après vingt années de pratique intensive de ma méthode, cette deuxième édition était nécessaire pour relater mon expérience et le chemin parcouru.

Chère Joëlle de Gravelaine, tu m'as incitée à écrire ce livre et tu m'as soutenue. Je garde avec toi le souvenir d'une amitié profonde, délicate, sincère et constructive. Tu as tout de suite compris la portée de cette découverte pour tout ce qui anime la voix. Tu as toujours approuvé, soutenu et compris ma recherche inlassable pour décrypter ses mystères. Ma confiance inébranlable dans ce travail de base, en raison des résultats, m'a toujours fait penser que ce serait un moyen d'avenir. Tu m'as précisé avec ton esprit cartésien : « Bien sûr, comme tous les précurseurs, tu vas rencontrer des oppositions, mais la connaissance, le savoir enlèvent les barrières des jugements hâtifs et malveillants. Cependant, te connaissant bien, je sais que rien ne peut te faire baisser les bras et que tu garderas ton enthousiasme, ta ténacité, ta lucidité, ton énergie pour continuer. Cette grande famille que tu vas drainer par ce livre, tes multiples élèves, deviendront tes amis par la grâce de ce qu'apporte ton travail. »

Je n'oublierai jamais cette confiance. Ton souvenir reste présent, très fort pour moi et pour tous ceux qui t'ont aimée et appréciée.

Ces vingt années m'ont offert de grandes satisfactions et, comme tous les chemins de vie, de grandes douleurs. Toutes apportent une force intérieure et la puissance réalisatrice d'un but qui se traduit par le désir d'aider l'autre. La passion qui m'anime pour faire épanouir une voix est un élan qui ne m'a jamais quittée et ce désir vient de loin.

Tout enfant, le chant était mon moyen privilégié d'expression. Je me souviens d'un moment décisif qui m'en a fait prendre conscience. À l'âge de huit ans, le prêtre de ma paroisse m'a demandé de chanter la *Vie de sainte Thérèse*. Je me revois encore entrer dans cette belle église de Lunéville remplie de monde. J'étais habillée comme la sainte, les bras chargés de roses. Je me souviens que je n'éprouvais aucun trac alors que c'était ma première apparition en public. Ma voix est sortie de moi et s'est envolée comme par miracle. J'ai vu au passage mes parents très émus mais je n'en étais pas bouleversée. J'avais une grande chose à accomplir et je me sentais soutenue, guidée. J'ai gardé de cette expérience unique un désir de communion par la voix, une relation bouleversante avec cet art, des instants où tout est idéalisé. Une vocation prenait naissance.

Chanter a toujours été ma raison d'être et j'ai une reconnaissance infinie pour Celui qui m'a donné ce privilège d'avoir une voix naturelle. Le chant est le signe le plus précieux de l'alliance. Il le restera d'âge en âge.

L'être humain est engagé dans une évolution constante. Et ce que je propose fait partie d'une réflexion qui entraîne vers une évolution que tout être humain pressent.

Cette élaboration d'un travail original qui consiste en une préparation musculaire, alliée à un travail spécifique de la voix, est d'une assez grande complexité. Tous ceux qui le découvrent me parlent de cette complexité. Il faut effectivement une bonne concentration pour éveiller ou réveiller plus de trois cents muscles pour une exécution parfaite. Mais comment un tel organe si diversifié dans l'assemblage de tous ses constituants pourrait-il se contenter d'un travail simple ? C'est un puzzle délicat, surprenant dans sa dynamique de haute précision.

J'ai le plaisir de publier cette lettre d'un merveilleux ténor extrêmement cultivé. Ses interprétations du Lied sont exceptionnelles et font sa renommée internationale. Notre rencontre a été une joie pour moi et j'ose dire dans une confiance et une entente partagées.

« La formation profonde et dure d'ingénieur civil a formé (déformé ?) mon esprit, c'est pourquoi également dans le chant, dans la technique du chant, je cherchais toujours le POURQUOI *des choses. J'aime comprendre. Après mes études à l'Académie et après avoir chanté huit années comme haute-contre, j'ai recommencé mes études techniques de chant comme ténor auprès de grands spécialistes, de grands pédagogues en Hollande, en Italie, en Autriche et ils avaient tous leur vérité. J'ai eu énormément de chance car je n'ai eu que de très bons professeurs et coaches qui m'ont tous appris des éléments indispensables. Ils avaient chacun leur "marotte" mais toujours de valeur ! Une fois, c'était : "Chanter, c'est une question d'emplacement de la langue" ; une autre fois : "Chanter, c'est une question de bonne position de la colonne vertébrale" ; chez un autre, c'était "l'appui exact dans le bassin", ou encore "avant tout la position basse du larynx", ou "la position du menton" ou bien "la pression de l'air sous les cordes vocales"... J'ai beaucoup appris, ils m'ont tous aidé, je leur en suis très reconnaissant.*

Un jour, il y a cinq ans, j'ai lu le livre La Voix libérée *et j'ai immédiatement reconnu une manière de penser et de rechercher qui m'attirait. L'ingénieur était réveillé ! J'ai rencontré Yva Barthélémy. C'est la seule qui ait répondu à mes "pourquoi ?", la seule qui enseignait une intégration et de la langue, et du larynx, des harmoniques de la colonne vertébrale, de toute la musculature, des épaules, de la respiration basse et dans le dos. Elle était la seule qui m'ait donné les exercices adéquats et précis pour l'éducation et le développement de tous ces éléments que nous devons connaître et maîtriser afin de libérer notre* VRAIE *voix et donc de découvrir ce phénomène de la plus grande complexité qui nous donne la possibilité de* CHANTER..., *d'*ENCHANTER...

« Yva ne nous donne pas une série de "trucs" pour bien chanter, non, elle nous communique une science au service de l'art, au service de tous ceux qui veulent vraiment chanter. C'est un travail de longue haleine qui demande volonté et perspicacité, mais, petit à petit, qui nous livre tous les éléments – comme les couleurs, pinceaux, toiles des artistes peintres – dont le véritable artiste a besoin pour exprimer ce qu'il a à dire à travers les musiques des génies les plus grands de notre culture. »

J'ai été très touchée par cette lettre car elle résume toute ma recherche au service de la globalité d'action du mécanisme du beau chant.

Joëlle de Gravelaine avait été très heureuse de connaître Maria Callas. J'ai su par la suite qu'elle lui avait parlé de mon travail, sachant combien je souhaitais à cette époque la rencontrer afin de lui expliquer et démontrer sur une personne de son choix le fruit de toutes mes recherches pour aider et sauvegarder la voix. D'une façon intuitive, je sentais que cette cantatrice d'exception serait intéressée par l'aspect restructurant des muscles qui soutiennent l'appareil vocal lorsqu'ils sont légèrement affaiblis par l'intensité d'une carrière, mais ce travail était tellement original en 1977 que je comprends fort bien qu'elle n'ait pas souhaité être informée, d'autant que je n'étais pas encore publiée pour étayer scientifiquement cette nouvelle démarche.

Je n'ai pas eu le privilège de cette grande rencontre. Je le regrette infiniment. Ce n'était pas mon destin...

Elle restera toujours présente parmi nous, défiant le temps et imposant, comme de son vivant, l'absolue fascination de sa personnalité et l'envoûtement de son chant pour l'éternité.

M. Jacques Bourgeois m'a fait l'honneur un jour de venir entendre dans mon école de Paris un jeune ténor doté d'une voix exceptionnelle. Il a écouté avec beaucoup d'attention l'application de ma gymnastique vocale dont j'expliquais les interactions au fur et à mesure. Ce qui m'a le plus touchée, c'est qu'ensuite, après l'interprétation d'un air, il m'a dit : « C'est un travail d'une logique absolue. »

Et c'est ce qui m'interpelle le plus, la logique !

Les artistes lyriques y ont été sensibles.

Une merveilleuse chanteuse internationale m'a téléphoné un jour pour que je lui réserve une semaine de travail. Comme elle chantait à l'Opéra, elle m'a fait parvenir une place m'invitant à venir dans sa loge après la représentation. En l'écoutant, j'ai été bouleversée par la beauté de sa voix et par sa superbe technique, des *coloratura stupefacente*. Dans sa loge, je lui ai fait part de mon admiration et de mon étonnement de sa demande : « Je n'ai rien à vous donner de plus que ce que vous possédez. Que voulez-vous de moi ? » Elle me répondit avec une grande simplicité qui la caractérise : « Je veux garder ma voix le plus longtemps possible sans qu'elle s'altère avec le temps. J'ai essayé vos exercices d'après votre livre. J'ai constaté immédiatement un bien-être vocal et je ne me fatiguais plus dans les longues séances de travail sur les partitions. Mais comme vos exercices sont complexes, j'ai préféré vous voir pour les appliquer judicieusement en fonction de ma morphologie et de ma tessiture vocale. » J'ai eu beaucoup de satisfaction de pouvoir mettre au service de cette voix inoubliable toutes les particularités dynamiques d'application des exercices et je garde un souvenir ému de nos séances de travail. Nous pouvions rester de longs moments sur l'évolution de la couleur d'un seul mot par le jeu de l'utilisation des bons muscles. Je n'avais pas besoin d'intervenir sur son interprétation. Dans ce domaine, elle est royale. Elle possède l'étincelle qui illumine l'imagination. Cette merveilleuse interprète m'a souvent fait penser à Maria Callas tant son engagement est total dans ses interprétations magistrales. Notre amitié est restée constante depuis.

Je suis invitée régulièrement depuis deux ans en Italie où j'ai la joie de faire un travail suivi sur de belles voix, des professionnelles mais aussi de jeunes voix en éducation. L'adhésion rencontrée pour mon travail a entraîné la perspective de la création d'une école de chant en Toscane fondée sur mon travail. J'ai formé un merveilleux professeur de chant à ma méthode et je vais continuer les formations d'autres professeurs. Les concerts publics ont retenu l'attention de personnalités qui nous appuient pour cette création.

Mon livre va être traduit. Les voix en Italie sont toujours belles, amples, avec de grandes facilités naturelles. L'amour du chant est atavique, l'expression lyrique une seconde nature. C'est un grand plaisir pour moi d'apporter le soutien de ma technique pour assurer la santé de ces belles voix et ceci, comme je le souhaite, en collaboration avec les professeurs de chant de chaque stagiaire.

J'ai été invitée au conservatoire de Parme en Italie pour faire une conférence. Le directeur, M. Pierre Guarino, très ouvert dans tous les domaines de l'art, voulait faire connaître cette préparation musculaire à ses professeurs.

Un médecin ORL réputé de la ville y assistait et m'a posé des questions très précises tout au long de mon exposé. J'ai senti de la part des professeurs une légère réticence au départ, ce que je comprends toujours bien car, il y a quinze ans de cela, la vocalisation comme moyen d'échauffement était le traditionnel travail de la voix.

Après la conférence, les professeurs ont souhaité voir l'application dc cette gymnastique vocale sur quelques élèves et, à partir de ce moment, leur intérêt a été manifeste. Sur une voix avec un vibrato excessif, ils ont entendu tout de suite l'interaction musculaire qui a réduit celui-ci. Sur une voix de basse qui ne pouvait pas dépasser le *ré* 4, après la gymnastique, je lui ai fait faire une vocalise et il est monté au *la* b. Sur de très belles voix faisant la gloire de cet établissement, je n'ai eu à intervenir que sur les trois points de la colonne vertébrale pour que soit perçue une plus grande homogénéité dans l'émission et surtout une plus grande facilité.

Il y a tout le travail ensuite du professeur pour faire progresser l'élève, dans les vocalises judicieusement adaptées et l'interprétation fouillée qui fera la réputation du chanteur et de son professeur.

Par la démonstration de ce travail complémentaire, j'ai été heureuse de constater l'adhésion de ces professeurs hautement renommés.

J'aime, lorsque je reçois un élève nouveau, qu'il demande à son professeur de venir assister aux premières séances afin que celui-ci ne vive pas sa démarche comme une trahison. Il faut dire que, dans notre métier de pédagogue, les relations entre l'élève et son maître sont souvent passionnelles, comme tout ce qui touche à la voix d'ailleurs, et que rares sont les êtres qui peuvent envisager un partage sans aigreur et, dans la crainte d'une difficulté relationnelle ultérieure, l'élève préfère souvent ne rien dire. Je le regrette vraiment.

Encore un petit souvenir charmant : j'étais invitée à assister à une représentation de *Carmen* à Lille avec une superbe distribution et magistralement dirigée par Jean-Claude Casadesus. À l'entracte, j'ai été présentée aux chanteurs. Arrivée dans la loge d'Escamillo, un remarquable chanteur italien, on n'avait pas plus tôt prononcé mon nom que je fus soulevée de terre par des bras vigoureux et il m'a dit avec son délicieux accent : « Je travaille vos exercices d'après votre livre et cela me fait un bien fou. Mais pourquoi n'est-il pas traduit ? Nous sommes obligés de nous repasser la traduction manuscrite. » J'ai répondu que cela allait se faire prochainement.

J'accompagnais un jour l'une de mes amies chanteuse qui se produisait à l'Opéra de Vienne. Les répétitions ont commencé. Un grand soprano nous a tous enchantés par la beauté de sa voix, mais j'ai tout de suite remarqué qu'elle prenait sa respiration très haut dans la région claviculaire. J'ai dit à mon amie : « Je pense qu'elle peut avoir des problèmes de mucosités. » Et cela n'a pas raté : dès la deuxième répétition, on la sentait gênée par la montée de ces mucosités, mais la voix était tellement belle que cela ne se distinguait pas trop.

Mon amie m'a proposé d'aller dans la loge de cette chanteuse pour lui en parler. J'ai répondu : « Certes non, tu ne me vois pas aller dans sa loge et lui dire : "Vous, madame, vous respirez trop haut", elle qui chantait partout, au Met, à la Scala... Je lui ai dit : "Si elle t'en parle, toi tu pourras le lui dire car vous êtes à égalité sur le plan de la carrière." »

Elles en ont effectivement parlé et lorsque je suis allée l'entendre en récital à Pleyel, j'ai tout de suite vu que son appui était beaucoup plus bas. J'avais souvent remarqué, dans les techniques vocales américaines d'il y a quinze ans, des prises d'air un peu trop hautes. Les techniques ont actuellement évolué et elles sont remarquables.

Il est impératif pour la bonne émission vocale, et pour la santé en général, de diminuer la pression trop importante de l'air dans la région claviculaire. Le grand art du chant réside dans le fait d'effectuer une économie aérienne pendant l'émission. Les cordes vocales vibrent ainsi plus aisément et en souplesse. Le chant devient plus aérien. Bien entendu, dans certains passages d'un opéra où il faut atteindre des notes difficiles, cela demande plus de tonus aérien, mais cependant, même dans ces cas, il faut le mesurer.

Quels sont les effets néfastes d'une prise d'air haute ?

– Accélération du rythme cardiaque qui dérange la stabilité diaphragmatique et augmente le stress et la nervosité.

– Surproduction de mucosités.

– Surélévation du larynx qui risque d'altérer la plénitude d'un aigu.

Pour un professionnel ou un élève déjà très avancé qui vient me voir pour renforcer musculairement leur larynx, après l'application de mon travail de base, je demande généralement de me chanter un ou deux airs. Je sens une réticence car ils sont tous de bons interprètes. J'insiste néanmoins pour qu'ils m'accordent cette faveur et c'est là qu'ils comprennent la finalité de mon action.

J'interviens essentiellement sur la globalité d'application de tout ce qu'il est indispensable d'exécuter et qui est défini point par point dans la gymnastique précédant le chant.

Ils remarquent ainsi combien il est subtil d'établir, d'une manière souple et naturelle, la mécanique d'une bonne technique.

Ma recherche, on l'aura compris, a été tout entière

tournée vers l'embellissement, la préservation et l'assurance de la longévité de la voix du chanteur lyrique.

En voici quelques bases.

La grande technique du « lâcher prise »

Le plus difficile dans une leçon de chant, c'est ce fameux « lâcher prise ». Des résistances inconscientes s'opposent à la détente nécessaire pour que ce magnifique instrument de musique humain fonctionne aisément.

Un corps tendu n'obtiendra jamais une résonance agréable et sans effort. La sensation de s'abandonner dans une détente joyeuse va nourrir et enrichir le son à condition, bien entendu, qu'une bonne technique assure, car s'abandonner sans technique... ouille !

Une cérébralité puissante est bien souvent en opposition pour ce faire. Il faut tout doucement amener à prendre conscience que la volonté de tout contrôler peut aller à l'encontre d'une liberté créatrice. Dénouer les nœuds de blocages fait partie d'une base essentielle. L'esprit et le corps ainsi rassemblés propulsent alors l'être sur le chemin de la réalisation qu'il souhaite. Il saura chercher ce qui est faible pour le rendre fort. C'est une expérience bouleversante.

C'est la voie – la voix – de la transcendance. L'Art transcende la réalité, mais il ne faut rien désincarner, ni les êtres ni les choses. Être dans le réel en cherchant le son juste, laisser le corps et l'esprit le rayonner, lui laisser le temps du devenir, et de plus en plus simplement.

La langue tient une place fondamentale dans le « lâcher prise ». Dix-sept muscles puissants la composent. Pourquoi un nombre impair ? Mystère... Y en aurait-il un seul qui serait l'empêcheur de tourner, de parler, de chanter en rond ?

Sur cet organe noble, donnant accès au langage, et qui est le véhicule de la pensée, les interactions psychosomatiques interviennent puissamment. C'est un organe souvent rebelle, indépendant, n'en faisant qu'à sa tête, individualiste, têtu ! Inconsciemment, la langue par sa posture va empêcher la voix de sortir par le « bon trou ». Il faut une panoplie grandiose de « trucs », de subterfuges, pour la domestiquer et l'amener à une entente entre l'esprit et elle. Ce que prononce la bouche, l'esprit le reconnaît ; la relation n'est pas à sens unique.

Lorsque cet organe divin est dompté, survient alors la plénitude du beau chant, mais aussi du langage maîtrisé qui va choisir ses mots, ses expressions, différemment.

Je rêve que cette technique de libération s'élargisse et qu'elle apporte un apaisement dans un monde si troublé par la parole.

Nombreuses sont les belles images traditionnelles employées pour parfaire l'émission telles que : prenez votre appui, gardez votre soutien, le célèbre *appoggio* en Italie, mettez la voix dans le masque, canalisez vos sons, attention, vous chantez en arrière, vous tubez, vous blanchissez votre timbre...

Ce sont des pédagogies sensorielles qui laissent libre cours à l'intelligence de compréhension de l'apprenti chanteur. Je souhaitais profondément découvrir un système qui donne le mode d'emploi imparable pour bien exécuter, sans erreur d'interprétation, ces belles images.

Ce fut pour moi un long et passionnant travail de recherche pour définir quelle mécanique musculaire doit intervenir pour lever les imperfections et arriver au son libéré que souhaite chaque professeur. Cette mécanique est minutieusement exploitée dans ma gymnastique vocale et, après celle-ci, le chant est déjà dans une place souhaitable. Mais cela n'est qu'une aide de base.

Je vais aborder un sujet qui pourra être diversement accueilli dans le monde de l'enseignement du chant.

Il est presque toujours préconisé de faire reculer la mâchoire inférieure pour assurer une bonne émission.

Je ne vais pas débattre sur des certitudes acquises par transmission pédagogique. Comme toujours, je vais appuyer ce que j'avance sur la perfection et la logique de la dynamique physiologique pour la bonne gestuelle vocale. Le recul du maxillaire inférieur entraîne une démobilisation des muscles suspenseurs du larynx et, en particulier, des sus-hyoïdiens qui assurent la beauté et la résistance vocales. Pour certaines conformations naturelles, l'adduction des maxillaires est parfaitement réunie sans un léger recul des dents du bas. C'est assez rare, mais c'est l'assurance d'une non-fatigabilité de la voix.

Certains jeunes chanteurs m'ont expliqué en arrivant chez moi qu'on leur faisait reculer la mâchoire inférieure en ouverture, en poussant avec la main pour provoquer la mémoire de ce recul qui devra être adopté dans le chant. J'avais devant moi des êtres déboussolés, car ils sentaient leur voix prendre du vibrato excessif ; une fuite d'air était terriblement présente, avec difficulté pour monter dans l'aigu et, surtout, ils ne chantaient plus juste, les sons étant bas. Leur conformation naturelle était cependant excellente, à savoir : au repos et en fermeture, les maxillaires étaient rassemblés exactement. Ils avaient déjà au départ un instrument de musique en bonne conformité.

Je sais que d'immenses professeurs ont préconisé cet exercice. Je prends toutefois le risque d'être controversée.

Il n'est pas question de faire du prognathisme, mais simplement de réfléchir concrètement.

Nous avons de merveilleux exemples de cette configuration naturelle avec : Renée Fleming, Susan Graham, Cecilia Bartoli, Karita Mattila, Madalena Kozena, Olga Borodina, somptueuse mezzo ayant interprété récemment le rôle de Marina dans *Boris Godounov*, etc. On ne peut les citer tous. Avec des mâchoires encore plus puissantes, nous avons : Joan Sutherland, dont la longévité de la carrière fut incroyable, Julia Varady, Birgit Nilsson, etc.

Il est évident que lorsqu'on ouvre bien la bouche pour chanter, le maxillaire inférieur descend, mais il faut le laisser aller dans sa course naturelle sans essayer d'aller vers l'arrière.

Un chanteur avec une mâchoire inférieure un peu fuyante devra s'assurer d'une bonne technique de renforcement des muscles suspenseurs.

Au Conservatoire, il y avait une voix exceptionnelle – elle faisait penser à Maria Callas –, une voix pleine de soleil et totalement naturelle. Elle avait chanté le *Requiem* de Verdi à seize ans ! Elle avait une conformation du maxillaire inférieur assez en retrait mais ses résonateurs de la face étaient superbes. Elle avait la voix pour chanter tous les grands ouvrages de Verdi. Très intelligente, elle a tout de suite senti que sa voix pourrait donner des signes de fatigue dans ce répertoire sans peut-être en cerner le pourquoi. Elle a judicieusement abordé des ouvrages plus légers pour maintenir une meilleure tension cordale, d'autant qu'elle avait une grande facilité dans les vocalises. Elle a fait une très belle carrière.

Sans avoir fait toutes ces études en physiologie, j'avais déjà mon attention attirée à l'époque par la morphologie de l'instrument de musique humain. Ma voie était tracée...

J'ai en mémoire une représentation d'un ouvrage de Richard Strauss à l'opéra de Santa Fe au Nouveau-Mexique. Lorsque le baryton basse a fait sont entrée sur scène, j'ai été saisie par la puissance de sa voix. J'ai aussitôt pris mes jumelles et j'ai pu constater qu'il avait une mâchoire très puissante et en avant, alors là oui, presque prognathe, à l'image de certaines grandes voix allemandes. Cette morphologie maxillaire est toujours le signe de tempéraments volontaires, fonceurs. La mâchoire plus en retrait indique des êtres plus sensibles, quelque peu fragiles.

J'ai un jour accompagné une grande chanteuse au Metropolitan Opera de New York. Elle avait reçu elle aussi dans son temps d'éducation le conseil de bien reculer la mâchoire inférieure en chantant. Une voix, un timbre superbes. Nous avons travaillé techniquement pour redonner du tonus aux sus-hyoïdiens qui s'étaient un peu affaiblis par l'intensité de la carrière. J'ai bien observé pendant les représentations qu'elle était très attentive au travail de son maxillaire inférieur. Son chant a retrouvé tout son tonus et elle a eu un énorme succès.

Je vais encore donner ici l'exemple d'une cantatrice allemande que j'admirais infiniment. Elle avait pour habitude de chanter avec la tête très levée. Son maxillaire inférieur splendide, large, était en projection naturelle. Sa grande cavité buccale permettait un chant aérien d'une justesse absolue, mais j'avais pu constater qu'elle ne pouvait pas monter dans l'aigu avec une puissance normale, ce qui s'explique par l'impossibilité de faciliter la bascule du larynx vers le bas en raison de la posture. Les résonateurs étaient tellement fabuleux que cela n'avait pas une importance fondamentale et sa carrière a été magnifique.

J'ai pu observer lors d'un récital où je m'étais rendue en Allemagne qu'elle avait modifié sa posture avec un redressement de la colonne cervicale qui était toujours auparavant très lordosée et j'ai entendu une émission qui n'était plus aussi aérienne et juste. J'aurais voulu aller la voir et lui expliquer que ce changement de posture démobilisait les muscles de soutien du larynx et pouvait provoquer une fatigue de la voix, si toute cette musculature n'était pas retravaillée dans un axe différent avant de continuer sa carrière. Mais c'est une démarche qu'il m'est difficile de faire car je suis d'un naturel réservé. Je suis toute présente et attentive lorsqu'on prend contact avec moi, mais je ne sais m'avancer et provoquer. Il faut faire avec ce que l'on est...

Préservation de la santé vocale si souvent agressée par les pollutions diverses

La pollution de nos jours est de plus en plus forte, surtout dans les grandes villes. Les troubles de l'asthme et des allergies multiples sont de plus en plus fréquents, ainsi que l'abus de médicaments qui fatiguent le foie. Aujourd'hui plus qu'il y a vingt ans, les virus attaquant la zone ORL sont redoutables et se propagent affreusement vite. Ma gymnastique n'empêchera pas, hélas, d'attraper ces intrus, mais le renforcement musculaire de soutien permettra de récupérer plus vite. J'ai souvent vu arriver des chanteurs gênés par des mucosités encombrantes qui troublent le bon accolement cordal, avec un peu de fièvre et une baisse du tonus physique et, bien sûr, en conséquence, moral. Dans ce cas, la leçon de chant qui utilise les vocalises pour échauffer la voix sera difficile, sinon à reporter. Mon travail de base qui utilise très peu la voix, mais fait remarcher tout le système musculaire, lève au bout de dix minutes l'inflammation du larynx, élimine et fait cracher les mucosités sans tousser, et le chanteur sent qu'il retrouve la légèreté de son émission. Je reste néanmoins très prudente sur le choix des morceaux. Le cher Vaccai est d'un bon secours dans ce cas.

Réparation d'un instrument vocal fatigué par des erreurs techniques ou une faiblesse ponctuelle, voire de longue date, de certains muscles essentiels, et aussi par des imprudences liées au surmenage du chanteur

Cela me demande une observation approfondie pour détecter ce qui entrave la bonne marche de l'émission. J'ai toujours recours à une visite chez l'ORL avec fibroscopie pour observer l'état des cordes vocales. Dans le cas d'une fatigue importante, toujours en observation fibroscopique, je fais faire des sons piqués, des sons liés, dans le grave, le médium et le haut médium. L'aigu est difficile à observer car l'épiglotte recouvre partiellement les cordes vocales. C'est presque toujours le travail des aryténoïdes qui attire mon attention, car les cordes vocales ne travaillent que si elles sont bien entraînées par ces deux cartilages si importants. C'est souvent une tension moindre d'une corde qui entraîne cette sensation de mal-être vocal. Si j'observe un ou deux nodules, le travail va les gommer assez vite pour autant qu'ils ne soient pas trop anciens. Si c'est un polype intercordal, c'est plus difficile. Et je préconise dans ce cas un travail musculaire approfondi pour sécuriser une opération éventuelle. J'ai eu une très belle voix de mezzo soprano qui, à son arrivée chez moi, avait un gros polype à l'intérieur d'une corde vocale. Elle chantait quand même et la beauté de son timbre faisait oublier certaines imperfections. Mais elle se fatiguait beaucoup et le désir d'abandonner sa carrière était sous-jacent. Mon travail a bien allégé son émission, mais l'opération demeurait nécessaire. Elle fut opérée à la pince par un grand chirurgien. Après une opération de ce type, il est proposé de reparler presque tout de suite. J'ai beaucoup insisté pour qu'elle se taise complètement pendant dix jours. Elle est allée dans un couvent et a observé un silence complet. Nous avons ensuite repris notre travail tout doucement avec visites régulières à son chirurgien pour bien observer la récupération et le bon état de sa corde vocale. Elle a repris son métier avec beaucoup de satisfaction car elle ne sentait plus cette lourdeur et cette entrave à la liberté de son larynx en chantant. Elle nous a donné depuis de grandes joies dans ses récitals.

Rapidité et stabilité de l'acquis

J'aime souligner que ce travail musculaire n'altère en rien le travail vocal effectué précédemment. Il ne fait que le fortifier. J'ajoute que l'éducation basée sur la vocalisation comme moyen d'échauffement exige un travail sans relâche. La Malibran ainsi disait : « Si je ne vocalise pas pendant une journée, personne ne s'en aperçoit. Si je ne vocalise pas pendant deux jours, je m'en aperçois. Si je ne vocalise pas pendant trois jours, le public s'en aperçoit. » Dans mon type de travail, j'ai constaté que rien ne bouge sur le plan de l'acquis. Si un chanteur cesse son travail pendant ses vacances, il constate à la reprise une amélioration dans la pose de sa voix. Je propose donc toujours de prendre des temps de repos régulièrement.

Éloignement du risque d'erreur de la classification

Le professeur peut quelquefois être entraîné malgré lui par le désir inconscient du chanteur qui souhaite ressembler à son archétype vocal sans tenir compte de sa spécificité. Dès la première leçon, et devant d'autres stagiaires, je prends deux points à la base du crâne, j'effectue un étirement sur cette zone et on entend immédiatement un changement dans l'émission. La couleur, le timbre se mettent en place sur-le-champ. Cela provoque généralement une grande émotion car le chanteur sent tout à coup la légèreté de son émission qui bénéficie de la résonance dite « en avant », qui est ce qu'il recherche le plus.

Cet étirement est d'une grande précision et doit se faire dans un axe précis qui rejoint un point sur le sommet du crâne.

Cette posture de la tête et de la nuque assure la préservation du timbre propre à chacun.

Obtention de l'homogénéité vocale et l'effacement des passages

Rien n'est plus troublant pour un chanteur de sentir qu'il a deux voix et que, entre les deux, il y a une zone où celles-ci se détimbrent et perdent de leur tonus. C'est surtout sur une voix de mezzo soprano que cette difficulté est la plus préoccupante comme je le développe dans le chapitre « Le mécanisme phonatoire – Les registres et leur passage » (voir p. 258). C'est toute une restructuration musculaire de l'appareil vocal qui va faire descendre le passage en conservant et en retimbrant l'émission en tête.

Influence du travail du regard dans le chant

J'ai eu la grande émotion d'avoir vu et entendu Nicolaï Ghiaourov et j'avais été frappé à l'époque de voir combien ses yeux grands ouverts étaient mobiles en chantant. Et Dieu que son chant était beau ! Une autre observation : je suivais avec passion le travail de Maria Callas depuis les coulisses de l'Opéra-Garnier dans une répétition de *Tosca*. J'ai senti à un moment que Maria devenait nerveuse. Elle s'est arrêtée et a dit au ténor avec sa voix grave : « *Mi guardi quando canta.* » Surpris, il s'est exécuté et avec l'aspect directionnel de son regard sur elle, sa voix a pris une ampleur et une beauté bouleversante. Maria a souri délicieusement et elle lui a dit : « *Ecco !* »

J'ai compris que le travail des yeux avait une interaction sur l'épanouissement sonore.

L'idée m'est venue de faire un travail spécifique sur la gymnastique des yeux dans ma méthode, d'autant que Moshé Feldenkrais [1] a démontré que l'assouplissement de la musculature des yeux a une influence sur l'assouplissement des muscles de la nuque. Et comme je l'ai toujours observé, la souplesse de la nuque est nécessaire au bon travail phonatoire. Opinion d'ailleurs partagée par certains professeurs de piano qui considèrent cet assouplissement du dos et de la nuque comme fondamental dans une bonne technique pianistique.

1. *La Conscience du corps*, Robert Laffont et Marabout.

On comprendra donc aisément l'intérêt de ce travail des yeux que j'ai préconisé dès 1984[1].

Sur les voix chantées bloquées, le résultat obtenu est immédiat et spectaculaire. Le « vibrato » se déclenche et la porte de l'aigu s'ouvre. Ce sont des mouvements que je recommande tout particulièrement en rééducation vocale. J'emploie également ce travail pour une rééquilibration de la coordination.

Le mouvement : ouvrir les yeux au maximum puis balayer l'espace de gauche à droite dans un axe précis, et inversement, tout en chantant la quinte sur LôALô. J'ai pu remarquer que certains blocages apparaissent sous forme de déphasage entre les deux hémisphères cérébraux.

Ce mouvement est systématique dans la technique. En application dans le chant, il faut diriger son regard vers le fond droit de la salle (la voix va suivre la direction), puis revenir sur la gauche avec élégance et un regard habité par ce que l'on exprime, puis devant, etc.

Triple avantage :

– assouplissement de la nuque ;

– libération du travail des deux hémisphères cérébraux, la voix ressortant plus aisément ;

– on a un artiste plus vivant et habité devant soi.

Il y a tant de chanteurs, type Modigliani, sans regard, seulement préoccupés de leur voix.

1. La Thérapie EMDR (*Eye Movement Desensitization and Reprocessing*/Désensibilisation et retraitement des traumas par les mouvements oculaires) est aujourd'hui utilisée mondialement en psychothérapie.

Indépendance obligatoire de chaque élément constitutif de l'appareil vocal pour entraîner une dynamique parfaite

Condition de la bonne configuration faciale et générale pour le beau chant :

• *Visage en chantant* :
– front lisse ;
– pommettes soulevées ;
– souplesse mandibulaire ;
– travail intense de la langue, des lèvres et des commissures dans l'articulation ;
– regard mobile.

• *Corps en chantant* :
– souplesse générale ;
– nuque bien positionnée et décontractée ;
– épaules souples ;
– respiration idéale du chanteur ;
– maintenance diaphragmatique basse en phonation ;
– maintenance de l'ouverture dorsale pour conserver le larynx en position idéale et accélérer la descente du diaphragme dans les reins.

Mais... :
– la difficulté de l'art lyrique entraîne la contraction du muscle frontal... ;
– les pommettes soulevées par les zygomatiques réduisent la souplesse et l'amplitude de la descente du maxillaire inférieur... ;
– le travail d'articulation avec l'apport de la couverture des sons durcit la masse musculaire de la langue... ;
– et, inversement, la souplesse de la langue démobilise instantanément la masse orbiculaire des lèvres ;
– la configuration de la bouche et des lèvres pour la couverture des sons entraîne, certes, l'allongement idéal de la caisse de résonance sus-glottique par abaissement du larynx, mais, en contrepartie, elle

rétrécit son évasement, nécessaire à l'épanouissement sonore, ce qui fait dire aux maîtres italiens : « *aperto coperto* », si difficile à obtenir ;
- le chant entraîne très rapidement le durcissement et la tension des muscles de la nuque ;
- le diaphragme remonte naturellement avec la propulsion d'air sonore. C'est un énorme travail pour maintenir sa stabilité basse en phonation.

Pour certains êtres, l'éducation de cette dynamique contradictoire se fait sans réelle difficulté ; pour d'autres qui n'auront pas cette souplesse fabuleuse de coordination, le travail sera beaucoup plus long et, hélas, plus rébarbatif.

La majorité des chanteurs doués ressentent parfaitement tout ce qu'ils exécutent et approuvent par un mouvement de tête la sensation ressentie. D'autres belles voix ne ressentent rien. Leur corps est muet, ce qui demandera une surveillance continue, car ils ne reconnaissent ni la bonne ni la mauvaise action.

Je tiens à préciser pour finir ce chapitre que je ne personnalise jamais mes souvenirs : lorsqu'un artiste vient me voir, il me demande automatiquement une discrétion. Cela va de soi et, j'ajoute, dans le sens naturel de mon éthique. Qu'importe la publicité, l'important c'est d'agir et de réussir à remettre en voix, et en joie, un artiste.

Ma vie n'aura pas été inutile et je ne regrette pas d'être le serviteur d'un art si précieux. Pour entreprendre un travail constructif, outre une bonne technique, il faut comprendre un chanteur jusque dans les méandres de son être, respecter ses silences, laisser son âme se livrer par le canal du non-dit de l'expression chantée, laisser dire ce qui se tait, guider le dépassement de ses mémoires qui emprisonnent quelquefois sa liberté...

Voilà mon beau métier..

Les multiples applications de ce travail

J'ai pu observer sur toutes les voix que ma préparation musculaire vocale a des interactions puissantes sur la remise en diffusion des énergies, sur la levée des tensions dues au stress, à l'angoisse, au trac.

Avec un tel outil à ma disposition, je me suis tout de suite intéressée à l'usage que je pouvais en faire dans tous les domaines de la voix.

Tout naturellement je me suis tournée vers les professionnels de la voix parlée. La bonne interprétation d'un texte va dépendre en majeure partie de la santé de l'organe et de l'utilisation de la bonne tessiture pour donner les inflexions nécessaires qui accrochent l'auditeur. Comme je l'avais rappelé dans mon livre, totalement dominée au niveau de l'expression, la voix parlée remplit alors pleinement son rôle dans l'affirmation de la personnalité.

C'est ainsi que l'on m'a demandé d'appliquer mon travail sur les stagiaires de l'Institut Auguste Comte.

M. Peter Brook, pour qui j'ai tant d'admiration, m'a demandé de faire travailler certains de ses merveilleux comédiens.

J'ai eu la joie également de faire travailler le groupe de danseurs de Carolyn Carlson. Tous m'ont dit qu'ils trouvaient une amélioration de leur équilibre avec la technique de l'appui du souffle qui stabilise le diaphragme en position basse, comme pour les chanteurs. J'ai découvert de surcroît des voix superbes, et ils ont pris un plaisir évident à chanter des airs d'opéra. Carolyn a fait un spectacle où elle a introduit tous les mouvements de la technique. J'adore son humour. Je garde précieusement l'affiche de ce spectacle donné aux Bouffes-du-Nord.

Il est un point sur lequel je considère que ce travail apporte une amélioration évidente, c'est dans la récupération des automatismes et des synchronismes. Je fais faire des exercices spécifiques qui ont pour intérêt de rééquilibrer la commande cérébrale au niveau musculaire. J'ai vu des êtres pleurer en se rendant compte que la maladresse de leur gestuelle avait une explication et qu'il était possible d'y remédier. La précision du geste dépend d'une bonne commande, d'une bonne coordination musculaire aux ordres du cerveau. Pour certains êtres, c'est normal, naturel et rapide, pour d'autres la transmission est plus lente et incertaine.

J'ai également mesuré l'importance de mon travail sur les femmes enceintes. Mme Marie-Louise Aucher en a fait l'expérience avant moi et a publié de nombreux ouvrages réputés sur ses travaux. Comme elle, je suis convaincue que l'enfant qui entre en vibration *in utero* aura tout au long de sa vie un capital de joie, d'équilibre et sera sensibilisé à la musique et au rythme.

À la naissance de mes « bébés LôALô », je vais les voir à la clinique. En général, ils dorment. Je les prends dans mes bras et je leur parle. Ils connaissent ma voix en raison de la cassette de travail utilisée par les mamans avant la naissance. Au son de ma voix, ils ouvrent les yeux et, spontanément, ils sortent leur petite langue et projettent les lèvres en avant... Ce qui me fait penser qu'ils exécutent les mêmes mouvements *in utero*. Et, comme mes exercices de desserrage laryngien entraînent une détente générale, ils sont les premiers à en profiter. Les futures mamans souffrent souvent du dos, surtout dans les derniers temps de la grossesse. La région lombaire se creuse par le poids de l'enfant. La gymnastique du dos conjuguée avec l'émission vocale les redynamise.

L'application de cette gymnastique vocale adaptée pour des enfants dès l'âge de sept ans remporte une adhésion unanime des parents. Ils observent tout de suite une meilleure concentration dans leurs études, plus de calme, un meilleur sommeil et plus de tonus général. Les enfants adorent faire ce travail, d'autant qu'ils sont ravis de sortir la langue, geste défendu dans la bonne éducation et cependant si libérateur et si réparateur pour les petits larynx fatigués. Après avoir bien travaillé avec leur professeur, ils arrivent en fin d'année en pleine forme vocale et physique et chantent tous des morceaux très agréablement pour la grande joie de leur famille.

J'ai relaté dans la première édition de mon ouvrage l'application de mon travail sur des êtres sous l'emprise de la drogue. Dieu sait que ce problème est encore plus angoissant par le nombre aujourd'hui. Le mal-être qui les étreint les dirige vers les paradis artificiels si dangereux. Ils m'ont tous dit que les effets de cette gymnastique vocale leur apportaient le calme, l'équilibre et la joie de vivre mais, cette fois, uniquement par le travail du corps. Je souhaite que cette technique soit employée sur la jeunesse en difficulté dans le cadre des institutions créées pour eux afin que cette aide, parmi toutes celles qui leur sont proposées, leur apporte la joie de la découverte du chant si libérateur.

J'ai fait à ce sujet la rencontre exceptionnelle d'un maître animé par ce désir d'aider l'enfance en difficulté : sir Yehudi Menuhin. À la lecture de mon livre, il a tout de suite perçu ce que mon travail pourrait apporter aux enfants à qui leurs familles défavorisées n'ont pas les moyens de donner cette éducation qui apporte la joie de se découvrir et de s'exprimer par le chant libéré. Je garde précieusement la lettre qu'il m'avait fait parvenir et où il me donnait rendez-vous. Notre rencontre s'est faite à Barcelone. J'étais très impressionnée. J'ai en mémoire son regard si lumineux, son contact chaleureux et j'ai été frappée par son enthousiasme généreux. Je savais que je le suivrais avec dévotion. Sa mort m'a tellement bouleversée...

Je tiens ici à relater mon expérience sur les traumatisés crâniens, suite à des accidents. Des êtres fauchés en plein élan de leur jeunesse. Quelle terrible épreuve pour eux et leurs parents. J'avais déjà à Paris commencé à appliquer mon travail sur quelques êtres en difficulté. Cette expérience s'est poursuivie en Suisse par le biais d'un stage d'art lyrique que j'ai fait dans le cadre d'un festival musical organisé par le docteur Robert Christe, psychanalyste, et sa femme, orthophoniste. Ils ont assisté avec beaucoup d'intérêt à la remise en forme des chanteurs par ma préparation. Nous avons discuté par la suite de l'impact que pourrait avoir celle-ci sur des traumatisés crâniens. J'ai tout de suite été intéressée par ce projet. Mon assistante, Isabelle Andignac, et moi-même sommes revenues régulièrement pour appliquer le travail sur plusieurs cas.

Les séances étaient supervisées par le docteur R. Christe et son frère Pierre Christe, également psychiatre. Certains cas étaient difficiles, notamment une jeune fille immobilisée totalement dans son fauteuil et ne s'exprimant que par des sons sourds sans articulation. J'ai utilisé toutes les particularités de mon travail pour l'éveiller. Elle avait subi un coma long après l'accident. Après une dizaine d'interventions, à son retour un soir à l'hôpital, les soignantes l'ont entendue chanter ! ! Le docteur Pierre Christe, musicien et pianiste, a ensuite appliqué lui-même ce travail. Il est le responsable et le fondateur d'une institution étonnamment bien pensée pour accueillir les traumatisés. De multiples activités y sont proposées, et une salle avec piano à queue y est réservée pour le travail musical et vocal.

Je souligne que je ne peux appliquer cette gymnastique que si la personne peut répondre à ma demande de gestuelle, même si elle est limitée. Le choc de l'accident a pour effet de refermer le fond de la bouche et le système respiratoire s'en trouve réduit. Or l'oxygénation du cerveau par la respiration est essentielle. Je pratique donc le travail du « IX », c'est-à-dire la propulsion mandibulaire, pour débloquer cette fermeture. Je suis heureuse d'apprendre que ce mouvement diversement accueilli au départ est employé maintenant dans certains hôpitaux par les orthophonistes et préconisé par un professeur. Je développe les battements rythmiques des mains avec la phonation articulée. Je cherche ainsi à réveiller la commande du cerveau. Je remarque toujours qu'en fonction de l'impact du choc accidentel la moitié du visage se trouve privée de tout travail musculaire et s'affaisse, déformant ainsi son harmonie. L'accélération de la mobilisation des muscles de l'articulation conjuguée à des massages très doux sur les zones des terminaisons nerveuses de la face entraîne le redressement et, peu à peu, je vois le visage « d'avant » renaître, avec tout ce que représente le fait de se « retrouver ».

Le travail systématique des yeux toujours conjugué avec la phonation articulée rééquilibre le déplacement de l'un d'eux par le choc accidentel et contribue également à redonner l'expression harmonieuse et naturelle du visage.

C'est toujours une joie bouleversante pour moi d'entendre la voix chantée s'amplifier, le timbre s'enrichir, ce qui, en finalité, permet d'arriver au chant. Les sons piqués redonnent du tonus à la dynamique cordale.

Les aryténoïdes, dont le travail est toujours lésé d'un côté, reprennent une action plus coordonnée. Apprendre des morceaux dans plusieurs langues stimule leur mémoire.

Mais, si la voix chantée progresse régulièrement, la voix parlée conserve parfois des imperfections d'émission, de mauvaises mémoires et peut rester hachée et sans tonus de timbre. La parole étant une créativité constante, la crainte de perdre le fil conducteur de la pensée entraîne à vouloir aller trop vite dans le débit. C'est difficile de corriger. Je suis toujours étonnée d'entendre la quinte sur LôALô ample et bien chantée jusqu'au bout et de retrouver immédiatement l'aspect quelque peu chaotique de la voix parlée conversationnelle. Parler au téléphone est un bon exercice où le traumatisé retrouve l'équilibre de son débit.

Un accident arrive brutalement en quelques secondes. Pour remettre en route des fonctions perdues, il faut beaucoup de temps, de patience, d'observation et d'humilité. Les résultats viennent tout doucement. J'ajoute que je suis une farouche partisane du travail en douceur. Même si mes mouvements peuvent paraître puissants en les visionnant, il suffit de les pratiquer pour en ressentir la douceur.

Les parents assistent toujours aux séances. Cela leur permet de continuer le travail chez eux avec le support d'une cassette, souvent renouvelée en fonction des progrès.

Jean Gillibert, psychanalyste et metteur en scène d'opéra, m'a invitée à participer aux rencontres psychanalytiques d'Aix-en-Provence en juillet 1991. Rencontres consacrées à la musique, à l'opéra et à Mozart en particulier. Mon intervention était axée sur la description de l'originalité de mon travail vocal et ses interactions libératrices. La description de l'appareil vocal avec tous les éléments masculins et féminins qui le composent a été perçue avec un certain étonnement et beaucoup d'intérêt.

Les barrières psychologiques qui enferment cet instrument ont été développées et commentées.

J'ai toujours eu une relation privilégiée avec mes amis psychanalystes et psychologues. Ce que nous faisons est tellement complémentaire ! Ils sont tous en accord pour penser que le travail de la voix chantée permet une accélération du processus analytique. Chanter, c'est tout à coup réparer son image narcissique, surtout dès que l'élève constate ses progrès. C'est parfois même conquérir une image de soi qui semblait interdite, inaccessible. C'est aussi l'apparition d'une plus grande assurance, une plus grande aisance à prendre la parole. Il en découle une meilleure relation avec soi-même.

Pour revenir rapidement sur la levée des tensions et des blocages qui succèdent à ma gymnastique vocale, j'aime rappeler ce souvenir.

Je faisais travailler une de mes amies écrivain et poétesse dotée d'une très jolie voix de mezzo soprano. Elle me dit un jour : « Yva, j'aimerais que tu puisses convaincre ma mère de faire un travail avec toi car je suis inquiète depuis très longtemps pour son état de santé moral. Ma mère a été dans les camps de concentration. Elle en est revenue pour le bonheur de nous tous, mais depuis, nous ne l'avons plus jamais vue sourire. Son visage est fermé, marqué par le souvenir de ses souffrances. » Elle est venue avec sa fille à la leçon suivante. J'ai vu une femme très belle, mais avec une grande tristesse sur son visage. Je lui ai proposé de faire quelques exercices avec sa fille, mais la réponse négative a été sans appel. Elle m'a dit avec une voix très douce : « Je vais me mettre à côté de vous et je vais regarder. » J'avais espéré que voir sa fille faire des mouvements excessifs, sortir la langue, etc., allait lui faire avoir une réaction. Mais, rien... rien... Mon amie et moi étions un peu désappointées. Elles sont reparties.

Le soir, coup de téléphone : « Yva, écoute-moi bien :

en sortant de chez toi, nous avons pris un taxi pour rentrer et tout à coup, dans celui-ci, ma mère a éclaté de rire... » L'effet dilatateur de la méthode avait agi et libéré ses tensions rien qu'en les visionnant. J'avais remarqué cet effet sur les parents des traumatisés crâniens.

Voici la lettre écrite par une élève et amie. Elle m'a donné son accord pour la publier.

« *Je suis atteinte d'un albinisme oculo-cutané qui me donne une transparence totale de l'iris et de la rétine avec pour première conséquence une photophobie sévère, c'est-à-dire que mes yeux refusent spontanément la lumière. Il leur est également très difficile de se fixer en raison d'un nystagmus qui est une succession de mouvements oscillatoires courts et saccadés. J'ai également une vision monoculaire dont la cause vient d'un mauvais croisement des fibres optiques. La méthode d'Yva Barthélémy visant à assouplir la nuque tout en travaillant sur les muscles de la mobilité des yeux m'a été très bénéfique.*

Les exercices de mobilité du regard allant de gauche à droite et inversement conjugués avec un travail des mains simulant le jeu du piano tout en chantant la quinte articulée sur LôALô m'ont fait sentir la montée des vibrations dans mes yeux. Peu à peu, les mouvements saccadés du nystagmus se sont apaisés, largement aidés en cela par le résultat sonore ressenti ! Voix mieux placée, plus en avant, avec davantage d'harmoniques, et donc naissait en moi le plaisir du beau chant.

Les exercices où j'étire le coin extérieur de mes yeux en largeur, tout en maintenant ceux-ci bien ouverts, m'ont fait sentir la répartition des vibrations de la vocalise dans cette zone, ce qui m'a donné une impression de plénitude.

Les points précis découverts par Yva sous l'arcade sourcilière en les tirant vers le haut donnent à mes yeux si fragiles le désir de s'ouvrir plus grands et, de nouveau, on entend la voix chantée faire vibrer le front, ce qui allège complètement l'émission.

L'ensemble de tous ces exercices a largement contribué à éveiller en moi ce désir du beau chant que je croyais ne jamais atteindre. Cela m'a apporté aussi un confort quotidien, comme par exemple dans le simple fait de "poser mon regard".

Et que dire du desserrage laryngé qui libère peu à peu l'être par tout l'ensemble de cette gymnastique vocale réalisée par Yva et qui conduit l'être humain vers le Beau et le Vrai.

Rennes, le 01/08/02. »

J'ai formé cette amie pour faire travailler et transmettre ma méthode afin qu'elle puisse aider à son tour les êtres en difficulté.

Je vais parler ici d'un être pour qui j'ai beaucoup d'affection. C'est un chanteur qui aime les beaux textes. Il monte lui-même ses spectacles et le public est toujours extrêmement séduit par ses créations scéniques, sa voix intéressante, sa sincérité et son professionnalisme.

Il est arrivé chez moi un jour avec un visage immobile presque sans expression. Il avait subi un très grave accident. Il est la générosité même. En aidant un ami à faire son déménagement, en hissant un meuble par le balcon, la rambarde de celui-ci ayant cédé, il était tombé de deux étages sur la tête et la face... Samu... et il avait entendu les médecins dire : « Il est perdu. » Il s'en était sorti. Les chirurgiens avaient refaçonné son visage et son crâne avec des prélèvements d'os et de peau sur tout le corps. Très beau travail, mais son visage était sans expression et il ne savait comment rechanter avec cette immobilité d'articulation.

J'ai retravaillé un à un tous les muscles de la face et, peu à peu, le visage « d'avant » est revenu. C'était extrêmement important pour son ego de comédien-chanteur. J'ai l'impression de l'avoir remis au monde. Il a refait un disque ensuite et les effets de la méthode, outre l'aspect physique, avaient renforcé et mieux placé sa voix. Avec mon accord, il applique partiellement mes exercices dans les préparations vocales de ses séminaires.

Je relate maintenant une expérience qui me tient particulièrement à cœur. Depuis quelques années, je fais travailler des personnes séropositives et malades du sida.

Tout a commencé avec un chanteur doté d'une belle voix de baryton basse. J'avais remarqué combien il était fatigué par moments ; son visage se creusait et reflétait une grande lassitude due à son état. Ces fatigues se reportaient sur sa voix, son souffle s'altérait et il ne pouvait plus chanter juste, l'émission étant basse, en raison d'une laxité musculaire. Au fur et à mesure du travail, j'ai vu cet être renaître, reprendre du tonus. La voix retrouvait sa place.

Ce qui m'a paru très important, c'est qu'il ne se fatiguait plus en chantant pendant ses cours.

Et voici la très belle lettre qu'il m'a fait parvenir :

« La rencontre entre un instrumentiste et son instrument ressemble à une histoire d'amour : elle s'explique au moins autant par son histoire personnelle que par les circonstances même de cette rencontre.

Il en va de même pour la rencontre du chant avec sa voix.

La voix est fragile, car la vie est fragile. Ancien organiste claveciniste, il m'arrivait parfois d'aller travailler au domicile de mon professeur. Un jour, je m'efforçais de jouer au pédalier une fugue de Bach tout en chantant une autre partie. L'épouse de mon maître, remarquable contralto, trouva ma voix intéressante et me donna mes premières leçons de chant.

Le service militaire a mis temporairement un terme à ma vie musicale. Alors vint l'épidémie de sida, avec son cortège de souffrance et de deuil. Un cercle de plus en plus proche d'amis était touché, puis se taisait à jamais. Un jour, j'appris que j'étais porteur du virus, ainsi que celui qui partageait ma vie. Sa disparition me laissa seul, inconsolé et désemparé : à quoi bon prendre ces nouveaux traitements "miracles" s'ils étaient arrivés trop tard pour lui ?...

En rangeant les affaires de mon compagnon, je trouvai un livre intitulé La Voix libérée *d'Yva Barthélémy. Je connaissais de réputation cette cantatrice des années 60-70.*

J'aimais le titre de son livre. Je décidai de le lire. Au fil des pages s'est alors imposée la conviction que le moment était venu de chanter, pour ne plus être étouffé par mon désespoir et ma colère. Je n'avais plus de CD 4, je pesais quarante-sept kilos. Avant d'avoir fini le livre, j'ai écrit à Yva Barthélémy en lui racontant mon histoire.

Elle m'a répondu simplement sur mon répondeur : "Venez me voir."

Je l'ai rencontrée le 3 juillet 1997, date d'anniversaire de mon compagnon. Elle m'a dit : "C'est lui qui vous a conduit vers moi. Je vais vous faire travailler."

Et j'ai commencé mes LôALô, et cette gymnastique si curieuse où il fallait bâiller et sortir la langue. J'ajoute : j'ai été étonné des résultats sur ma voix et, de plus, moi qui souffrais d'un manque d'appétit chronique, je dévalisais la boulangerie de la rue des Tournelles quand je sortais de son cours. Je me suis alors rendu compte que j'avais envie de vivre. J'ai démarré ma trithérapie en août 1997 et, le même jour, pendant une masterclass de chant à Aix-en-Provence, j'ai interprété en public l'air : "Non piu andrai" *des* Noces de Figaro.

Cette rencontre avec Mme Barthélémy et avec l'art lyrique m'a permis de reconstruire une vie que la maladie et le deuil avaient mise en petits morceaux. »

Je savais que cette gymnastique qui refait circuler les énergies pouvait avoir un effet euphorisant sur ces êtres pétris d'une inquiétude profonde.

Nous avons projeté ensemble d'élargir l'application sur les êtres souffrants.

Depuis trois ans, je fais un travail régulier sur un groupe et j'ai toujours le bonheur de voir leur remise en forme après le cours. En améliorant leur état général, ils retrouvent l'estime d'eux-mêmes par la pratique du beau chant. Ils découvrent des possibilités vocales insoupçonnables au départ et prennent un plaisir que nous partageons, à chanter le répertoire qui leur plaît. J'éprouve un attachement particulier pour eux.

J'applique régulièrement mon travail sur une grande amie, merveilleuse pianiste, et peintre renommée. Elle a traversé une période extrêmement difficile. Atteinte d'un cancer, elle a subi une longue période de chimiothérapie. C'est une battante, pleine d'un courage fantastique. Elle a donné des récitals d'un niveau exceptionnel entre chaque chimio.

J'ai pu lui apporter un soutien avec mon travail qui remontait immédiatement son tonus. Elle repartait de la leçon pleine d'énergie et moi, j'étais remplie d'une joie profonde de pouvoir aider un être que j'estime.

J'ai eu le plaisir d'accueillir dernièrement l'un de mes amis. Ayant une situation importante au niveau international, il souffrait d'une émission vocale qui le gênait dans ses prises de parole en public.

Il m'a montré des clichés de son larynx pris par son médecin ORL. J'ai pu observer des cordes vocales longues et saines. Sa fermeture cordale avait parfois des hésitations et c'était là sa difficulté dans la prise de parole qu'il masquait avec beaucoup de volonté et d'élégance. Mais ce qui était impressionnant à observer, c'est que toute la masse musculaire située dans la partie postérieure des cordes vocales recouvrait les aryténoïdes et une partie des cordes vocales (anneau, crico-aryténoïdiens postérieurs – abduction –, aryténoïdiens – adduction –, ligaments unissant les aryténoïdes à l'anneau (voir fig. 21). Toute cette masse était relâchée. On comprend bien que la dynamique cordale s'en trouvait entravée. Grand, mince, le cou long, il avait une nuque lordosée, ce qui entraînait une forte avancée du larynx avec une proéminence importante du cartilage thyroïdien. Sa posture était donc en partie responsable de cette anomalie.

Nous avons rectifié la posture par ma gymnastique, mais il y avait néanmoins un gros travail à faire pour la remise en action normale de ses cordes vocales qui avaient pris de mauvaises mémoires.

Mauvaise mémoire aussi au niveau de la posture car, en travaillant, il la respectait, mais dès qu'il en reprenait une conversation, sa nuque relâchait. Je lui ai demandé d'être attentif dans la vie courante.

La gymnastique a été soigneusement ciblée. La maintenance basse du diaphragme en phonation a contribué à réguler les spasmes.

Devant les progrès rapides et l'apaisement du malaise, j'ai vu un être retrouver son calme et sa confiance. Très motivé, il a fait un travail personnel sur cassettes très régulièrement.

Et, dans nos dernières leçons, une belle voix de baryton s'est révélée avec l'envie de chanter des airs classiques...

J'ai également fait un travail sur des dysphonies spastiques. L'application de la gymnastique est longue et doit être accompagnée d'un travail personnel régulier. Je constate avec intérêt que le travail musculaire conjugué avec une émission chantée redonne une bonne coordination à la dynamique laryngienne et des récupérations importantes. Les spasmes diminuent d'intensité au fur et à mesure du travail et la voix retrouve un débit normal constaté avec soulagement car c'est un traumatisme vécu avec angoisse par les êtres qui en sont atteints. C'est presque toujours à la suite d'une violente émotion que se déclenche ce désordre du débit vocal.

Lorsque je constate une tétanisation des muscles de la face pendant le travail d'articulation, je fais asseoir l'élève, je prends un petit sac de congélation et je fais inspirer et expirer profondément dedans. Généralement, on ne peut pas aller au-delà de quatre respirations. Sur ces élèves, cela peut aller jusqu'au-delà de dix sans qu'ils manifestent la moindre inquiétude. Je suis à peu près sûre qu'ils sont en manque de magnésium et je leur demande de consulter leur médecin pour confirmer cette impression. Après cette respiration dans le sac, ils retrouvent immédiatement une souplesse musculaire et reprennent le travail avec plus de détente. Cette tétanisation ne se localise pas que sur les muscles de l'articulation, elle est générale. Le principal complexe musculaire qu'est le cœur en est atteint et son rythme s'accélère, provoquant une nervosité excessive, une respiration altérée parfois également de l'insomnie. Ce petit truc apaise l'être et, j'ai pu le constater, desserre l'étau de certaines angoisses qui empoisonnent la vie.

Pour les personnes qui ont des crampes dans les jambes la nuit, ce qui est mon cas, cette aide est très efficace et sans danger.

Anne Lesage, comédienne et musicienne, dirige les Ateliers de la parole de Notre-Dame. Elle entraîne la voix des lecteurs liturgiques pour parfaire l'articulation et la pose de leur voix. Elle s'est beaucoup intéressée à mes exercices et elle est venue régulièrement travailler pour pouvoir transmettre quelques mouvements.

Par son intermédiaire, j'ai été invitée à Bouillon en Belgique pour sensibiliser la communauté des trappistines à Notre-Dame-de-Claire-Fontaine. Je n'avais jamais fait cette expérience dans une communauté religieuse. J'étais très émue. Les religieuses ont accueilli avec simplicité et enthousiasme cette technique de renforcement des voix. J'en ai gardé un souvenir très joyeux. J'ai été confrontée pour la première fois à la peine profonde que ressentent des femmes qui, avec l'âge ou de grosses difficultés vocales, ne peuvent plus faire monter leur prière par le canal du son léger, clair et aérien.

Elles ont tout de suite compris la finalité réparatrice de ce travail spécifique. À la fin de mon séjour, toute la communauté a été réunie pour communiquer ses impressions. Une petite sœur a pris la parole très timidement et m'a dit : « Vous savez, on avait un peu peur. Une chanteuse d'opéra, qu'allait-elle nous faire faire ? » Grand éclat de rire général... Dans cette ambiance détendue et si fraternelle, j'ai expliqué que mon travail de la voix n'était dirigé que dans un but souhaité. La puissance vocale est une technique que je sais canaliser et assurer, mais, dans le cas précis du chant spirituel, c'est la légèreté, la douceur et la souplesse aérienne de l'émission qui sont mon but.

J'ai été un jour contactée par la mère supérieure d'un autre couvent pour me demander si je voulais m'occuper de la voix de la sœur chantre. Mon souvenir d'enfant me ramenait aux sources puisqu'il s'agissait d'une communauté de carmélites. Je suis allée faire travailler cette sœur qui a une voix très émouvante, mais qui donnait quelques signes de fatigue. J'ai été accueillie avec une tendresse infinie car je venais de subir une immense douleur dans ma vie. J'ai trouvé au sein de cette fraternité un réconfort et la sensation que c'était une rencontre guidée pour me donner du courage et m'aider. Ce fut une grande famille secourable.

J'ai fait travailler la sœur chantre et également tout le groupe des sœurs car elles préparaient avec des carmes l'enregistrement d'un CD : « Une voix de fin de silence ». Lorsque j'ai envie de me ressourcer, je me replonge dans cette écoute. J'y suis retournée régulièrement pendant plus de deux années et je suis toujours très émue lorsque je les entends chanter avec leurs jolies voix dans leur belle chapelle. Je suis toujours en contact par téléphone car elles s'informent régulièrement de mes activités avec beaucoup d'intérêt.

J'ai eu également la joie de faire travailler une communauté de clarisses. Ce fut, comme je le ressens chaque fois, une rencontre de joie, d'amitié, d'affection. Et je retrouve, comme dans les autres communautés, des moments de bonheur profond lorsque j'entends leurs voix s'unir pour la prière.

Les petites sœurs des Pauvres m'ont elles aussi accueillie si chaleureusement que c'est une allégresse pour moi d'y retourner. J'ai été passionnée par l'ambiance qui règne dans cette grande maison. Les petites novices et toutes les sœurs ont accueilli attentivement ma méthode. Là aussi, quelques sœurs plus âgées ont ressenti cette émotion de retrouver une voix plus souple, une émission qui remonte et la joie du chant qui revient. La sœur chantre avait fait auparavant un travail avec moi à Paris et avait bien appliqué quelques bases de mouvements avant ma venue. Sous sa conduite parfaite, la grande chapelle est devenue l'écrin de leurs élans vibratoires si profondément recueillis.

Dans toutes ces communautés, je me retrouve dans le creuset de l'Amour qui prend le monde en charge pour le rendre meilleur.

J'aime dans un être semer la petite graine du beau chant, la laisser germer, la voir grandir, surveiller sa croissance, sa transformation, sa métamorphose. C'est la vie qui chante.

Oui, qu'il est grand le mystère de la voix. Je suis chaque fois plus émue d'approcher cette source d'amour divin. Le chant fait de nous des messagers de paix.

Première partie

LA VOIX

La voix humaine

La musique secrète du cœur rayonne dans notre esprit. Le désir du beau enveloppe nos racines, notre intelligence et nous aide à transformer notre vie.

Instrument parfait, organe de la séduction, usant d'un éventail infini de couleurs, capable de transmettre les émotions les plus profondes ;

Mystérieuse alchimie qui donne à chacun de nous un timbre de voix unique, néanmoins héritée de tous nos ancêtres ;

Luxe inouï, matière vivante, incomparable, irremplaçable, la fragilité de sa beauté a mobilisé mes recherches constantes pour tenter de garantir sa préservation et assurer sa longévité.

L'être humain est parfaitement conscient que la voix, parce qu'elle véhicule la parole et le chant, constitue le plus riche, le plus parfait, le plus subtil des moyens de communication.

Travailler sa voix, c'est donc décider de parfaire la relation qu'on établit avec les autres.

Trouver sa voix, qu'elle soit légère ou ample, grave ou aiguë, en tout cas à nulle autre pareille, c'est découvrir en soi des sources vives, trouver son identité profonde, facteur d'équilibre et d'authenticité qui apporte la confiance en soi.

Il semblerait que de telles notions soient aujourd'hui des évidences. Ce qui l'est moins, ce sont les moyens techniques simples, rationnels, efficaces et logiques de parvenir à cet épanouissement.

J'ai engagé toute ma vie d'artiste lyrique dans la recherche et l'élaboration de tels moyens. Le problème vocal que j'ai eu à résoudre à un moment de ma carrière m'a donné le violent désir d'élucider le mystère qui entoure bien souvent les choses de la voix...

Ce qui m'a guidée fut tout d'abord l'étude des anomalies fonctionnelles de l'appareil phonatoire. Je me suis attachée à comprendre tous les impératifs de son parfait fonctionnement.

Cette démarche m'a ensuite conduite vers l'élaboration et l'expérimentation – sur moi-même tout d'abord – d'un travail méthodique ne laissant rien au hasard et il m'apparut peu à peu que mes recherches me conduisaient vers de nouvelles techniques de préparation musculaire vocale.

La méthode que je propose dans cet ouvrage a été conçue pour éduquer, voire rééduquer, préserver et magnifier l'instrument aussi précieux que fragile du chanteur lyrique.

Je ne me doutais pas que ce travail allait permettre l'épanouissement vocal de toute personne ayant envie de chanter sans pour autant éprouver le désir de se lancer dans une carrière lyrique.

D'éminents professeurs et médecins : chirurgiens du larynx, anatomistes, chercheurs du CNRS, phoniatres, radiologues et orthophonistes m'ont fait l'honneur de s'intéresser à mes travaux et de les juger susceptibles de constituer une contribution au domaine de la rééducation vocale.

Les motivations de ma recherche

Presque toujours, c'est un problème personnel, vital, qui pousse à la recherche. Confronté à une situation dramatique et apparemment sans issue, il ne reste plus à celui qui veut survivre qu'à découvrir en lui-même et par lui-même les solutions que le monde extérieur lui refuse.

Issue d'une famille qui aimait la musique sans la pratiquer, j'ai cependant toujours eu le sentiment que celle-ci constituait mon univers. Ainsi Mozart plongeait-il ma mère dans un étonnement inquiet quand, dès l'âge de trois ans, je refusais de me nourrir en écoutant l'ouverture des *Noces de Figaro*. C'est tout naturellement que la « chanteuse » est entrée dans la famille !

Je jouissais naturellement d'une voix longue et assez ample, capable de chanter dans le grave et le suraigu, atteignant le contre-*sol* avec beaucoup de facilité.

Mes études de chant débutèrent au conservatoire de Nancy que dirigeait M. Dautremer, avec pour maître Romain Carbelly – de son vrai nom, Romain de Casteras. Il avait abandonné la médecine pour devenir un superbe baryton doté d'une grande voix qu'il possédait encore au moment de sa tardive retraite. Je travaillai alors avec Mme Capon, une très fine musicienne, et après deux ans d'études, j'obtins mon premier prix.

Étape suivante : le conservatoire de Paris où j'entrai première nommée. Rue de Madrid, je découvris mes nouveaux maîtres : Georges Jouatte, grand et rigoureux musicien, regard d'acier, exigeant, un brin moqueur, mais d'une grande bonté. Charles Panzéra, impressionnant, secret, tout en intériorité et élévation de pensée, glaçant et charmeur, sachant transmettre les secrets de son art ; Louis Musy, précis, lyrique, riche d'une grande expérience scénique. Sans oublier Maurice Franck. Quel musicien ! Avec lui le solfège, pourtant rébarbatif, devenait un plaisir.

Autant ma voix était solide et résistante naturellement, autant l'application du travail traditionnel journalier me la rendit plus fragile et soumise à des sauts de « forme ». Des fatigues ponctuelles m'inquiétaient un peu, mais, autour de moi, elles étaient considérées comme la conséquence logique d'un travail intense exigé. Mon instinct me disait pourtant que ces fatigues n'étaient ni normales ni logiques chez un sujet apparemment bien constitué pour ce métier.

Je crois pouvoir avancer que j'étais d'un naturel sérieux, travaillant beaucoup ma voix par la vocalisation, puis la mise en place des morceaux, la recherche des sonorités, des nuances, du style. Je déchiffrais énormément, mais en conservant toujours un équilibre qui m'assurait des temps de repos. Et, malgré cela, j'éprouvais par périodes des fatigues que je ne comprenais pas, se traduisant par une voix serrée, un peu gutturale, perdant de sa rondeur et de son éclat. Je n'étais pas la seule dans ce cas : tous les débutants ressentaient plus ou moins ces difficultés ; mais ne pas comprendre le pourquoi de ces baisses de forme provoquait en moi un sentiment d'inquiétude qui nuisait à mon équilibre psychique.

Chanter était pour moi une vocation. Je faisais bon ménage avec ma voix : elle était mon indispensable instrument d'expression et l'amener jusqu'à la perfection de l'exécution était mon seul but. La perspective d'en être privée m'était intolérable.

Ces fatigues se révélaient très capricieuses. Aux moments d'euphorie au cours desquels la « forme » était parfaite et stable succédaient des phases où tout allait mal, où je remettais tout en question. Les concours du Conservatoire s'inscrivant dans une période pour moi bénéfique, j'y remportais trois premiers prix : chant, opéra, opéra-comique. De quoi être comblée en cette année 1956, puisque remarquée par Gabriel Dussurget, le grand créateur du Festival d'Aix-en-Provence ; c'est sous son regard exigeant et attentif que j'accomplis mon entrée en musique.

L'un des premiers contrats qu'il m'offrit avait de quoi impressionner la débutante que j'étais : un engagement à la Scala de Milan pour chanter le rôle du Feu et du Rossignol dans *L'Enfant et les sortilèges* de Maurice Ravel. Voir son nom imprimé sur les affiches du plus célèbre théâtre lyrique du monde : le rêve de tout chanteur... Quelle émotion et quels souvenirs !

Ensuite j'ai chanté à l'opéra de Monte-Carlo, à l'opéra de Genève, à Boston, Palerme, Bruxelles, tout en participant aux grands concerts de l'ORTF. De très grands chefs m'ont dirigée : Jean-Claude Casadesus, André Cluytens, Pierre Dervaux, Michaël Gielen, Paul Klecki, Georges Prêtre, Manuel Rosenthal, Nino Sanzogno, George Sebastian. Et comment ne pas évoquer Hans Rosbaud, qui durant tout un Festival d'Aix me fit travailler la comtesse des *Noces de Figaro* ! J'avais auditionné devant lui dans l'air de Suzanne. Je verrai toujours son beau regard empreint de calme et d'autorité quand il me dit :

— Vous serez une comtesse. Alors commençons tout de suite.

Lorsque, effectivement, plus tard j'ai chanté ce rôle, et notamment en concert à Liège en présence de la famille royale de Belgique, ses subtiles indications m'ont été infiniment précieuses, et comme j'ai plaisir aujourd'hui à mon tour à les transmettre à mes élèves !

Durant tout ce début de carrière, j'étais obligée de n'accepter des engagements qu'avec la plus extrême prudence. Entrée à l'Opéra et à l'Opéra-Comique *(Carmen, La Chauve-souris, Vol de nuit, Le Martyre de saint Sébastien)*, mais contrainte de poursuivre mon activité à l'économie, je dois considérer qu'à cette période je n'ai jamais chanté avec la pleine possession de ma voix. J'en ressens encore aujourd'hui – bien qu'ayant retrouvé la plénitude de mes moyens – toute la frustration : obligation de réduire mon temps de travail, respect de périodes de repos de plus en plus longues, inquiétudes constantes, souci de ménager cet instrument pour ne l'utiliser qu'à des fins professionnelles, proscrivant conversations téléphoniques trop longues, bavardages amicaux, dialogues familiaux, prises de parole en voiture, ou dans une assemblée bruyante. Peu à peu, moi, dont le caractère, le métier, la nature étaient voués à la communication, j'entrai dans le monde du silence.

Cette extrême prudence ne devait pas empêcher qu'en 1966 se produise l'événement qui, par ses conséquences, allait conduire ma recherche.

Voulant honorer un contrat signé antérieurement, j'avais accepté quatre représentations du *Manon* de Massenet dans un grand théâtre à l'étranger. Une prestation, tous les soirs durant quatre jours consécutifs, à laquelle s'ajoutait une « générale » publique. La difficulté de ce rôle est bien connue, et je ressentis les premières fatigues dès la troisième représentation. Au matin de la quatrième, je sentis que je ne pourrais pas assurer le spectacle du soir. Un laryngologiste consulté, vu l'état de mes cordes vocales, me conseilla de suspendre mon contrat. Mais trouver une remplaçante au pied levé n'est pas chose facile et, par respect de mes responsabilités, j'acceptai un traitement intensif à base de cortisone et un stimulant musculaire pour honorer mon engagement. J'ai encore en mémoire mes efforts de volonté et la terrible impression que je faisais quelque chose de très dangereux.

Je me suis tue pendant un an et demi.

Plus un son, plus une note. Le silence total. Les visites répétées chez les laryngologistes se succédaient. Et le diagnostic du corps médical, très pessimiste, me conduisait tout doucement à l'idée que je ne rechanterais jamais.

Je ne comprenais pas comment j'avais pu en arriver là, alors que je connaissais ma santé physique et vocale d'antan. Après un temps de désarroi et de dépression – heureusement assez court –, je décidai de comprendre par moi-même les raisons de ce naufrage. Tout d'abord, acquérir la pure connaissance anatomique du mécanisme phonatoire. Au travers de mon expérience, la lecture du Rouvière[1] m'a tenue en haleine comme le plus beau roman et peu à peu m'apparut l'explication que je cherchais.

Le fonctionnement des cordes vocales n'est que la conséquence d'un mécanisme musculaire complexe et, à l'évidence, il se situe dans la perfection du travail des muscles qui déclenchent la fonction cordale (articulation, soutien, cou, nuque, fonction respiratoire).

Je pris alors conscience de ce qu'un maxillaire inférieur un peu étroit, un cou trop gracile, tels que les miens, déterminant une musculature de soutien inadaptée, ne

1. H. Rouvière, *Anatomie humaine*, Masson et Cie, tome I, 1948, 6e édition.

constituaient pas un socle suffisant pour une voix au départ riche de possibilités.

Ce fut la première étape de ma recherche.

Car ce qui guide souvent une recherche naît d'un hasard, d'un détail, d'un impondérable, d'une intuition, qui permet de mettre en rapport deux observations jusque-là non prises en compte. Et c'est parfois en la vivant dans son corps que cette évidence apparaît.

C'est ainsi que je fis ma deuxième découverte.

Je sentais bien que mes cordes vocales étaient effondrées dans mon larynx et que cela me donnait cette voix rauque, trop grave, voilée.

Une amie me dit un jour qu'elle souffrait depuis son accouchement d'une descente d'organes et qu'on lui avait conseillé, pour y remédier, la posture de yoga dite du « poirier », qui place le corps à la verticale, tête en bas. Ce fut un déclic : je me dis que j'allais moi aussi essayer de remonter mon larynx artificiellement en basculant la tête en arrière dans le vide, étendue sur un lit. Et, soudain, j'émis mon premier son sans difficulté. Ma voix avait retrouvé sa clarté, sa couleur. Mon émotion fut intense. En position debout, immédiatement après, j'ai pu renouveler l'expérience et reproduire sans peine ce son qui me bouleversait. Trois minutes plus tard, il m'était à nouveau impossible de chanter. Mais le travail tête en bas me semblait primordial en rééducation.

Je tenais un fil conducteur de plus.

Il me restait à concevoir une gymnastique restructurant la musculature de soutien de l'appareil vocal. Cette gymnastique laryngée, à l'époque où je l'ai conçue, était totalement originale. Ces intuitions qui surgissaient impérieusement jour après jour, je les vérifiais aussitôt en étudiant la physiologie de la voix. C'est ainsi que sont nés les deux premiers mouvements de ma méthode : gymnastique de la langue et projection du maxillaire inférieur (en 1967). À partir de ces fondements, j'élaborais tout un travail – mêlant la phonation et des mouvements corporels –, qui touchait successivement les zones vulnérables (stabilité diaphragmatique, assouplissement et ouverture de la région du plexus solaire, déconstriction laryngée, déconstriction du maxillaire inférieur, détente de la nuque).

La mise au point de ces mouvements sur moi-même, outre la récupération vocale que je constatais, m'apportait de plus un bien-être physique surprenant, tel même qu'il déliait en moi tous les nœuds et que tout mon comportement en était transformé.

Comme la prudence demeure ma règle, par respect pour autrui, j'ai d'abord expérimenté cette méthode sur moi durant sept ans afin d'être mon propre champ d'investigation et de vérification.

Ce n'est qu'en 1975 que, tous les éléments de base étant assurés, je disposai enfin d'une technique applicable à autrui et j'ai alors créé mon école de chant.

La recherche étant par définition une matière mouvante et en constante évolution, les mouvements de base, tout en restant fondamentalement identiques, s'approfondirent et se perfectionnèrent dans leur application, en fonction des problèmes – physiologiques et psychologiques – spécifiques à chacun.

Pour progresser dans une recherche et pour donner aux autres la force et l'énergie, qui vont les faire progresser, il faut de l'enthousiasme.

Celui qui m'anime est fondamental et me permet de conserver une oreille et un regard neufs.

Aujourd'hui, je fais travailler essentiellement des chanteurs classiques, en éducation et rééducation, quelques comédiens et professionnels de la voix parlée. Des psychologues, des psychanalystes, des orthophonistes viennent me voir, tous ayant le désir de chanter et bien souvent de belles voix.

Je m'intéresse vivement à quelques cas graves de rééducation après accident, sous contrôle médical bien entendu.

Je souhaite que ma technique serve, bien sûr, aux chanteurs et aux enseignants de l'art lyrique, mais aussi à tous ceux qui veulent améliorer la qualité de leur voix et de leurs moyens vocaux

Ce que je propose

En fonction de la loi de la relativité, une action ne peut exister sans entraîner son contraire.

Les méthodes classiques d'éducation de la voix sont multiples et certaines ont formé les grands chanteurs d'antan et d'aujourd'hui pour la plus grande renommée des professeurs qui les ont formés. Méthodes italienne, allemande, viennoise, française, russe, anglaise, espagnole, etc.

Ces méthodes, quelles que soient les techniques prônées, reposent essentiellement sur la vocalisation comme moyen d'échauffement de la musculature phonatoire. C'est-à-dire qu'à l'image du pianiste qui va faire des gammes de difficulté progressive pour entraîner la musculature de ses doigts, poignets, bras, etc., le professeur de chant va solliciter la musculature vocale du chanteur en lui faisant également exécuter des gammes successives et répétées, lentes, rapides, aiguës et graves, *forte, piano,* piquées, *grupetti,* trilles, etc., sur des rythmes et voyelles différents, en tierces, quintes, septièmes, neuvièmes, arpèges... Le professeur prudent utilise en général cette progression.

La musculature productrice du son va donc ainsi s'assouplir, se renforcer et le potentiel vocal de l'élève devrait normalement s'accroître dans son étendue, son agilité, son ampleur.

D'où vient alors que, pour quelques belles réussites, on constate en contrepartie tant de voix qui ne se révèlent pas ou, hélas ! de très belles voix qui s'abîment ?

De l'enseignement reçu ? Ou des dispositions physiologiques et psychiques de l'élève pour aborder de telles difficultés[1] ?

Avant d'incriminer le professeur, il serait peut-être souhaitable d'aborder le problème sur le fond plutôt que sur la forme. Une réalité fort importante et relativement peu connue : le plus petit son produit par le mécanisme vocal mobilise un nombre impressionnant de muscles (plus de 300), ce qui revient à dire que celui dont l'activité professionnelle dépend d'un fonctionnement intensif de l'appareil vocal (et *a fortiori* l'artiste lyrique) doit être assimilé à un athlète du larynx (ce qui implique également le travail sur toute une musculature aussi importante, peu ou insuffisamment travaillée : muscles de la face, lèvres, langue, voile du palais, cou, nuque, dos, muscles respiratoires et d'autres encore).

C'est pourquoi une vocalise même peu difficile impose un effort trop intense à une musculature fragile qui n'a pas été préalablement échauffée.

Et, comme pour le sportif, la conséquence tant redoutée sera le claquage qui se traduit pour le chanteur par un enrouement dû au surmenage des cordes vocales : claquage du muscle et ligament cordal, réaction inflammatoire de la muqueuse.

Tout grand chanteur sait que son échauffement vocal doit s'effectuer avec douceur, en prenant des temps de

1. Cf. Le surdoué vocal, p. 93.

repos, pour obtenir la pleine jouissance de son instrument mis au service de l'œuvre qu'il va interpréter[1].

Le jeune chanteur ne le sait pas toujours. Son enthousiasme va fatalement entraîner des imprudences et toute sa vie professionnelle va dépendre de son éducation initiale.

L'élève imprudent ou mal conseillé qui commencerait son échauffement avec l'arpège de Rossini serait assuré de provoquer un surmenage musculaire. Cette vocalise couvre une octave et demie et exige un effort considérable.

De même que la leçon de chant qui débute par dix minutes environ de vocalises suivies du travail sur les morceaux constitue un exemple typique de l'effort trop rapide imposé à la musculature vocale.

La leçon prise en studio avec accompagnement au piano ne constitue que l'éducation, la préparation à un métier qui exige une résistance physique à toute épreuve.

Qui n'a pas chanté sur une grande scène ou dans un théâtre antique avec devant soi un orchestre de plus de cent musiciens, sachant que la voix doit s'élever et remplir des espaces immenses, affrontant des ouvrages réputés difficiles, dans des conditions physiques éprouvantes (port d'un costume souvent lourd, perruque, etc.), contraint de respecter une mise en scène quelquefois épuisante, ne saura jamais quelles réserves de tonus musculaire et spécifiquement glottique cela représente !

1. Les traditions encore vives de l'art vocal des Porpora, Cafarelli, Garcia, Rubini, Lamperti et plus près de nous Stephen de La Madeleine, Lilli Lehmann, ainsi que les techniques de chaque professeur sont les meilleurs exemples du travail vocalique. Ces méthodes ont formé les plus grands chanteurs, à condition qu'elles soient appliquées avec prudence et discernement. Garcia prônait déjà vivement le conseil aux chanteurs débutants de ne se livrer à la vocalisation que cinq minutes consécutives suivies de repos et renouvelées à quatre ou cinq reprises.

L'image du chanteur lyrique saisi dans l'action d'une représentation par une caméra de télévision révèle l'intensité du travail musculaire qu'exige son art.

L'analogie avec le sportif est frappante : mobilisation de la musculature, contrôle du souffle, concentration de la pensée.

On sait aujourd'hui que la performance d'un champion de saut en hauteur ne dépend pas seulement de la vigueur de son jarret, mais d'un ensemble de muscles dont le fonctionnement judicieusement harmonisé doit produire le rendement maximal à l'instant voulu.

Dans le domaine sportif, les découvertes techniques et médicales ont permis d'orienter et de rationaliser un entraînement de plus en plus spécialisé.

De nos jours, le sportif de haut niveau ne s'entraîne plus comme ses glorieux aînés. Désormais, la préparation physique de l'athlète bénéficie de tous les apports de la science, depuis les essais en soufflerie pratiqués par skieurs et cyclistes à la recherche de la position optimale du corps, jusqu'à la planification par ordinateur du programme d'entraînement de certains tennismen en fonction de tous les paramètres d'un tournoi. Sans oublier la découverte des vertus de la diététique sur le rendement du corps.

La gestuelle, analysée par le ralenti de l'image, a mis en évidence le travail de chaque muscle, son rôle spécifique dans la continuité du mouvement. Toute faiblesse pourra être corrigée par un travail adapté dans le but d'obtenir une technique parfaite.

Pourquoi n'en serait-il pas de même pour notre athlète vocal ?

Le laryngoscope inventé en 1850 fut le premier – et longtemps le seul – moyen d'exploration de l'appareil vocal. Mais aujourd'hui les outils d'investigation scientifique permettent d'aller beaucoup plus loin dans la recherche.

La visualisation du mécanisme phonatoire montre la dynamique de l'organe vocal en pleine action et peut ainsi permettre au professeur de chant de rectifier une fonction déficiente par un travail adapté.

C'est ainsi qu'au travers de l'élaboration d'un travail musculaire qui était orienté vers la rééducation de ma propre voix, j'ai commencé à entrevoir l'intérêt et la nécessité d'imaginer des exercices musculaires dont l'action consiste à renforcer les multiples constituants physiologiques de la voix et permet une mise en condition progressive de l'ensemble du support de l'appareil phonatoire.

Cette gymnastique vocale est composée d'un ensemble de mouvements très précis associés à un travail phonatoire particulier. Sa mise en application exige un respect absolu de l'ensemble de ces mouvements, car ils ont été imaginés pour développer et renforcer une musculature spécifique dans un axe précis du corps. C'est cette rigueur dans l'exécution qui assure les résultats rapides en éducation et en rééducation, construit, en quelque sorte, le socle de l'édifice vocal et permet d'aborder en toute sécurité la vocalisation, de toute façon nécessaire dans l'éducation.

Les voix s'épanouiront ainsi dans toute leur plénitude et seront assurées d'une longévité sans prix aux yeux du chanteur lyrique.

RÉSUMÉ DES CINQ GRANDS POINTS D'ACTION DE MA GYMNASTIQUE

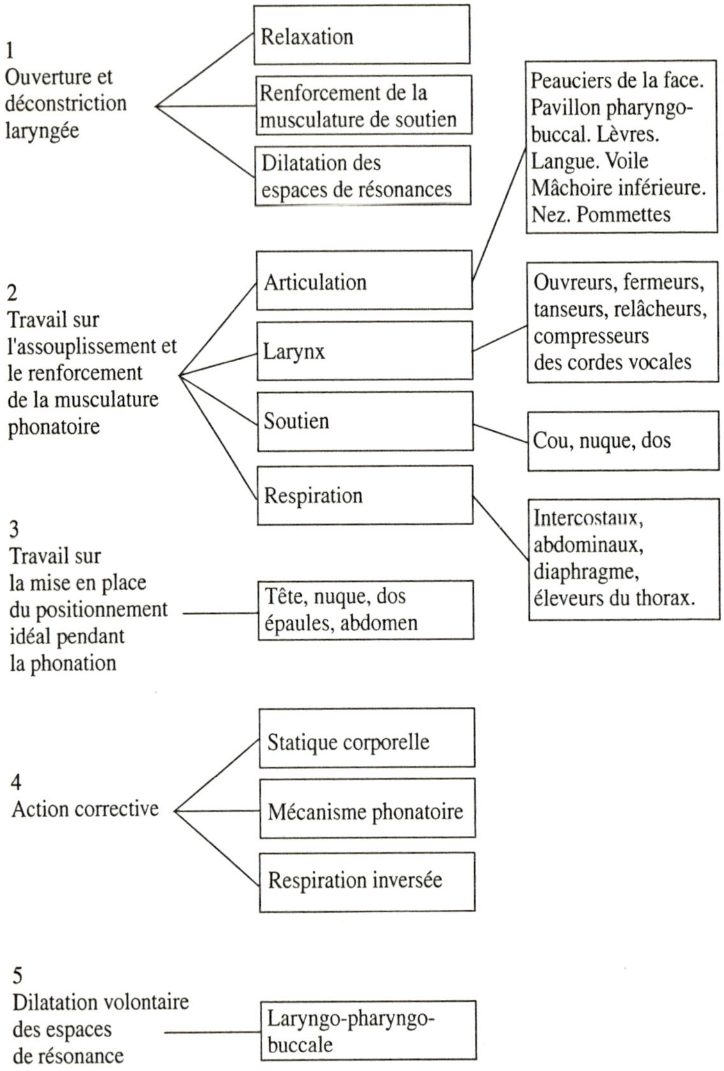

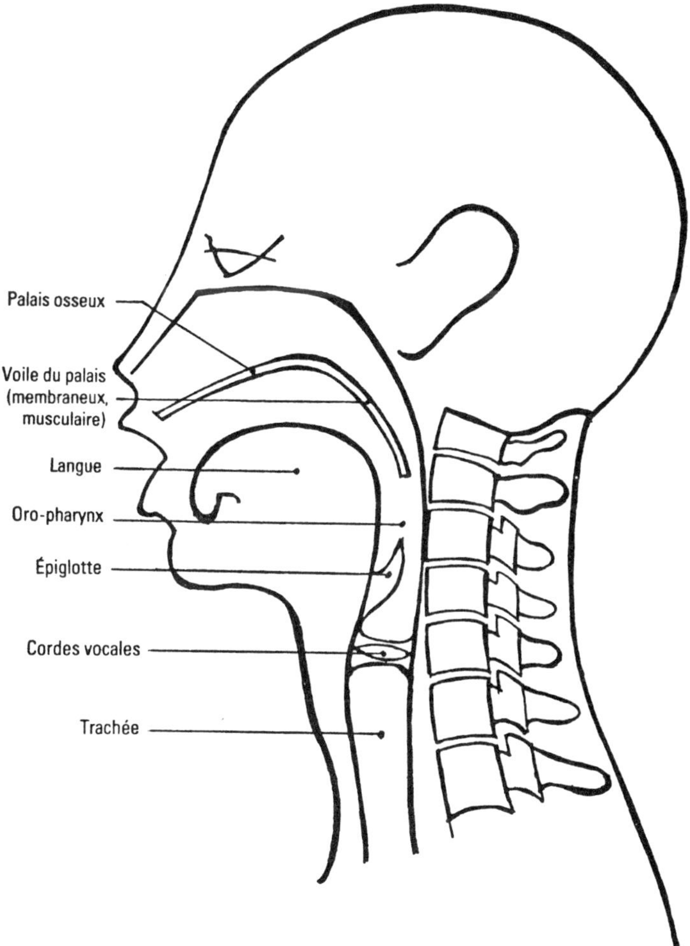
Palais osseux
Voile du palais
(membraneux,
musculaire)
Langue
Oro-pharynx
Épiglotte
Cordes vocales
Trachée

Figure 1

Enseigner le chant

Apprendre à chanter, c'est apprendre à se dépasser soi-même.

Depuis mon enfance, la voix me fascine.

J'aimerais pouvoir vous chanter la voix afin que par le son je puisse restituer l'exacte relation qui m'unit à elle.

C'est peut-être ce rapport particulier avec la voix qui tout de suite, dès mon adolescence, et sans posséder aucune connaissance, me permettait déjà de sentir ou de pressentir tout ce qu'elle véhicule, ses mystères, son étrange pouvoir et surtout cet aspect si révélateur des forces et des faiblesses des êtres.

La voix constitue mon univers et l'anime. Je vis à travers elle et je la connais trop intimement pour tenter de vouloir la définir. Elle est souveraine, prend toujours ses distances, ne se livre jamais complètement, « maîtresse capricieuse et infidèle », selon le mot d'un de mes élèves.

Elle recouvre un monde secret, mouvant, somptueux.

Je n'ai travaillé et cherché que par amour pour elle et, si ma technique est scientifique, rationnelle, fondée sur le parfait fonctionnement anatomique, elle n'est que le moyen de préserver cet instrument incomparable.

La voix maîtrisée, conquise, demeure néanmoins

soumise à ces impondérables qui viennent de l'âme et qui font qu'un élève pour entrer dans le royaume du « grand chant », du *bel canto*, doit franchir un autre palier, une autre étape que le professeur accompagnera, dans laquelle il est « médiateur ». Là commence la vraie recherche de la place parfaite du son, de l'expression, de l'interprétation où l'élève se dépasse lui-même. Le professeur et l'élève constituant alors un « couple » en lequel s'échangent complicité, confiance, estime, alliance profonde.

Chacun de mes cours me donne le sentiment de faire l'un des plus beaux métiers qui soient.

Travailler cette matière vivante que j'aime et respecte me fait sans cesse mesurer la responsabilité qui m'est confiée.

Mon oreille est ainsi faite qu'elle perçoit chez l'élève non seulement l'état vocal du moment mais, en filigrane, le son fugitif qui me fait pressentir la beauté de la voix future. Cela motive des encouragements que d'aucuns, de prime abord, peuvent percevoir comme trop laudatifs.

J'ai trop travaillé sur le serrage laryngé et ses conséquences pour ignorer qu'un climat trop rigoureux, moqueur ou réservé, dans un cours de chant peut complètement bloquer l'organe phonatoire d'un débutant. En revanche, les élèves qui poursuivent avec moi connaissent bien mon exigence et ma rigueur dès qu'ils abordent l'étape suivante et commencent à prendre confiance.

L'écoute du professeur est, bien entendu, déterminante ainsi que sa faculté de diagnostic rapide. Elles permettent de rectifier les erreurs qui, au départ d'un travail vocal, peuvent avoir des conséquences fâcheuses sur une carrière future.

Et si, comme il est souhaitable, le professeur possède une connaissance approfondie du mécanisme phonatoire, son intuition, son écoute en seront renforcées. L'instinct étayé par le savoir limitera les risques de faux pas.

Cette connaissance permet d'adapter le travail technique aux particularités de l'élève. On sait dans ce domaine qu'une même vocalise proposée à deux soprani, par exemple, pourra être excellente pour l'une et traumatisante pour l'autre.

Dans mon travail spécifique, cet aspect revêt un caractère de moindre importance puisque ma technique n'est pas fondée sur la vocalisation comme moyen d'échauffement.

La qualité d'une leçon se joue sur les dix premières minutes. L'élève peut tout à coup dévier son émission pour une raison quelconque : fatigue, troubles émotionnels, etc.[1]. L'appareil vocal réagira immédiatement par un serrage ; le « trampolino » se grippe. Il importe de réagir sur-le-champ. Les élèves ne se rendent sans doute pas compte du moment où l'on intervient, mais si le remède n'est pas administré dans l'instant même, l'élève sortira de sa leçon fatigué, la voix un peu sourde.

Une bonne leçon se mesure à un baromètre simple : au sortir de celle-ci, quel que soit l'état moral ou physique préalable, l'élève doit se sentir en pleine forme, éprouver la sensation euphorisante qu'il pourrait chanter toute une journée sans fatigue et même avec bonheur.

Dans une école qui réunit de bons éléments, on ne peut élire celui ou celle qui présente les qualités requises pour envisager une carrière sans une extrême prudence. Les surprises, en cette matière, sont multiples. Les sujets les

1. On tiendra compte également des facteurs climatiques – froid, humidité, brouillard, baisse de pression hygrométrique, etc. –, qui exercent une influence réelle sur l'appareil phonatoire comme sur tous les muscles et sur le tonus psychique et physique.

plus prometteurs au départ ne sont pas toujours ceux qui franchissent tous les obstacles qui jalonnent la route, faute de persévérance, de caractère... sans omettre les contingences multiples inhérentes à la vie quotidienne.

Il importe au début d'être très réservé car on connaît les difficultés du métier, les qualités exceptionnelles qu'il exige et qui ne sont pas que physiques. Comme l'écrivait Georges Loiseau, « il est fréquent que d'admirables voix soient inutilisables en raison du seul fait que leur heureux possesseur est incapable d'apprendre et de retenir un rôle ou d'en assumer l'esprit[1] ». C'est là qu'interviennent le jugement du professeur, son intuition et, par-dessus tout, son honnêteté. Bien sûr, nul n'est infaillible et moi pas plus qu'un autre.

Une fois mon choix arrêté, je vais observer l'élève-chanteur. Pendant un an environ, il devra affronter ses responsabilités. Je lui propose un travail mais le laisse l'organiser à sa guise. Cela me donne le temps de l'étudier, le tester et m'assurer que, par sa manière de travailler, il manifeste un authentique désir de réussir. Nombreux sont les adorables amateurs... mais cet impitoyable métier ne peut les accueillir.

Un élève sérieux ne se juge pas au nombre de leçons qu'il prend, mais à l'intensité investie dans chacune d'elles et au soin qu'il apporte à en tirer le meilleur profit : préparation minutieuse du travail qu'il présentera, étude des textes, de la langue, sans parler du travail musical évidemment.

Ce qui compte également, c'est sa préparation vocale les jours qui précèdent la leçon, le repos si possible, l'exactitude qui permet d'arriver non stressé sur les lieux

1. Georges Loiseau, *Notes sur le chant.*

de la leçon – ce qui se répercute sur la qualité du cours et contraint à une mise en route plus longue.

Si je donne des airs et des mélodies à travailler, rien ne me fait plus plaisir que de voir l'élève me présenter des morceaux de son choix, qu'il a découverts lui-même et qu'il a envie de chanter. Cette part de recherche et d'initiative personnelles est tout aussi importante et prouve la motivation de l'élève.

J'insiste également beaucoup sur le nombre d'airs, de mélodies et d'ouvrages appris par cœur. La mémoire, c'est le « fer de lance » de l'artiste lyrique. Un chanteur en pleine carrière doit avoir en tête, et dans toutes les langues, au moins une quinzaine d'opéras et d'oratorios et plus d'une centaine de mélodies. Mais la mémoire, on le sait, est une faculté qui s'entretient et se développe.

Et pour apprendre ces ouvrages dans les meilleures conditions, le bagage musical d'un aspirant est, on s'en doute, aussi essentiel que sa qualité vocale et son talent.

Les élèves ne savent pas toujours ménager leur voix lorsqu'ils font un travail personnel. Il faut leur expliquer comment procéder. Tout d'abord, jouer la ligne mélodique au piano plusieurs fois puis, comme le font beaucoup de chanteurs, siffler la mélodie. Lorsqu'elle est bien mémorisée, articuler exagérément les paroles en rythme mais sans le son, puis seulement alors adapter paroles et musique en voix de répétition (en donnant très peu de volume) mais en accentuant toujours l'articulation, ce qui assouplit le maxillaire inférieur. Se reposer ensuite un moment puis reprendre le morceau avec le volume normal de la voix en travaillant chaque phrase séparément. Nouveau temps de repos, puis faire un « filage » du morceau tout entier.

Il est un don qui me semble essentiel : le charme. Il est décelable chez l'élève dès le début du travail et j'y suis très sensible. Le ténor Nourrit avait pour habitude de dire : « Avant tout, penser au charme. C'est dans le charme physique du chanteur que réside la grande puissance de la musique [1]. »

Le charme, la séduction, le magnétisme, la présence sont des qualités naturelles et nécessaires dans le domaine artistique. Même si le chant est encore imparfait, il faut inciter l'élève à « sortir de lui-même » et de l'obsession de ses doubles croches. Ma gymnastique ayant une influence notable sur l'esthétisme corporel et la souplesse de l'attitude, je cherche à encourager continuellement cette aisance naturelle, apanage des plus grands.

Il faut aussi surveiller l'apparition des tics, des attitudes défectueuses, si faciles à prendre en chantant.

Les mains ! Comme elles sont révélatrices de l'angoisse du chanteur. Tel artiste un peu gauche en scène répétera toujours le même geste saccadé, tel autre « invitera » sa voix à mieux sortir en l'accompagnant d'un geste arrondi de la main droite, allant de l'estomac à la bouche. D'autres se tordent les mains. Mais ces gestes incontrôlés se corrigent peu à peu, lorsque l'élève commence à acquérir une plus grande assurance.

Le langage des mains est éloquent. Celui-ci doit être sobre et chaque geste doit souligner avec esprit l'intelligence du phrasé.

J'ai parlé d'abondance du futur professionnel et de la rigueur qui entoure son éducation. J'aimerais aussi parler de l'amateur qui, dans le bonheur de découvrir cet art, peut tout à coup se prendre au jeu et fournir un travail qui me stupéfie !

Ainsi, il y a quelque temps, j'ai vu venir à mes cours une femme de quarante-cinq ans environ, grande, pulpeuse, dynamique, avec un visage ouvert et souriant, très intelligente et qui m'avoua tout de suite son désir de chanter, présent depuis toujours, bien que le destin ait fait

---

1. O. Merlin, *Le Bel Canto*, Julliard.

d'elle un professeur. Elle possédait la voix de son physique : une belle voix d'opéra, souple, ample, avec une vocalisation naturelle très rapide. La révélation de cette concordance fut déterminante dans la manière dont elle a abordé le chant : elle travaille plusieurs heures par jour, comme une vraie « pro » ! L'épanouissement de sa voix a renforcé son assurance et les progrès sont tels qu'elle peut envisager désormais de préparer un récital.

Ce n'est pas un cas unique. Ceux qui viennent pour satisfaire un plaisir qu'ils s'étaient jusqu'ici refusé révèlent parfois des dons naturels qui les autorisent à aborder un répertoire difficile.

Peut-on parler de la voix sans évoquer la pudeur ? Chanter, c'est se mettre à nu, tout dévoiler de soi-même et il faut beaucoup de doigté et de tact au professeur pour amener l'élève à exprimer son émotion tout en la contrôlant. Mais une voix qui n'est pas construite sur une bonne technique ne peut opérer ce contrôle nécessaire et révèle parfois ce qui par éducation ou réserve naturelle voudrait être caché. L'esthétisme sonore, seul, libérera cette pudeur et permettra une extériorisation bien vécue, bien acceptée.

Il est essentiel de ne faire travailler aucun élève de la même manière, que ce soit sur le plan technique pure ou sur celui de l'interprétation. Les tempéraments sont multiples, divers à l'infini. Il existe des sprinters et des coureurs de fond : selon le rythme propre à chacun, on adaptera la leçon.

Sentir le musicien sous le chanteur est fondamental. Il faudra le sensibiliser afin qu'il ressente bien que sa voix et l'accompagnement du piano, c'est de la musique de chambre en laquelle chacun s'écoute et se fond. Cette écoute entraîne tout naturellement à « rester dans la musique », à ne pas « décrocher » pendant que le piano d'accompagnement termine sa phrase musicale ou que l'orchestre continue de jouer, ce qui, hélas, arrive trop souvent.

Respect du tempo, respect de la musique... Combien de débutants ralentissent le *pianissimo* et accélèrent instinctivement le *forte* !

Il est aussi une vertu qui m'apparaît chez tous les plus grands artistes : le don de soi, une générosité profonde. Et cela, hélas, ne s'acquiert pas. Sans cette générosité, immédiatement décelable, de tout l'être, qui signe presque toujours les grands tempéraments, il manquera toujours cette touche inimitable d'authenticité.

Un professeur de chant, par son attitude, doit très vite encourager l'autonomie de son élève ; de même que l'affection du professeur pour l'élève ne doit jamais lui faire perdre son sens critique ; il y a lieu également de se méfier de la puissance du « transfert » qui s'établit de l'élève sur le maître.

Faire naître une voix, je l'ai beaucoup dit, c'est mettre au monde.

Comme le dit Marie-France Castarède : « La leçon de chant est la reproduction des premières communications de l'enfant avec l'entourage, notamment avec la mère. Toutes les caractéristiques et les recommandations pour le beau chant – relation psychologique, détente (respiration, sourire, passivité, intériorisation), *legato* et rondeur, projection vocale – confirment cette hypothèse. »

Les liens si intimes et profonds qui unissent le professeur et l'élève peuvent constituer une arme à double tranchant. L'élève reconnaissant s'attache et risque de devenir trop dépendant, trop vulnérable. Il ne peut pas chanter s'il n'a pas pris sa leçon avec « son » professeur ou si celui-ci n'est pas présent dans la salle au cours d'une prestation, etc.

Le futur professionnel devra affronter un métier dans lequel il sera toujours seul. Par son attitude, le professeur devra très vite l'endurcir au lieu de le couver. Seule la certitude de trouver son professeur lorsqu'il aura vraiment besoin de lui donnera à l'élève tranquillité et équilibre.

Je crois qu'il faut élever un bébé-chanteur comme on élève un enfant, en sachant qu'il partira et que, dans cette perspective, il faut l'armer du mieux qu'on peut.

Le surdoué vocal

Le surdoué vocal a reçu comme un don béni des dieux l'instrument parfait : la voix parlée et chantée naturellement ample, vibrante, ronde, chaude, utilisant sans effort les résonateurs naturels.

En dehors de toutes les admirables techniques qui étayent des voix comme celles d'Élisabeth Schwarzkopf, Nicolaï Ghiaourov, Luciano Pavarotti, Monserrat Caballé, Joan Sutherland, Renata Tebaldi, Kiri Te Kanawa, Mirella Freni, Ruggero Raimondi, arbitrairement choisis parmi tant d'autres aussi belles, on comprend sans avoir à recourir à de subtiles explications que la nature a royalement privilégié ces instruments vocaux.

De véritables Stradivarius vivants.

Une sorte de miracle de la nature.

Un tel élu possède un mécanisme idéal qui lui a été offert comme un cadeau de la vie, une grâce : les cordes vocales, peut-être, de son père, la langue de son grand-père, le maxillaire inférieur de sa mère, le voile du palais de son arrière-grand-mère et peut-être aussi d'un lointain aïeul son sens artistique... et c'est ainsi que M. Georges Thill, lorsqu'il offrait sa voix et provoquait l'émotion intense que l'on sait, toute sa lignée, ses racines profondes revivaient, se concrétisaient dans cette mystérieuse alchimie qui produisait d'admirables sonorités.

Ce merveilleux assemblage de toutes les pièces différentes et infiniment variées qui constituent la masse fonctionnelle de cet instrument rare sont de forme, de volume, de positionnement et de mobilité parfaits. En raison de cette perfection, leur utilisation naturelle n'engendre aucune fatigue, d'où une résistance bien précieuse...

Passons en revue l'agencement de ce mécanisme d'exception :

– des cavités osseuses de la face importantes ;
– des espaces nasaux larges, sans cloisons déviées ;
– une bonne ouverture buccale ;
– un palais osseux bien voûté ;
– un palais mou, long, large, très mobile et naturellement surélevé ;
– une mâchoire inférieure large, solide et souple ;
– une langue ni trop épaisse ni trop longue, parfaitement mobile et dotée d'un frein long ;
– des amygdales pas trop volumineuses et saines ;
– un pharynx buccal se dilatant parfaitement ;
– un larynx évasé et souple ;
– une épiglotte bien positionnée en phonation ;
– des cordes vocales et leur musculature motrice robustes et saines ;
– une bonne capacité thoracique (avoir « du coffre ») ;
– un excellent travail diaphragmatique ;
– une parfaite utilisation du souffle.

À ce catalogue, il convient d'ajouter, pour faire un grand artiste :

– la justesse parfaite du son ;
– un timbre vocal rond, chaud, immédiatement reconnaissable entre tous et capable de provoquer spontanément l'émotion ;
– une bonne santé en général : un mauvais fonction-

nement du foie, du système digestif en général, de l'appareil génital chez la femme entraînent des ennuis vocaux ;

– un bon équilibre nerveux : sang-froid et contrôle de soi constituent les qualités essentielles du soliste[1] ;

– une belle intelligence et culture musicale ;

– une excellente mémoire ;

– une sensibilité profonde à la musique ;

– une tendance au perfectionnisme et un zeste de... névrose, sans oublier une bonne dose de narcissisme nécessaire à toute « bête de scène » !

L'être qui a la chance de réunir tous ces dons devra, plus qu'aucun autre, travailler durement, prendre garde à ne jamais forcer ses qualités exceptionnelles dès le début de son éducation car il va être soumis à la tentation – combien forte ! – de pousser à fond son mécanisme pour éprouver l'enivrement de cette puissance et risquer ainsi de dépasser ses moyens du moment.

Il entrera alors dans la difficile voie de la perfection, remettant, à chacune de ses prestations, sa renommée en question.

Pour lui, plus que pour aucun autre, la chute serait sévère !

Durant toute sa vie artistique, il devra se considérer comme un athlète de haut niveau et, à ce titre, se soumettre à un régime de vie et de travail très astreignant, seul garant de sa longévité vocale.

En échange, s'il parvient à être satisfait de sa prestation, ainsi que le public, il connaîtra un bonheur à nul autre pareil, le plus profond, le plus riche accord avec lui-même.

1. Déclenchement intempestif à l'approche d'une prestation de maladies dites « psychosomatiques » se rattachant toujours – hélas ! – à l'instrument de travail : grippe, rhume, sinusite, angine, asthme, allergie...

Le succès, l'enthousiasme et la ferveur du public, les ovations, la gloire ne sont que le résultat d'un inlassable courage, d'un effort permanent, du sérieux, de l'intelligence, de l'opiniâtreté et... des qualités diplomatiques de l'artiste.

Apprendre

Le beau chant est une élévation, un remerciement. Il nous permet de monter dans des sphères qui nous rendent meilleurs.

Parmi ceux qui entrent à l'école de l'Opéra-Bastille ou au Conservatoire national, on trouve de jeunes chanteurs poussés par leur vocation. Ils ont déjà eu une bonne éducation dans les conservatoires de province. Ils vont trouver dans ces grandes maisons un perfectionnement dans tous les domaines : chant, interprétation, culture musicale, avec des professeurs renommés. Ils rencontreront de grands chanteurs par le biais de masterclasses et leur vision du chant sera élargie par les différentes sources pédagogiques. La carrière est devant eux.

Certes, il faut avoir de l'ambition pour réussir, mais il faut aussi conserver la tête froide, de la mesure, de l'équilibre. Ce n'est pas toujours facile avec un art si passionnel où on a toujours envie de se dépasser.

Rien n'est plus éphémère et dangereux qu'une relation non dominée avec sa voix car celle-ci exige le plus grand respect pour tenir sa fonction. Sa magie peut, comme un chant de sirène, telle la Lorelei, attirer dangereusement l'être vers la mise en péril inconsciente de celle-ci. L'histoire du chant est pleine de ces exemples où des artistes incomparables, des élèves très doués, dotés des voix les plus belles, parés de tous les talents, sont atteints dans cet organe par manque de prudence ou pour des raisons autres, souvent liées au plan affectif.

Pour ceux qui sont fascinés par les grandes réussites et se voient déjà crouler sous les ovations d'une foule en délire... : *Achtung !*

Pour rester dans le domaine de la prudence, je vais citer l'exemple d'un jeune ténor que je viens de faire travailler en Italie. Il connaît déjà la relation passionnelle avec le public en raison de sa voix superbe et de ses aigus stupéfiants. Ce qui est remarquable à observer, c'est son calme, son intelligence, sa prudence et, ce qui ne gâte rien, sa simplicité. Cet état d'esprit est l'atout majeur d'un professionnel. Il sait qu'il ne peut pas se permettre de confier son instrument les yeux fermés. La confiance vient petit à petit au fur et à mesure qu'il ressent les bienfaits du travail proposé. J'aime cette réserve.

L'être qui fait un jour le choix d'une carrière lyrique peut avoir pris sa décision en fonction de critères variables, mais c'est toujours l'envie irrésistible de s'exprimer avec sa belle voix qui est le fondement de sa décision.

On trouve des jeunes gens, quelquefois peu motivés au départ, qui se prennent peu à peu au jeu et deviennent des fonceurs. D'autres qui ont déjà débuté dans la vie avec un métier et qui se découvrent une irrésistible envie de chanter. Ils progressent remarquablement et rêvent déjà de quitter leur métier pour se consacrer entièrement à leur passion naissante. En tant que professeur, je me devais de modérer leur enthousiasme, encore une fois par prudence, de les inciter à garder leur job et d'essayer de conjuguer harmonieusement les deux fonctions, d'autant qu'aujourd'hui on demande des chanteurs accomplis de plus en plus jeunes. Cela me met toujours un peu mal à l'aise. Comment peut-on débuter dans de grands rôles à vingt ans ? Ce sont toujours des instruments exceptionnels (voir « Le surdoué vocal » p. 93) qui pourront y faire face, mais n'est-ce pas dangereux pour la continuité d'une carrière ?

Tous les professeurs de chant sentent bien la relation affective qui se noue avec l'élève. Il faut se méfier du transfert qui pourrait aliéner ce dernier. Si l'un des deux se tient sur la réserve, l'échange aura du mal à se faire et la progression sera moins rapide. Il existe un phénomène d'interaction dans la leçon : qui donne reçoit.

Progressivement, il faut préparer l'élève à entrer dans un métier très dur où les réussites sont chèrement gagnées. Il faut le caparaçonner pour qu'il résiste et dépasse les difficultés. Mais il faut l'avertir. Souvent, lorsque tout ne marche pas comme il le souhaite, il peut sombrer dans une légère paranoïa. C'est le grand danger. Il faut le ramener toujours à la logique : on n'a jamais vu un talent indiscutable ne pas réussir à quitter la base du triangle pour monter dans les zones étroites vers le sommet où, bien sûr, il y a de moins en moins de place. C'est la bagarre, mais elle doit garder une belle éthique. En donnant à chaque élève une technique vocale parfaite, on assure un équilibre dans cette ascension passionnante.

J'ai encouragé les élèves à parler quatre langues : français, allemand, anglais, italien et, même s'ils ne deviennent pas des champions de la syntaxe, il faut qu'ils puissent comprendre et se faire comprendre. C'est indispensable pour une carrière internationale.

J'ai toujours conseillé à mes élèves de faire des masterclasses avec de grands artistes pour ouvrir leurs connaissances et leur esprit. J'ai aussi amené les éléments bien préparés à passer des concours de chant, des auditions. C'est toujours bénéfique car ils prennent ainsi la mesure de la domination du trac et ils se rendent eux-mêmes compte de leurs possibilités du moment.

J'ai eu pour règle de ne pas laisser un élève se griser trop vite de ses premiers succès. J'ai tant vu d'exemples où, sans mon accord, des chanteurs passaient des auditions importantes, se croyant déjà prêts bien qu'incompétents, sans se rendre compte qu'ils nuisent, en agissant ainsi, à la réputation de leur professeur et à eux-mêmes. Généralement, les êtres doués ne le font jamais ; ils savent attendre et respectent les conseils donnés.

Je veillais aussi à ce que l'élève ne perde jamais son sens critique. C'est pourquoi mes cours étaient toujours enregistrés. Rien n'est plus « rabat-joie » que le magnétophone ; pourtant, il dit la vérité du moment.

Je n'aimais pas beaucoup l'élève toujours mécontent de lui. Travail, travail et encore travail sculpteront l'émission afin qu'il se retrouve en bonne entente avec ce qu'il a envie d'entendre...

Rien n'est moins artificiel que la voix ; elle est la vérité avec simplicité et son authenticité touche tous les êtres, musiciens ou non.

La mélodie, le lied

Art difficile entre tous et qui exige des artistes complets.

Nul ne peut atteindre à l'expression idéale du lied sans une maîtrise technique de la voix. Celle-ci alors, en toute liberté et sans contrainte, saura dompter son ampleur pour parvenir à la pureté instrumentale d'une ligne mélodique, utiliser tout en finesse et en subtilité les couleurs vocales descriptives qui permettront les interprétations raffinées sans pour autant pécher par excès de préciosité.

L'engagement personnel est infiniment plus révélateur dans une mélodie que dans un air d'opéra. On peut tout dire sans pudeur derrière le masque du héros, de l'héroïne que l'on incarne, et de surcroît sous un déguisement...

Dans la mélodie, le héros, c'est l'interprète. L'émotion avec laquelle il traduira des sentiments profonds le dévoilera tout entier. Rien de plus indiscret, à cet égard, que cette forme d'expression. S'exhiber si on n'est pas sûr de sa beauté revêt un caractère impudique ; en « dire trop », en « faire trop » met le public mal à l'aise. Un son mal placé, mal émis, peut rompre le charme, rendre ridicule l'expression d'un sentiment profond.

Dans l'opéra, une certaine forme d'exhibitionnisme avec sa « marque sexuelle » est parfaitement acceptée. Dans le lied, il y a rapport intime, proximité. Le dévoilement y est donc beaucoup plus sensible, beaucoup plus impliquant. C'est sans doute ce qui permet à Marie-France Castarède d'opposer le « moi idéal » qui y est impliqué et l'« idéal du moi » transparaissant dans l'opéra.

Si j'essaie aujourd'hui de transmettre à mes élèves l'amour de la mélodie, c'est en grande partie grâce à Charles Panzéra, qui fut mon maître à penser musique au Conservatoire national de Paris, que je le dois.

Travailler Fauré, Ravel, Debussy, Poulenc avec lui, bénéficier de ses conseils éclairés, était un bonheur qu'il me faut tenter de faire partager maintenant. Cependant, je donne rarement à un débutant une mélodie de Fauré. J'ai le souvenir de mes angoisses sur *Le Secret*, premier morceau donné au conservatoire de Nancy et que je massacrai. Fauré est redoutable !

Je propose beaucoup plus volontiers des lieder allemands : Schubert, Schumann, Mahler, Brahms, Wolf... car bien que mes élèves connaissent le sens des paroles, même s'ils ne parlent pas la langue, ils peuvent encore se « dissimuler » derrière le masque des mots étrangers. Le goût s'affinera peu à peu, pour parvenir ensuite au plus difficile : la mélodie française. En outre, la langue française est techniquement la plus difficile à bien prononcer en musique et un bon mélodiste a toujours intérêt à fortifier sa voix en travaillant des airs d'opéra, en italien et en allemand le plus souvent.

À ce propos, il me paraît essentiel de travailler chaque ouvrage dans sa langue originale et je pense que cette pratique est aujourd'hui adoptée dans tous les cours de chant. La couleur du mot a, pour le compositeur, autant d'importance que le choix de la ligne mélodique et du rythme et l'on détruit l'équilibre et le climat musical d'une mélodie ou d'un opéra en changeant la langue dans laquelle ils ont été écrits.

N'en va-t-il pas de même lorsque nous écoutons un

film en version originale ou en version doublée ? Un film japonais parlant français perd la moitié de son climat, de sa couleur, de sa crédibilité. L'intonation de l'acteur – même si on ne le comprend pas – donne toute sa vie à l'image et au récit.

Chanter en russe Moussorgski, en espagnol de Falla, en anglais Purcell, en allemand Brahms, en italien Rossini ou en polonais Chopin, c'est faire l'effort de rejoindre le compositeur, de ressentir sa musique comme elle est née en lui, d'entendre dans sa tête les mots comme il les a entendus lui-même et c'est ainsi qu'on aura le plus de chances d'interpréter juste.

Classification des voix

La prudence ici est de règle. Classer une voix exige une écoute attentive. Bien sûr, il y a celles pour lesquelles le doute n'est pas permis, mais d'autres apparaissent plus incertaines. Il faut alors faire travailler l'élève sur des morceaux ne présentant pas de grosses difficultés. Avec l'éducation, le classement s'imposera de lui-même.

Le timbre de la voix parlée fournit une indication, mais peut réserver des surprises. Surtout en cas de forçage. On peut s'interroger sur la technique employée lorsqu'on entend une voix parlée grave et un peu voilée qui, en chantant, se transforme en voix d'oiseau.

Classer par rapport à l'étendue vocale me semble dangereux. La tessiture donnera des informations plus sûres.

Le meilleur moyen est sans doute fourni par le repérage des *passages*, à condition, là encore, qu'ils n'aient pas été modifiés par un travail inadapté. Parmi les moyens techniques permettant ce repérage, je proposerai de faire émettre des sons avec la langue souplement maintenue, sur des voyelles ouvertes et fermées.

La classification va déterminer le répertoire et le choix des morceaux à travailler. Et c'est justement dans ce domaine qu'on va parfois rencontrer des erreurs lourdes de conséquences.

Il est courant de dire que les ténors sont petits et ronds,

les basses longilignes. La soprano légère est décrite comme pas très grande, de hanche ronde et de taille mince tandis que la mezzo, large d'épaules, aura la hanche mince et la jambe nerveuse... Si c'est souvent vrai... on compte tant d'exceptions qu'elles ne suffisent plus à confirmer la règle !

Des facteurs psychologiques, parfois, viennent infirmer votre jugement. Certains chanteurs se « veulent » une voix... qui n'est pas toujours la leur et ils mettront tout en œuvre pour vous convaincre : séduction, forçage, modification volontaire des caisses de résonance en effectuant un serrage ou une dilatation excessive, entraînant une différence de timbre. En pareil cas, il faut attendre sereinement car la gymnastique va tout doucement mais implacablement faire tomber les artifices les uns après les autres. Mais cette mise à nu ne s'opère pas toujours sans que le sujet réagisse et il faut intervenir avec doigté pour éviter toute blessure d'amour-propre.

Il y a quelques années, un baryton léger, avec une très jolie voix, est venu chez moi. Il chantait alors des airs de ténor léger. Les difficultés qu'il rencontrait étaient telles que le visage se congestionnait sous l'effort, la souffrance se lisait sur ses traits ; dans une tessiture plus grave, dans des mélodies par exemple, toute la beauté vocale réapparaissait ainsi que le timbre, alors qu'en tessiture de ténor, ce timbre était fabriqué. En fait, c'était précisément ce timbre de ténor qui le fascinait. Et lorsque, après avoir travaillé techniquement, sa voix a retrouvé sa juste place, peu à peu, je crois qu'il en a été malheureux. Pourtant, je l'avais orienté sur le rôle de Pelléas dans lequel toutes ses qualités vocales et son sens musical très réel pouvaient s'épanouir. Mais il n'est pas revenu. Il n'est pas toujours facile de deviner ce qu'un être projette sur sa propre voix...

Je vois aussi très souvent de jeunes comédiennes qui veulent à tout prix avoir des voix graves et me demandent de « les faire descendre ». Par le travail technique, je développe leur timbre et leur tessiture réelle en essayant de leur faire comprendre que ce qui fait la beauté et l'homogénéité d'une distribution dramatique, c'est justement, comme pour un opéra, les différences de timbres et de tessitures judicieusement équilibrées et contrastées à l'origine de ces grandes représentations inoubliables, celles qui font date...

Certaines erreurs de classification peuvent dépendre de l'incompatibilité d'un ou de plusieurs éléments constitutifs de l'appareil vocal, susceptibles de contrarier l'écoute du professeur. Voici ce que dit le docteur Philippe Dejonckère à propos des problèmes de nature à compromettre une carrière lyrique : « Il s'agit de dispositions ou de discordances anatomiques entre les différents constituants de l'appareil phonatoire, en particulier entre le vibrateur et les résonateurs. Aucune dysharmonie n'a de caractère absolu mais un violon auquel il manque la chanterelle ne sera jamais un alto[1]. »

En effet, le chanteur susceptible de faire une grande carrière possède cet équilibre, cette exceptionnelle harmonie constitutionnelle. Toutefois, on peut constater beaucoup plus souvent qu'on ne pourrait le croire des discordances entre ces éléments physiologiques[2]... grain de sable dans cette superbe mécanique que le travail traditionnel par la vocalisation pourra quelquefois même aggraver.

Cette restructuration ou ce rééquilibrage des éléments en question par un travail musculaire précédant le travail

1. Ph. Dejonckère, *Précis de pathologie et de thérapeutique de la voix.*

2. Si une langue est trop longue, épaisse et encombrante dans le larynx, on ne peut la modifier ni changer son volume, mais en la rendant plus mobile, on apportera un correctif efficace.

vocalique constitue un des aspects essentiels de mon enseignement et permettent une classification vocale beaucoup plus sûre.

L'étendue vocale

L'étendue comprend l'ensemble des sons qu'une voix peut émettre, de l'extrême grave au suraigu.

Sur des voix saines, l'étendue peut couvrir une octave et demie à deux octaves et demie. Au-dessus, c'est l'exception, telle Mme Mado Robin qui pouvait dépasser les trois octaves.

Certaines voix de basse qui peuvent utiliser une voix de tête bien développée voient leur étendue singulièrement augmentée.

J'ai eu la chance d'entendre à Paris Ima Sumac, sur scène. J'ai pu constater ce soir-là qu'elle couvrait trois octaves et demie, passant d'un seul « saut » du *ré* 2 au *sol* 5... Ce qui constituait la particularité de cette voix surprenante, c'était la qualité du timbre, aussi rond, chaud et harmonieux dans tous les registres. Mais elle prenait des risques vocaux en accentuant encore sa performance car sur les sons graves elle modifiait sa couleur vocale, amorçant le son par une émission très chaude et harmonieuse et le poussant jusqu'à la raucité, qu'on retrouve d'ailleurs dans la langue quechua. Sa souplesse vocale était vertigineuse, passant du suraigu à l'extrême grave avec une rapidité et une aisance stupéfiantes. Mais je crois, hélas, qu'elle n'a pas chanté très longtemps.

L'occasion m'a été donnée de chanter avec Mado Robin qu'Olivier Merlin présente comme « la soprano sopranissimo[1] ». Elle couvrait trois octaves sans effort apparent, jusqu'au *sol* 5, et couramment. Je l'ai entendue

---

1. O. Merlin, *op. cit.*

émettre un *contre-si* bémol 5, juste à côté de moi, et le plus surprenant sans doute était que sa voix restait ronde, ne donnant aucune impression de performance acrobatique pénible.

Avant sa mort, trop tôt survenue – en 1960 –, elle avait permis à des physiologistes d'examiner son larynx qui était petit comme celui d'un soprano aigu mais avec des cordes vocales très épaisses (1 cm).

La tessiture

C'est en fait l'étendue vocale dans laquelle un chanteur se sent bien. Elle peut être plus ou moins longue selon le type de voix et les possibilités de chacun ; une bonne technique permet aussi de l'élargir.

Là encore, on retiendra le mot : prudence ! Sur des tessitures « sûres » en apparence, de délicats problèmes surgissent parfois. Je citerai l'exemple d'une de mes élèves dotée d'une ravissante voix de soprano léger qui souffre d'un sévère problème vertébral, véritable handicap pour un chanteur. Certains jours où elle souffre plus particulièrement, sa voix en subit immédiatement le contrecoup. La répercussion se fait en particulier sentir sur l'aigu. Je lui ai évidemment conseillé de se faire soigner et je la conduis vocalement « à vue » selon sa forme du jour, mais je suis certaine que sa tessiture pourrait s'allonger dans l'aigu qu'elle a très brillant si elle se débarrassait de son problème physique. Celui-ci m'oblige à la prudence... et à la patience.

Il n'est pas toujours aisé de classer les longues voix de soprano lyrique. Un *contre-sol* 5 rond et produit sans difficulté peut quelquefois inciter le professeur à donner la Reine de la Nuit ou Lucia à travailler. Mais c'est la non-fatigabilité dans la tessiture générale du morceau qui donnera la meilleure indication et non l'aisance sur les notes du suraigu en vocalises.

Dans un travail effectué à Bruges, l'été 2002, j'ai accueilli un jeune chanteur qui proposait des morceaux de ténor léger. Bon musicien, voix agréable, quelque peu difficile à cerner dans la relation. Cependant, quelque chose me surprenait dans ses aigus, un peu difficiles à atteindre bien qu'en voix mixte. De plus, il n'avait pas le timbre de ténor dans sa voix parlée. Je lui ai fait part de ces observations et il m'a répondu cette chose surprenante : à savoir qu'un jour il pouvait chanter ténor léger et le lendemain baryton, voire baryton basse. Dans la foulée, il a mis la partition de *Don Juan* sur le piano et il a chanté dans cette tessiture, avec ce que je pourrais appeler sa vraie voix, bien timbrée, mais... il préférait l'autre... Je ne saurais continuer une éducation dans ce cas.

Quelques acrobaties vocales

La Faustina possédait tout autre genre d'agilité et y joignait un trille prompt, ferme et mordant. [...] La Cuzzoni possédait à tel point l'art de conduire la voix, de la soutenir, de la retirer avec les gradations nécessaires, qu'on lui donnait à juste titre le nom de maître.

MANCINI
Pensieri e Riflessioni pratiche sopra il canto figurato

Les trilles

Le trille est un battement rapide et progressivement accéléré de deux tons voisins. La note principale donnant la tonalité peut être battue avec la note du dessus ou de dessous.

Laissons à Porporino[1], sous la plume talentueuse de Dominique Fernandez, le soin de décrire le trille : « Nous avions fait un peu d'école, quelques trilles, choisis dans l'échelle de Porpora. Pour triller, il faut rapprocher avec rapidité deux sons, retenir son souffle et battre la luette. » Et plus loin, il décrit le ravissement, le bonheur du chan-

1. Dominique Fernandez, *Porporino*, Grasset.

teur qui trille avec brio : « Le plaisir, oui, le plaisir le plus vif montait des profondeurs de nos corps et se répandait par nos gorges en notes cristallines qu'elles chantournaient à ravir. Les sons, non plus simple vibration des atomes ébranlés dans l'espace, mais chaude matière et vivante émulsion, avaient l'épaisseur de la crème, la transparence de l'opale, le velouté du damas, le panache du jet. »

Comment mieux exprimer cette joie née du trille qui tout à coup se déclenche et qui, s'il est bien fait, fait vibrer l'être tout entier ? Malheureusement, il n'est donné qu'à fort peu de voix (légères le plus souvent) et constitue un don naturel. Il requiert une souplesse absolue de tous les constituants de l'appareil vocal, cordes, paroi laryngée, langue, voile du palais (« battre la luette », dit Porporino), qui seule permettra la trémulation très rapide de tout l'ensemble pour atteindre à la perfection de l'exercice. Le trille en outre constitue un excellent massage pour tout le larynx.

Pour qui ne possède pas naturellement le trille, un travail régulier mais bien surveillé est nécessaire car, comme le disait déjà Pierfrancesco Tosi [1] : « Celui qui ne sait pas le faire, ou qui ne le possède que défectueux, ne sera jamais un grand chanteur, quelle que soit son instruction dans l'art du chant. »

Il ne faut pas confondre trille et *vibrato* trop accentué. Certaines voix, telles que les sopranos légers, ont parfois tendance, même avec un organe jeune, à posséder naturellement un tel *vibrato* qu'on pourrait croire à des trilles sur toutes les notes. C'est un défaut technique et un beau *legato* fera bien mieux ressortir la vivacité du trille.

L'attaque du trille est difficile ; le quitter à volonté l'est plus encore.

---

1. *L'Art du chant*, éd. d'Aujourd'hui.

Les sons piqués, le staccato

Suite rapide de notes détachées les unes des autres. Il s'agit là d'un travail vocal d'agilité, de souplesse, de vivacité qui doit être demandé à toutes les voix, aiguës ou graves, masculines ou féminines, mais qui est plus immédiatement accessible à certains (soprano léger, ténor léger, basse bouffe).

Grâce à la fibroscopie, j'ai pu observer le travail des cordes vocales pendant cet exercice, et constater que l'ouverture et la fermeture rapide et légère de la glotte constituaient un entraînement d'importance capitale dans l'éducation vocale. Ce travail, en outre, permet d'apprécier l'état d'un larynx. En cas de fatigue vocale, l'exercice est pratiquement impossible. Pour un professionnel, toute manifestation anormale, toute amorce de difficulté est révélatrice et doit être immédiatement prise en considération.

Ces exercices sont presque toujours plus difficiles pour les voix graves, pour d'évidentes raisons morphologiques. L'exécution en est heurtée.

Mes exercices en sons piqués sont toujours précédés d'une quinte syllabique dans le but d'assouplir le larynx avant cet important travail de la musculature glottique. L'emploi alterné des voyelles *i* et *o* détermine des positions cordales plus ou moins hautes. L'exercice sera toujours progressif quant à la rapidité d'exécution.

Sur une voix saine, il sera possible, grâce à ce travail, de mesurer la rapidité de la réponse musculaire à la commande cérébrale.

Ajoutons que ces exercices seront également utilisés pour la pose de la voix parlée.

Les sons filés

L'art de tenir une note, de l'étirer, l'enfler, la diminuer sans variation ni de hauteur ni de justesse et sans rupture, même imperceptible, du son : tel est celui du son filé.

C'est dans la partie finale de cette « figure vocale », lorsque l'intensité diminue, que réside la difficulté. Rien d'instinctif ici : il faudra apprendre le mécanisme. Dans l'attaque *piano*, la pression sous-glottique est faible. Elle s'intensifie sur le *forte,* mais pour revenir au son *piano*, elle devra non pas se réduire, mais s'intensifier sinon le son baissera et cassera.

Il s'agit d'un exercice musculaire exigeant des cordes vocales un effort important. Celles-ci auront un accolement mince sur l'attaque *piano*, puis s'épaissiront sur le *forte* pour revenir ensuite à un accolement fin puis très fin au fur et à mesure du passage au son *pianissimo* (la variation peut aller de 1 à 7 mm).

L'amplitude vibratoire suit la même variation.

Cet art du son filé constitue l'une des pierres d'achoppement du *bel canto*, mais qui a entendu Dame Felicity Lott dans son dernier récital au Châtelet, entre autres, sait quel « bonheur d'oreille » procurent des sons filés admirablement exécutés.

Le récitatif

Il s'agit là, sans doute, de la plus délicate expression vocale, celle qui démontre subtilement, chez l'artiste lyrique, la parfaite maîtrise de son art. Il remplace les intermèdes parlés des opéras-comiques. Cette déclamation chantée qui se rapproche du langage parlé mettra en valeur toutes les qualités de l'artiste, son esprit, son intelligence, ses dons de musicien et de comédien.

Du récitatif large, mesuré et de grande noblesse de style qui caractérise l'écriture de Haendel ou de Bach par exemple, jusqu'au récitatif volubile, léger, charmeur de Mozart, la technique vocale la plus solide sera requise.

Il n'y a pas, je pense, de facilité naturelle à évoquer ici. La perfection du récitatif, c'est d'abord un long travail car il requiert une articulation sans défaut afin que chaque mot soit compris, même sur le mode précipité, ensuite une souplesse vocale sans laquelle la justesse ne serait pas constante ; l'emploi de couleurs multiples pour la vérité d'expression et sa diversité ; on y ajoutera une grande rigueur musicale et la connaissance de la langue utilisée.

La perfection dans ce domaine avait un nom de mon temps : E. Schwarzkopf, G. Sciutti, J. Seefried, D. Fischer-Diskau et tant d'autres...

Les élèves sont en général conscients des difficultés qu'ils rencontreront lorsqu'ils abordent le récitatif... non sans un peu d'appréhension. J'ai axé mon travail technique sur une articulation syllabique d'abord lente puis extrêmement rapide pour habituer l'organe vocal à l'extrême vivacité d'articulation sans laquelle aucun récitatif ne prendra vie dans sa réalité d'expression.

Le legato

Il s'agit d'une phrase musicale qui, comme son nom l'indique, sera chantée d'une manière « liée », sans détacher les notes, les sons se succédant sans heurts ni interruptions, « moulant » les paroles dans chaque sonorité.

Avec une belle voix et un parfait appui (*appoggio)* sous un poignant *legato* – art sublime de Maria Callas –, ce sera l'émotion suprême, le *Addio del passato* où Violetta fait verser plus d'une larme[1] !

1. Sans oublier tant de grandes voix au phrasé si expressif tels : M. Caballé, F. Cossoto, R. Crespin, M. Freni, A. Guyot, A. Kraus, Ch. Ludwig, L. Pavarotti, S. Ramey, R. Raimondi, G. Souzay, A. Vanzo, J. Varady, mais aussi K. Ferrier et tant d'autres...

La vocalise

Succession de notes liées sur différentes voyelles, la vocalise obéit à deux techniques, l'une liant à l'excès toutes les notes, l'autre – et c'est celle que je préfère et préconise – étant en quelque sorte « perlée ». Par elle, la ligne mélodique ne subit aucune interruption ; chaque note est audible. Mais dans une vocalisation rapide, l'exercice est difficile à l'extrême. Une excellente musculature glottique rendra ces performances vertigineuses, époustouflantes, provoquant l'enthousiasme délirant d'un public à l'écoute de Cecilia Bartoli dans Rossini, de John Sutherland dans Donizetti ou Bellini, d'Alicia Nafé dans Sextus de *La Clemenza di Tito*, de Natalie Desay dans l'Air de la folie d'*Hamlet*. Souvenirs inouïs...

Vocalise chromatique

Contrairement à la gamme diatonique, celle-ci procède par demi-tons consécutifs. Sa parfaite exécution demande une grande maîtrise vocalique car il s'agit de faire entendre toutes les notes qui sont ici beaucoup plus rapprochées. Le chromatisme ascendant est un peu plus ardu que le descendant.

Glissando

Il s'agit là d'une vocalise chromatique souple, « glissée » et très liée, effleurant à peine la ligne mélodique. On ne distingue que la note d'attaque et la note finale.

Rubato

Ici, une grande liberté de mouvement est accordée à l'exécutant sur une note ou sur un passage pour favoriser une plus grande expressivité de son phrasé musical. Son emploi sera d'autant plus apprécié que la rigueur des tempi qui le précèdent ou lui succèdent sera respectée.

Le positionnement

Une mauvaise attitude en chantant détermine un fonctionnement défectueux du vibrateur laryngé (cordes vocales) et entraîne immanquablement une détérioration de ses qualités naturelles.

Tout chanteur, comme moi, a dû sentir au début de ses études que, sans pouvoir se l'expliquer, il émettait tout à coup un son qui le remplissait d'aise tant par sa beauté que par la facilité de son émission. Mais aussi que cela était très fugitif et que ses tentatives pour retrouver l'alchimie qui permet cette vérité du son demeuraient souvent infructueuses.

Confusément, je pressentais que cela ne dépendait pas uniquement du fonctionnement des cordes vocales et que la production sonore répétitive (vocalise et travail sur les morceaux) n'allait pas à elle seule permettre de retrouver cette vérité du son.

J'ai perçu instinctivement dès cette époque qu'il existait peut-être une posture corporelle précise susceptible d'amener à le reproduire naturellement.

La dynamique parfaite de l'organe phonatoire repose sur un travail musculaire sans entraves et celui-ci n'est possible que par une position bien définie de la tête, du cou, de la nuque, des épaules, du dos (région lombaire), de l'abdomen. Mais principalement de la tête et de la nuque.

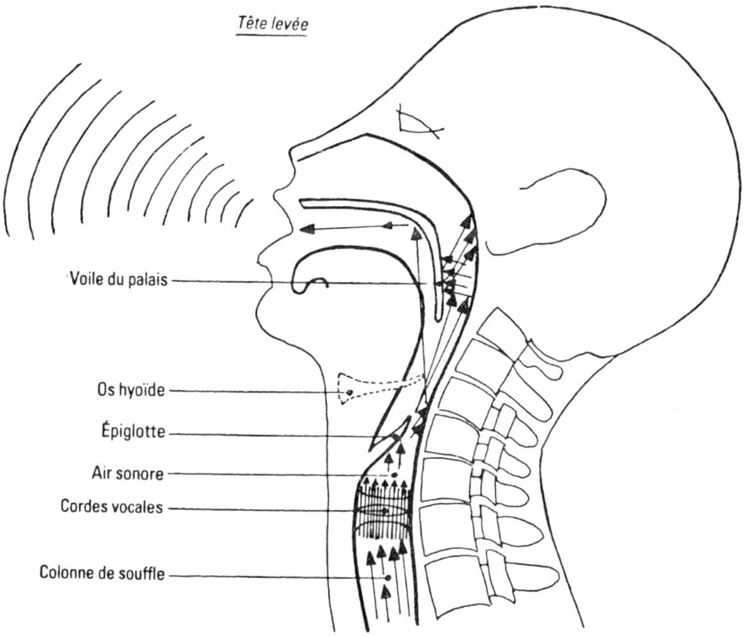

Figure 2a

Entrave et déperdition du son :
il passe en grande partie par le pharynx nasal

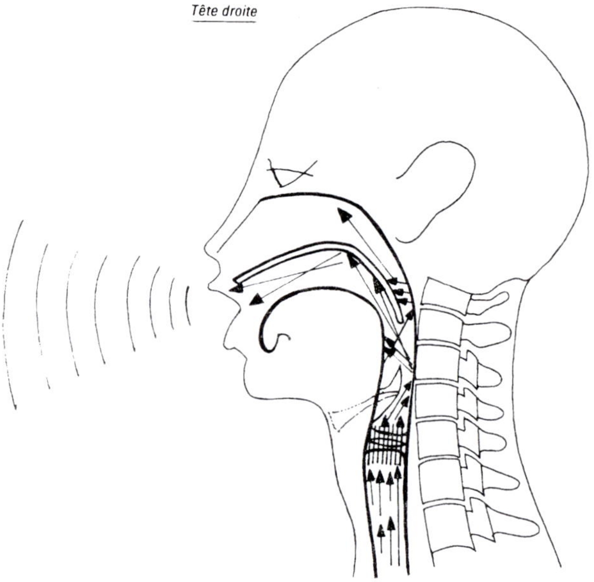

Figure 2b

Meilleure répartition du son
qui passe dans la cavité buccale, mais reste encore très nasal

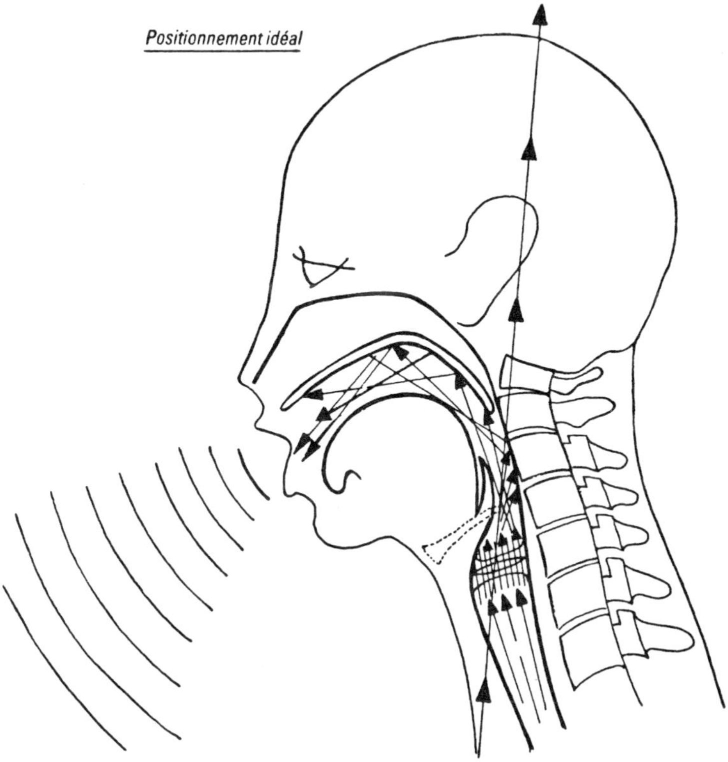

Figure 2c

L'émission sonore tout entière sans aucune déperdition profite des résonateurs agrandis (laryngo-pharyngo-buccal). Conséquences de la position : redressement de la colonne cervicale ; surélévation et plus grande mobilité glottique ; désencombrement du larynx de la racine de la langue ; rabat de l'épiglotte sur la base de la langue ; mobilité naturelle du maxillaire inférieur entraînant celle de l'os hyoïde ; mobilité accrue du cartilage thyroïde et travail facilité des muscles crico-thyroïdiens.

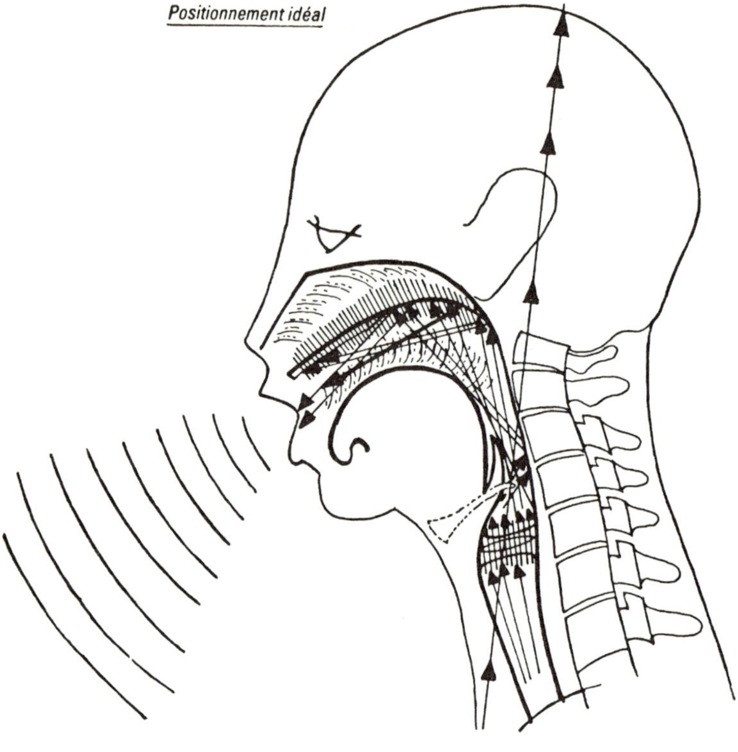

Figure 2d

Dans la même position que précédemment (voir fig. 2c) le palais entre en vibration favorisant la résonance de la « cathédrale intérieure » démultipliant la puissance vocale.

C'est dans une position de ces deux dernières qui se situe au demi-centimètre près que l'appareil vocal se place d'une manière idéale (xérographie n° 2).

Cela, mes élèves le ressentent à la seconde même où se fait cette mise en place. Ils réalisent l'écoute d'une voix, d'une résonance inconnues d'eux-mêmes.

Le positionnement qui assure le bon son sera donc utilisé rigoureusement pendant l'éducation jusqu'à ce qu'il devienne naturel et instinctif[1].

Visualisons ce qu'il représente par rapport au mécanisme interne.

Le bon positionnement n'est presque jamais instinctif. Il est remarquable que le néophyte à qui on demande de chanter une gamme va presque toujours lever la tête pour monter dans l'aigu – pensant que cela va l'aider – et inversement il baisse la tête de manière tout aussi instinctive pour descendre dans le grave.

C'est exactement le contraire de ce qu'il convient de faire car c'est aller à l'encontre du travail du cartilage thyroïdien et des muscles crico-thyroïdiens qui le gouvernent dans son mouvement de bascule. La dynamique des cordes vocales s'en trouve ainsi contrariée.

Les bons professeurs de chant enseignent toujours de planter l'aigu « dans le plancher » et les graves « dans le plafond ». Images qui accompagnent parfaitement le mouvement du cartilage thyroïdien.

Je me souviens d'une représentation à l'Opéra où le baryton tenant du rôle-titre avait au départ pour partenaire un soprano de petite taille. Il la dominait donc tout naturellement et sa voix sortait, superbe. Un peu plus tard, j'assistai à nouveau à ce spectacle mais avec changement du partenaire féminin de ce même baryton. Cette fois, c'est lui qui

1. M. Alexander avait fait une étude approfondie sur la bonne posture de la nuque pour faciliter la phonation.

se retrouvait en face d'une femme qui le dépassait de presque une tête. Dans les duos, sa voix en fut aussitôt altérée. Fort astucieusement, il monta sur une marche qui faisait, par chance, partie du décor et retrouva sa couleur et sa facilité vocales en rétablissant une position juste de la tête.

De même, assistant un jour à un congrès phoniatrique à la faculté de médecine de Paris, je remarquai un conférencier qui chaque fois qu'il lisait son texte, tête légèrement inclinée en avant, avait une voix riche d'harmonies. Chaque fois qu'il levait la tête pour s'adresser à un public réparti sur les hauts gradins de l'amphithéâtre, sa voix devenait blanche et terne.

J'ai observé chez certains grands chanteurs des positions dangereuses pour le bon fonctionnement de l'instrument vocal : tête et menton levés, nuque creusée, et qui néanmoins chantaient admirablement. C'est toujours dans une morphologie exceptionnelle et compensatrice qu'on en trouve l'explication. Généralement, la dimension de la cavité pharyngo-buccale est impressionnante, la face large, les pommettes également larges et hautes, augurent de belles cavités de résonance du masque ; le cou est puissant, garantie de muscles intrinsèques et extrinsèques du larynx robustes ; en outre, une grande capacité thoracique s'allie à la maîtrise du souffle.

Dans ce cas, cet « instrument » surdoué peut faire face à une position qui entraînerait une fatigue immédiate sur un organe moins privilégié.

On peut cependant se demander si ces grands surdoués ne connaissent pas des fatigues qu'ils ne s'expliquent pas et qui les contraignent à des temps de récupération nombreux et de plus en plus longs avec l'âge[1].

1. J'ajoute qu'il ne suffit pas, dans ce cas-là, de rétablir le bon positionnement ; il peut y avoir danger si certains muscles démobilisés par le positionnement lui-même ne sont pas spécifiquement travaillés.

Ma gymnastique renforce les muscles du positionnement et permet ainsi au chanteur de s'autorenforcer par l'utilisation juste de son instrument.

Cette nécessaire bonne position du chanteur pendant une prestation nous amène tout naturellement à la réaction phonatoire par rapport aux propriétés acoustiques et à la conception des salles dans lesquelles la voix émet sans l'aide du micro.

Les salles

Influence de la conception et de la propriété acoustique des salles sur le positionnement de l'organe vocal

Sans prétendre à la compétence, je ne puis achever ce chapitre sans évoquer l'influence bénéfique ou néfaste de la conception des salles de spectacles sur le positionnement idéal du chanteur, du comédien ou de tout professionnel de la voix qui a pour contrainte de se faire entendre jusqu'au dernier rang, sans l'aide du micro.

Certes, sur le plan acoustique, les recherches les plus sophistiquées ont été menées, unissant techniciens et architectes, mais on se demande parfois si les acousticiens n'ont parfois pas cédé à la tentation de privilégier l'auditeur plutôt que l'interprète.

Pour ma part, je m'obstine à rechercher tout ce qui peut favoriser le beau son, tout en préservant l'instrument vocal du chanteur. Une salle doit donc impérativement être conçue pour permettre à ce dernier d'assurer sa prestation dans les meilleures conditions et le meilleur positionnement possibles.

On peut construire des salles grandes et fonctionnelles mais sans jamais oublier que la projection sonore idéale ne s'obtient pas dans n'importe quelles conditions.

Ces dernières années, on a vu se multiplier des salles éprouvantes pour le chanteur lyrique. Par exemple, lorsque la scène se trouve au niveau 0 et les spectateurs en gradins surélevés. Instinctivement, l'interprète va devoir lever la tête. Le positionnement ainsi contrarié risque d'entraîner de la fatigue et à coup sûr d'altérer sa couleur vocale, la configuration de ses cavités de résonance sus-glottiques étant ainsi modifiée.

En revanche, il serait intéressant d'inverser la structure scénique : les spectateurs étant situés au niveau le plus bas dans des salles qui peuvent être très longues et les artistes sur une scène en gradins surélevés mobiles. Les voix pourraient ainsi, sans aucune fatigue, être pleinement exploitées.

En raison de l'expansion et de l'engouement actuel pour l'art lyrique, les projets concernant les très grandes salles devraient tenir compte non seulement de l'acoustique, mais aussi des besoins physiologiques du chanteur.

Certaines salles sont très appréciées par les artistes qui y travaillent sans micro. D'autres sont responsables de fatigues que l'on attribue trop souvent à d'autres causes. Ainsi des salles qui, à l'origine, constituaient des lieux privilégiés pour l'interprète sont devenues, après modernisation anarchique, de véritables tombeaux pour les voix.

Dorénavant, nous savons tous que les qualités acoustiques d'une salle exercent une action déterminante sur la physiologie phonatoire d'un chanteur[1]. Si celui-ci jouit d'un réel confort, il donnera sa pleine mesure, chantera avec d'autant plus de bonheur et ce sera le « beau spectacle », animé de ce je-ne-sais-quoi qui fait, entre deux représentations, toute la différence. Son plaisir à chanter, l'interprète le communiquera à toute la salle.

---

1. R. Husson, *La Voix chantée*, travaux de R. Husson, éd. Garde, A. Richard (1952).

Une salle trop mate, sèche ou insonorisée constitue non seulement un risque de mauvais spectacle mais une fatigue et une tension certaines pour le chanteur.

Privé de résonance, de ce « retour du son » essentiel, il sera tenté de forcer sur ses moyens. D'ailleurs, le problème du temps de réverbération du son favorable à l'aisance vocale va se poser avec encore plus d'acuité dans les salles immenses que l'on construit aujourd'hui. C'est ce temps idéal de réverbération des sons qui donne au chanteur cette sensation bien connue et formidablement stimulante de se trouver face à une salle qui fait corps avec sa bouche[1].

Ces très grandes salles vont également aggraver la sélection des voix susceptibles de remplir de tels vaisseaux. Les méthodes d'enseignement présidant à l'éducation de tels organes devront s'appuyer sur des techniques de renforcement musculaire phonatoire qui permettent également de décupler la puissance vocale tout en diminuant l'effort d'entraînement dynamique de l'instrument. Ce seront les techniques de l'avenir.

Il existe encore trop de salles de spectacles où le souci de qualité acoustique est inexistant. Il m'est arrivé d'aller écouter un excellent pianiste dans une de ces salles modernes, basse de plafond, dotée d'une scène entièrement drapée de tapis en velours, noir de surcroît... pour égayer l'ensemble, sans doute ! J'ai éprouvé par moments une véritable exaspération tant la beauté qui naissait sous les doigts de ce bel artiste était déshabillée, mangée, étouffée par ce lieu.

Dans ce même ordre d'expérience, je suis allée écouter deux excellents concertistes dans un duo de piano. Cette fois, il s'agissait d'une jolie salle, haute de plafond, claire, avec une scène bien ouverte, des sièges confortables, une

1. R. Husson, *op. cit.*

moquette sèche et pas de rideaux à profusion, comme il arrive. Néanmoins, je fus surprise de ne pas recevoir le volume sonore escompté avec deux pianos à queue. À l'entracte, je me suis aperçue que les murs et le plafond étaient revêtus de ces plaques qui absorbent le son et qui sont prévues pour détruire toute résonance.

À quoi peuvent servir ces salles, sinon à des concerts de variétés avec équipement de supersonos ?

Qui s'étonnera de voir des chanteurs classiques ou des comédiens se fatiguer dans de telles salles, en dépit de tout leur talent ?

Dans l'éducation vocale, certains professeurs font travailler leurs élèves dans des salles insonorisées pour mieux « entendre les défauts ». Cela ne me paraît valable que pour des artistes possédant déjà une solide technique.

Le débutant ne peut que « forcer » s'il ne s'entend pas.

Imaginons que l'on oblige un violoniste ou un violoncelliste à jouer sur un instrument dont on aurait entouré le corps en bois d'une matière isolante. Tout naturellement, le jeune instrumentiste aura tendance à appuyer davantage sur l'archet pour nourrir le son, ce qui aura pour effet immanquablement de bloquer la souplesse de ses mouvements, aussi essentielle que celle du chanteur pour bien émettre.

À l'inverse, une salle trop petite et trop sonore va masquer les défauts, « noyer » le son, créer chez le chanteur des illusions sur ses possibilités réelles. Et lorsqu'il se produira dans un lieu moins gratifiant où la résonance et le retour d'énergie sonore ne seront plus là pour lui faire croire à sa puissance, il risque fort de perdre ses moyens.

Tous les chanteurs ont éprouvé ces sensations de bien-être ou de malaise en fonction de leurs lieux de travail.

Je me souviens des salles spacieuses, sans moquette ni rideaux, hautes de plafond, dans lesquelles nous nous exercions, lors de mes études au Conservatoire de la rue de Madrid. Ces salles constituaient de véritables caisses de résonance naturelles et lorsque nous étions en forme, il nous arrivait de « péter la baraque » !

Je me rappelle également les leçons de mise en scène chez Louis Musy où j'ai eu l'extrême privilège d'entendre mon ami le ténor Gustave Botiaux. Quelle voix ! Quel timbre !

Les leçons données dans de superbes salons – moquette, tapis, rideaux et doubles rideaux, grand châle sur le piano à queue fermé –, véritables « boîtes à coton », affectent les voix.

Dans ce genre de lieu feutré, j'avais l'impression que ma voix blanchissait, que j'avais moins de souffle, que je ne percevais plus mes places vocales dans la bouche et dans le masque. La sensation que ma voix restait dans ma gorge, comme si je chantais sur la trame de ma voix. Les harmoniques faiblissaient... bref, je ressortais de ces leçons avec un serrage laryngé tenace et le moral par terre !

Certains matériaux nobles servent bien la voix. La pierre et le marbre, par exemple, offrent des possibilités de résonance superbes. On songe à certaines églises, à certains théâtres antiques. Toutefois, il arrive que dans quelques églises il y ait justement un peu trop de « retour », ce qui rend la masse sonore un peu confuse ou avec des échos indésirables. De même, lorsque les lieux sont trop exigus, la pierre et le marbre risquent de durcir le timbre vocalique.

De tous les matériaux, c'est le bois qui constitue le revêtement idéal. C'est lui qui restituera à la voix l'exact velouté qu'il recevra. Ce n'est ni le matériau le plus sophistiqué ni le plus onéreux. Grâce à lui, une salle peut reprendre vie.

Les aventures du diapason

Que de polémiques ! Que de prises de positions péremptoires ! Que de chausse-trapes autour de l'« affaire du diapason » ! Certains ont même été jusqu'à prétendre que ce sont des chanteurs dénués de moyens et à court d'aigu qui ont dénoncé l'ascension du diapason.

Mon propos n'est pas de rallumer des querelles, mais d'essayer d'analyser les risques que l'on fait encourir à un organe vocal quand on lui impose de chanter dans une tessiture parfois surélevée d'un ton. Bien d'autres avant moi l'ont fait. Si querelles il y a, elles sont toutes alimentées par le fait qu'au cours des siècles et d'un pays à l'autre, la fréquence-étalon du *la* 3 donné par le diapason n'a cessé de varier et parfois dans des proportions tout à fait étonnantes.

Selon Roland de Candé, les principales causes de variations sont les suivantes :

– « tendance instinctive des instrumentistes à montrer, à "forcer la note" en recherchant une sonorité plus brillante ;

– fabrication d'instruments à vent un peu plus haut que le diapason adopté : le facteur espère ainsi mettre en valeur le timbre de ses produits ;

– considérations purement mathématiques poussant les

théoriciens à choisir pour étalon des nombres qui leur sont commodes[1] ».

Mais l'instrument humain, lui, est immuable. On ne fabrique pas aujourd'hui de larynx différents de ceux d'hier. Ses potentialités ne sont pas extensibles à l'infini et on ne peut sans risque chercher à les accroître.

Rappelons l'évolution de cette progression.

Pierfrancesco Tosi, chanteur fort connu, né vers 1650[2] donne, dans *L'Art du chant*, ses conseils au professeur : « Qu'il fasse étudier l'élève toujours au diapason de Lombardie et non à celui de Rome, non seulement pour lui faire acquérir les notes aiguës, et les lui faire conserver, mais aussi pour qu'il ne soit jamais gêné par les instruments d'un diapason élevé. » Qu'étaient donc ces diapasons différents, déjà ? On sait par Lichtental, auteur du *Dictionnaire de musique* que « Paolocci, religieux cordelier, né à Sienne en 1727, et élève du père Martini, affirme dans son *Arte pratica di contrapunto...*, publié en 1765, que depuis longtemps il existait en Italie trois sortes de diapasons : le lombard était le plus haut, le romain était *plus bas d'une tierce mineure* ; de telle sorte que le *ré* de Milan correspondait au *fa* de Rome ; le diapason vénitien tenait le milieu entre les deux ; depuis, ce dernier diapason s'est insensiblement élevé au ton de celui de Milan ».

Déjà au XVIe siècle, des études avaient été faites par Sauveur[3] sur les différentes fréquences du diapason ; il proposa de le fixer à 405 cycles[4] et il fut adopté à la cour de Louis XIV.

1. Roland de Candé, *Dictionnaire de la musique*, Éd. du Seuil.

2. *L'Art du chant*, Éd. d'Aujourd'hui, ouvrage imprimé à Bologne en 1723, Éd. Rothschild, Paris, 1874, nouvelle édition, 1978.

3. R. Husson, *op. cit.*

4. Cycle par seconde : unité de fréquence pour les phénomènes vibratoires.

Les physiciens conservent leur « *la* 3 » à 426, 7 périodes/seconde qui donne pour fréquence des *ut* les puissances successives de 2.

Dans le tableau qui suit on peut observer cette progression [1].

Année	*Diapason moyen*	*Fréquence du* la
1700	à Paris	404
1751	de Haendel	432
1780	de Mozart	422
1810	à Paris	423
1823	Opéra-Comique de Paris	428
1856	Opéra de Paris, selon Berlioz	449

Et toujours mieux : 1859 où, à Vienne, il montait à 456, et en 1879, les pianos Steinway (États-Unis), jusqu'à 457 !

Je souhaiterais retrouver une gazette de l'époque relatant les réactions des chanteurs...

Berlioz, membre de la commission qui devait « fixer un diapason normal », écrivit dans le *Journal des débats* : « Oui, sans doute, le fait de son ascension est reconnu de tous les musiciens, de tous les chanteurs, et dans le monde musical tout entier. La progression suivie par cet exhaussement semble avoir été à peu près la même partout. »

Ce phénomène avait été observé dans des pays séparés par des distances considérables (en réunissant les orchestres au cours de divers festivals, la différence du diapason était peu sensible, note encore Berlioz).

En 1859, plusieurs tentatives ont été faites pour tenter de normaliser le diapason et d'arrêter sa course. Ce furent

1. Ces chiffres, cités par R. de Candé, désignent la fréquence du *la* et sont empruntés aux travaux du mathématicien anglais Ellis, cité par Grove.

successivement les arrêtés ministériels français, puis la conférence internationale de Vienne en 1885 où le *la* 3 fut fixé à 435 Hz [1].

Ce qui fit dire à Berlioz : « L'absurdité d'un pareil résultat (montée du diapason) suffit à démontrer l'importance de la mesure prise par M. le ministre d'État et il est fort regrettable que l'un de ses prédécesseurs n'ait pas songé à la prendre longtemps avant lui... »

Il serait intéressant de savoir si, pendant cette période de 1856 à 1859, on a enregistré un nombre accru de fatigues vocales...

Une stabilisation s'est faite entre 1899 et 1953, à 440 Hz (en 1899 à Covent Garden). En 1939, on a tenté une normalisation internationale. En 1953 [2], dix pays seulement participèrent à la conférence de Londres.

En fait, la stabilisation n'est pas encore acquise puisqu'en 1984 il oscille encore entre 442 à l'Opéra de Paris et 446 à la Radio.

Malgré les controverses sur le sujet, on ne peut pas nier que ledit diapason constitue toujours une valeur en hausse. Mais, dans tout cela, qu'advient-il de la voix ?

---

1. Hertz : unité de fréquence égale à 1 cycle par seconde.

2. Dans ses *Notes sur le chant*, Georges Loiseau écrivait, en 1947 : « On sait que le taux de vibration du diapason actuel est beaucoup plus élevé que celui qui existait aux XVIIe et XVIIIe siècles. Il s'ensuit que notre *la* actuel serait au minimum d'un ton plus élevé que le *la* d'autrefois. On comprendra donc qu'instrumentalement et vocalement, les œuvres de cette époque se trouvent considérablement modifiées, de ce fait, dans leur couleur et dans leur caractère. » Et plus loin, à propos des *Récits* de l'Évangéliste et de l'œuvre chantée de Bach, il ajoute : « Or, parce que la tessiture vocale en est devenue très élevée du fait de la montée du diapason, on croit devoir confier généralement l'exécution de cette partie capitale de l'œuvre à des "ténors" trop légers, chantant en voix de tête, blanche et sans appui, les admirables et dramatiques "récits", ou bien même on supprime parfois l'audition de

Pour monter la tonalité de quelques commas[1], l'instrument à cordes va devoir accroître la tension de celles-ci. L'organe vocal va être confronté à la même obligation. Mais s'il suffit de tourner légèrement les chevilles du violon pour obtenir cette surtension, l'instrument humain, on s'en doute, va devoir passer par un travail technique intensif pour augmenter la rapidité de la phrase vibratoire cordale, c'est-à-dire accroître le travail neuromusculaire pour s'ajuster à ces surélévations successives.

Aussi le *contre-ut* du ténor qui comptait 505 cycles lorsqu'il émettait au diapason de 426 cycles, en comptait déjà près de 531 en 1960[2].

Pour le *contre-ut* du soprano, la différence va de 1 010 à 1 062 cycles.

---

ces magnifiques monuments vocaux que sont les grands airs [...]. » « Pour la même raison, le "ténor noble" de Rameau, Glück, Méhul descend d'un degré dans l'échelle lyrique et se transforme en "ténor léger". »

Berlioz aurait eu une attitude ambiguë dans « l'affaire du diapason » puisque d'un côté, dans ses *Mémoires*, il déplorait ou semblait redouter qu'on ne puisse plus un jour exécuter certaines œuvres en fonction de cette montée du diapason et que d'un autre côté, pour l'orchestre, il faisait accorder plus haut. Georges Loiseau donne une précision à propos de l'accord international de 1859 qui « fixait le nombre de vibrations du *la* à 870 à la minute pour une température de 15° ». Et il conclut, comme nous : « Mais que l'on ne s'étonne plus des conditions anormales dans lesquelles seront exécutées, vocalement surtout, certaines œuvres anciennes, et que l'on admette comme normaux les "accidents" que peuvent enjoliver certains "soli" de trompettes ou de cor. »

L'accord de 1953 n'aurait certes pas satisfait cet auteur qui souhaitait, en 1947, qu'« un accord international intervienne un jour ou l'autre, afin de modifier celui de 1859 »...

1. Comma : « Intervalle musical, non appréciable pour l'oreille, qui sépare deux notes enharmoniques : *do* dièse et *ré* bémol, *mi* dièse et *fa*. » (Dictionnaire *Petit Robert*).

2. R. Husson, *op. cit.*

Ces notes limites d'une tessiture constituent la frontière de l'impossible, l'écueil auquel se heurte le chanteur. Et c'est pourquoi dans de très grands théâtres internationaux, on descend d'un demi-ton la cavatine de *Faust*, de Gounod. Mais descendre un air ne signifie pas qu'on descend tout l'ouvrage et c'est précisément la surtension cordale sur une tessiture générale, exigée pendant toute une prestation et pendant plusieurs jours, qui cause un réel dommage à une voix.

Dans des ouvrages qui datent de la fin du XVIe, du XVIIe et du XVIIIe siècle (C. Monteverdi, J.-B. Lulli, H. Purcell, J.-S. Bach, A. Vivaldi, J.-P. Rameau, C.W. Glück) on admet volontiers sans provoquer trop de protestations que le diapason est monté d'environ un ton. Sait-on ce que représente ne serait-ce qu'un demi-ton pour la tessiture générale d'un chanteur ? Il vous dira que c'est, face à l'ouvrage, le jour et la nuit ! En chantant une œuvre selon le diapason actuel, le soliste, quelle que soit sa tessiture, sent que son organe vocal est soumis à une tension anormale, que ses cordes sont exagérément tendues et trop hautes, le tout assorti d'un fort serrage laryngé. La voix perd alors de sa rondeur, de sa souplesse ; elle s'amenuise, blanchit. La fatigue survient rapidement.

J'ai en mémoire un ouvrage de Monteverdi où un magnifique mezzo a manifestement rencontré des difficultés avec une tessiture inhumaine. Ce décalage de l'émission vocale ne provoque-t-il pas des dégâts profonds ? Par la suite, ce mezzo ne s'est-il pas ressenti de cette fatigue ?

Avec Mozart apparaît cette impression de surélévation légèrement excessive, d'autant que la pureté de son style témoigne de son désir d'entraîner les voix dans une tessiture haute, inusitée en son temps et qui lui donne, il est vrai, cette couleur à nulle autre pareille. Dans ce cas, le demi-ton (à peu près) qui nous sépare de son époque relève de l'exploit, perceptible surtout dans les ensembles pour le soprano.

Les *contre-fa* de la reine de la Nuit, par exemple, exigent des prouesses vocales même s'ils sont accessibles à certaines voix (mais il n'y a pas un choix considérable de divas susceptibles d'atteindre ces sommets !).

Pour les apprentis chanteurs, le plus difficile et le plus épuisant, c'est la tessiture constante des ouvrages. L'air d'entrée de la comtesse des *Noces* est réputé pour son extrême difficulté. Mais si on le chante avec un piano accordé à 434 (alors même qu'au temps de Mozart le diapason était encore sensiblement plus bas), le plaisir revient en chantant, l'oreille et le corps tout entier retrouvent et reconnaissent la tonalité qu'avait choisie ce génie.

Plus près de nous, il est un instrument qui porte témoignage du diapason de son époque. Il s'agit de l'orgue de l'Opéra que j'ai connu et entendu. Mes oreilles sont encore toutes tourneboulées par le souvenir du décalage entre cet instrument et les reprises d'orchestre dans la scène de l'église de *Faust* : pratiquement un bon quart de ton !

Pour sa fidélité à Gounod, il fut remplacé par un orgue moins « conservateur » !

Je rêve d'entendre un jour les opéras dans la couleur choisie par leurs auteurs. Car ils n'ont pas choisi arbitrairement tel ton plutôt qu'un autre. Le climat propre à l'ouvrage en dépend.

Pourquoi ne proposerait-on pas une expérience dans cette optique, au cours d'un festival ?

Mais aussi un souhait : l'organisation d'un colloque réunissant des chanteurs internationaux, des chefs d'orchestre, des musiciens, des professeurs de chant, des physiciens, des preneurs de son, des phoniatres qui apporteraient leur point de vue personnel sur la question. Un tel colloque permettrait peut-être de prendre des mesures respectées à l'échelon international afin que le plus beau de tous les instruments de musique, la voix humaine, soit préservé.

Cette voix qui nous trahit

On ne connaît ni sa voix ni son visage.
JEAN COCTEAU

Rien de plus révélateur qu'une voix. Dès qu'on entend celle d'un interlocuteur, hors de toute présence physique, on reçoit un certain nombre d'informations sur sa personnalité, sa condition physique, la nature de sa demande inconsciente. Nous ne les interprétons pas toujours de façon précise, mais nous les enregistrons et en tenons compte presque malgré nous.

Indépendamment du contenu du message, nous décryptons non pas la parole mais la voix de l'autre, tout comme en sa présence nous décryptons son visage, ses gestes, ses attitudes qui nous « parlent » plus que les mots qu'il prononce.

Tout ce qui touche à la voix doit être approché avec subtilité ; tout ici est nuance, mouvance extrême. Et la voix varie avec les états d'âme de l'autre, elle s'altère, elle s'affirme, elle se voile, au gré des émotions ou des perturbations rencontrées.

Et notre façon d'entendre l'autre va dépendre également, bien souvent, de notre propre disponibilité. Comme nos réactions à certaines voix, à certains accents, vont trahir nos « allergies », nos rejets ou, au contraire, nous serons « tout ouïe » à l'écoute d'une belle « basse chantante », d'un irrésistible accent slave ou d'une voix méditerranéenne baignée de soleil.

Parfois, la voix entendue est en concordance parfaite avec le moi profond. Et le visage qu'on découvrira après coup ne nous surprendra pas. On ne pouvait pas même l'imaginer différent. Parfois la voix est utilisée comme un masque, un artifice ; elle permet de se cacher. Mais à un moment ou à un autre, une « brèche » se fera, plus révélatrice qu'un long discours.

Il y a aussi des voix incroyablement jeunes chez des gens âgés. D'autres qui accusent leur âge, leur fatigue, leur lassitude.

Dans mon métier, le premier contact se fait presque toujours par téléphone. Avant même qu'elles soient formulées, je devine d'emblée les raisons de l'appel, les motivations qui poussent mon interlocuteur à vouloir travailler avec moi. Parfois, il s'agit d'un problème physiologique immédiatement perceptible à l'oreille. Parfois, le désir est d'une autre nature.

C'est l'appel joyeux, tonique, direct, le sujet conscient de la beauté de sa voix et qui a envie de s'en mieux servir. Le désir est là, dans l'attente d'un plaisir déjà manifeste.

C'est l'appel plus calme, mesuré, la voix claire, nette et précise, s'informant des détails et ne laissant rien au hasard. Un être organisé et qui a peut-être un peu envie d'échapper à l'univers trop bien balisé dans lequel il est enfermé. De toute façon, aucune inquiétude à avoir sur la ponctualité, la régularité au travail de cet être-là. Il y a là, implicite, demande d'un plus grand épanouissement et le chant ou la conquête d'une voix plus ample le lui apportera.

Dans un autre appel, la voix sera feutrée, à peine audible, atone et fatiguée. Avec de longs silences qu'il faut casser, car je sais que là il y a déjà demande d'aide.

Le dépressif se devine. Mais le seul fait d'exprimer le désir de faire un travail sur la voix manifeste chez un sujet un bon instinct de conservation, un désir de retrouver la joie, le bonheur de vivre que le chant, mieux que n'importe quoi, peut lui apporter.

La voix geignarde... grands dieux ! Bien que je me refuse à toute sélection élitiste, celle-là me terrorise ! Je sais que cet être-là va dévorer mon énergie, mon influx nerveux, ma force, leçon après leçon. Je le sens déjà, à l'autre bout du fil. À mon tour, je dois faire fonctionner mon instinct de conservation qui m'avertit dès ce premier contact.

Les voix enfantines, menues, fluettes, attendrissantes ou naïves cachent bien souvent un désir d'être à nouveau maternées et prises en charge. Il est très fréquent que l'éducation vocale révèle alors de très belles voix graves et amples qu'il faut faire naître avec beaucoup de prudence. Ces êtres-là ne se résolvent pas si aisément à entrer dans le monde des adultes et parfois, si on va trop vite, ils ne supporteront pas d'entendre cette « nouvelle voix » sortir de leur gorge[1].

Par ailleurs, révéler sa voix à un être constitue un véritable travail d'accoucheuse. Pas surprenant que le professeur de chant soit l'objet de transferts d'une grande intensité.

« La voix de clairon », immédiatement, vous contraint à tenir le récepteur à dix centimètres de l'oreille. Voix sûre d'elle, je-sais-tout, qui n'admet pas la contradiction. Tout lui est dû et le propriétaire d'un tel organe risque d'être envahissant, un peu sadique parfois. Je me réjouis à l'avance à l'idée de lui instiller quelques doutes salutaires.

1. Une de mes élèves avait une voix parlée serrée et nasale alors que sa voix chantée s'est révélée ample, grave, chaude et large.

La voix agressive, foncièrement désagréable, presque injurieuse dans les propos tenus. L'expérience m'a enseigné que bien souvent cette agressivité constituait une cotte de mailles, tissée autour d'un être fragile et peu sûr de lui, qui attaque le premier de crainte qu'on le devance.

La voix hypernerveuse, appuyant sur toutes les labiales, les dentales, au débit rapide, saccadé, incisif. Il n'a pas de temps à perdre et, pourtant, c'est bien de cela qu'il a besoin. Le chant canalisera ce flux tourbillonnant.

La voix autoritaire. Point.

La voix « commerçante », un peu mielleuse, trop aimable, parfois insidieuse, arnaqueuse (avez-vous déjà reçu un coup de téléphone d'un marchand de tapis ou de voiture, qui, faute de pouvoir bloquer votre porte avec son pied, vous verse du sirop dans l'oreille ?)...

La voix dépersonnalisée – supposée établir un climat accueillant et rassurant – des hôtesses d'aéroport ou déversée dans les oreilles des clientes de grandes surfaces. « L'avion en partance pour Caracas... porte B... sont priés de se diriger... » Toutes ces voix identiques, superposables, robotisées, encourageantes, totalement dépourvues d'émotion ou de conviction. On les dirait presque anesthésiantes.

La voix désinvolte de celui qui vous appelle tout en mastiquant et ses mots et ses nouilles... J'ai quelques doutes sur les motivations de ce « client »-là !

Et puis, bien sûr, la voix séduisante, ensorcelante, enveloppante, toutes vibrations déployées, je résiste mal à cet étalage de charme et le choix des mots, presque toujours, ajoute à mon plaisir... Laissons libre cours à notre imagination : j'ai don Juan au bout du fil.

L'homme a plusieurs voix et, du fausset à Chaliapine, les nuances sont multiples.

Comme la femme, l'homme plie sa voix à certaines conventions sociales. On reconnaît sa « classe » au timbre et à la maîtrise qu'il a de son appareil vocal ; ça n'est pas seulement une question de langage ou de vocabulaire, mais l'éducation, l'environnement, le mimétisme jouent un rôle essentiel. Il en va ainsi du titi parisien et de sa gouaille ; le grain un peu rauque de sa voix le différencie radicalement de l'avocat conscient du moindre de ses effets vocaux, du conférencier un peu pontifiant et doctoral, qui mobilise l'attention de son auditoire par une brillante maîtrise de son émission vocale.

La voix, sans aucun doute, a quelque chose à voir avec l'exercice d'un pouvoir. On songe au père qui fait « la grosse voix » pour impressionner son enfant ou le gronder ; au patron qui « élève » la voix pour exprimer son mécontentement ; aux adjudants qui naguère aboyaient leurs ordres ou à la terrifiante brutalité vocale des soldats nazis.

Rien en commun avec la voix aristocratique, suprêmement distinguée : inimitable. Il faut être « né » pour la posséder.

Jean-Loup Rivière [1] écrit : « Il n'est pas de chef qui ne donne de la voix », et, plus loin : « L'orateur politique doit par la voix payer de sa personne comme par son sang le militaire le fera. » On songe à Guillaume du Vair qui disait déjà en 1594 : « Qu'y a-t-il de plus auguste que de veoir, quand vous vous levez pour parler, tout le monde se taire, dresser avec attention les oreilles et ficher les yeux sur vous, veoir les mouvements et inclinations des peuples se tourner avec vostre parolle, les opinions des juges et advis du Sénat fleschir soubs vostre voix ? » Très justement encore Jean-Loup Rivière constate à propos de Hitler qu'on n'était pas véritablement à l'écoute de ses intentions mais qu'on « surveillait les promesses de sa voix ». (Il distingue l'« orateur consonantique »

1. *Traverses 20*, « La voix, l'écoute ». Centre Georges-Pompidou, revue trimestrielle du Centre de création industrielle.

qu'il range dans la catégorie des « secrétaires d'État », surtout avant-guerre, et les « orateurs vocaliques », dans lesquels il verrait plutôt les leaders.)

Jean-Loup Rivière, toujours, cite trois orateurs : Léon Blum, le maréchal Pétain et le général de Gaulle. Du premier, il dit : « La voix est mobile, monte et descend en parcourant un grand registre de hauteurs, elle se suspend mais ne s'arrête jamais. » « Au *point* de Blum qui est un point d'interrogation où l'arrêt est une suspension qui appelle une relance, on pourrait opposer le point de Pétain qui est plutôt un "point à la ligne" ou "un point, c'est tout". [...] Une voix qui n'en finit pas de ponctuer. » Il met en évidence l'aspect « toujours le même » de sa voix. « En quelques jours de juin 1940, de Gaulle *invente* une voix. » [...] « Parce qu'il sait que, général exilé d'une armée vaincue, sa seule arme est une voix. » Il s'agit de « convertir une parole en acte ».

Il y a des hommes qui ne perdront jamais leur voix de petit garçon, tout comme les femmes-enfants ne renoncent pas facilement à leur voix de petite fille.

Comme les femmes, les hommes ont aussi leur voix « bon chic bon genre », voix de jeunes loups soucieux d'exploiter le moindre de leurs atouts : voix nette, claire, bien timbrée, avec juste ce qu'il faut de virilité et beaucoup de sûreté de soi. Ni hésitation ni timidité dans le débit. Il faut être convaincant et en particulier convaincre de ce que l'on a pour soi l'intelligence, le savoir, l'efficacité et la compétence.

Et puis il y a ces voix un peu cassées, voilées, généralement graves du grand fumeur, du baroudeur qui fait « mâle » et attendrit les femmes comme si ces voix brisées d'hommes qui « ont vécu » portaient témoignage d'une virilité bouleversante.

La voix voilée, chez l'homme comme chez la femme, véhicule quelque chose d'indicible au niveau de l'impact sexuel. On se souvient d'Aznavour à ses débuts ou de Humphrey Bogart...

Mais certaines voix masculines sont trompeuses et il arrive qu'une superbe voix parlée ne produise pas toujours une aussi belle voix chantée. L'inverse est également vrai, et je connais des chanteurs lyriques enroués « à la ville » qui jouissent de tous leurs moyens vocaux sur scène.

La voix projetée des grands tribuns, des avocats célèbres ou des tragédiens, admirablement utilisée avec des moyens aussi naturels qu'exceptionnels, faisait frissonner et vibrer les foules. Leurs timbres propres étaient perçus dans toute la séduction de leurs diverses couleurs.

Le siècle du micro a « pasteurisé » les voix en les uniformisant, accentué, de plus, leurs défauts, amoindri leur puissance tout en leur procurant une portée artificielle différente.

La libération de la femme, sensible en bien des domaines, s'est également effectuée sur le plan vocal. Pendant longtemps, la femme a été enfermée dans un modèle culturel imposé par la contrainte des convenances, de l'éducation et le respect d'un critère de séduction bien défini.

La voix de bon ton, dite « de tête », légère, haute et un peu babillarde appartenait à la femme spécifiquement féminine et qu'on entendait au théâtre, au cinéma, sur les ondes. Les films de l'époque en portent témoignage. La jeune première était obligée – ou s'obligeait – à prendre une voix de tête un peu pincée dans le nez, ce qui, lorsque sa vraie tessiture était différente, la contraignait à parler abominablement faux. C'était la voix « idéale » de la femme-enfant désirable en son apparente fragilité et qui ne pouvait manquer d'éveiller l'instinct protecteur de l'homme.

À l'époque de la voix « bon chic bon genre », les

jeunes premières triomphantes, c'était Danièle Darrieux ou Gaby Morlay, pour ne citer que les plus célèbres.

Dans le lyrique, ce sont les triomphes pyrotechniques des Lily Pons, Toti Dal Monte, Erna Sack, Jeanette Mac Donald, Yvonne Printemps. Ce sont elles les vedettes adulées. Cet engouement d'une époque pour les voix légères ira jusqu'à l'appropriation des grands rôles de mezzo, pourtant rares – et c'est aussi révélateur –, tels que Carmen ou Rosine du *Barbier de Séville*, par les timbres cristallins. Ninon Vallin chante Carmen, Toti Dal Monte et Lily Pons vocalisent dans Rosine, imitées un peu plus tard par Mado Robin.

Qui n'a pas aussi dans l'oreille la voix de la femme japonaise des films retraçant des épopées médiévales, petite voix flûtée et très haut perchée, contrastant avec la voix brutale et d'outre-tombe des nobles guerriers !

Sous nos climats et pendant longtemps – pratiquement jusqu'après la dernière guerre –, la femme devait attendre la cinquantaine pour pouvoir s'autoriser à utiliser sa vraie tessiture, si elle avait la voix naturellement grave.

Au théâtre ou au cinéma, les voix graves étaient réservées aux personnages populaires, aux paysannes ou aux femmes de « mauvaise vie »... On se souvient des emplois de Ginette Leclerc, de Viviane Romance ou de la femme fatale, voix des Marlène Dietrich, des Lauren Bacall, un peu cassées, parfois légèrement sourdes, troublantes, qui « accrochent » les hommes au point parfois de leur faire perdre la tête.

Dans certaines familles, une jeune fille dont la voix claire s'assombrissait à la sortie de l'adolescence, pouvait devenir sujet d'opprobre. Une de mes amies m'en a un jour fait l'aveu. Enfant, elle avait une voix très haute et très claire. Elle insista d'emblée sur ce point dans le désir de convaincre qu'« avant », elle était comme tout le monde. Puis vers l'âge de douze ans, à la suite d'un mal de gorge tenace et prolongé (qui correspond probablement à la mue, parfois presque aussi importante pour une voix grave féminine que pour un jeune garçon), sa tonalité vocale s'est mise à descendre et elle s'aperçut avec terreur qu'elle possédait désormais une voix presque aussi grave que celle de son père. Elle vécut cette période d'une manière très douloureuse, masquant continuellement ce qu'elle considérait comme une anomalie par un effort constant pour alléger sa voix, brimant cette profondeur vocale qui la troublait et la différenciait de ses amies.

Sa réaction me semble très significative. À partir de ce moment-là, elle réclama des pantalons à sa mère, se fit couper les cheveux très court... mais c'est aussi à ce moment-là qu'elle commença à se maquiller.

Certaines femmes à voix graves vivent encore dans une continuelle contrainte, s'obligeant à garder un timbre léger et désappuyé. Si sous l'effet de la colère ou d'une forte émotion, elles laissent tout à coup entendre leur véritable couleur, grave et puissante, elles en éprouvent immédiatement de la gêne. Leur pudeur est en émoi et elles ont le sentiment d'avoir commis quelque incongruité.

Ces femmes qui ont pratiqué ma technique éprouvaient toutes la même difficulté à ouvrir grand la bouche et à sortir la langue. Ces zones du corps sont taboues. On ferme, on n'ouvre pas ; on serre, on rétrécit, on nie.

Dans certaines méthodes d'enseignement du chant, le son poitriné est pratiquement proscrit. Il fait peur. La raison majeure en est, bien entendu, le danger réel que représente son utilisation dans le chant, et les enseignants, très judicieusement, préfèrent laisser l'élève, même mezzo, chanter le plus possible en voix de tête en n'appuyant pas les graves. Souci de prudence, certes, mais je pense aussi que derrière lui se profile encore un malaise ou la volonté de faire chanter pudique et de bon ton.

Car le son poitriné, c'est la force, la véhémence dégagées, projetées sans complexe.

Rejetant l'image sonore typée de la génération précédente, la femme prend conscience de la richesse des timbres jusqu'ici exclus, découvre le pouvoir de séduction qu'ils exercent [1]. Bien entendu, il ne faut pas tomber dans l'excès inverse et vouloir parler grave à tout prix.

Le timbre vocal est le reflet d'une personnalité et chacun doit user du sien propre, garant de son authenticité. Mais, psychologiquement, bien des êtres ne supportent pas la voix qu'ils possèdent. Les réconcilier avec elle, les aider à l'embellir, c'est aussi les aider à se réconcilier avec eux-mêmes.

On peut se poser un certain nombre de questions sur l'influence des conformations glottiques sur le timbre des voix et sur la langue des peuples, ou de celle d'un peuple sur sa voix.

Certes, les Occidentaux possèdent des conformations glottiques multiples. Mais on distingue une voix espagnole d'une voix allemande ou anglo-saxonne, en dehors de tout accent. La langue espagnole opérerait-elle une sélection redoutable, entraînant soit beaucoup de voix cassées et rauques, soit des voix admirables, d'une sonorité exceptionnelle, d'une incomparable richesse de timbre ? Tout comme les femmes espagnoles peuvent avoir les pires voix criardes et les plus belles voix graves.

On serait tenté, à propos de la langue espagnole, souvent dure, âpre, sauvage ou douloureuse, de parler de langue masculine ; là où on accorderait à la voix italienne une essence féminine : voix charmeuse, souple, heureuse

1. Aujourd'hui, on assiste à une évolution du goût qui fait la part belle au mezzo vocalisant ou aux voix à couleur plus sombre bien en accord avec l'évolution même de notre société. La vogue extraordinaire du baroque en et le témoignage, Anne-Sophie von Otter en est un merveilleux exemple.

et sensuelle. La langue, ici, semble la mieux faite pour servir la voix, en mettre en valeur toutes les qualités.

Les voix nordiques ou anglo-saxonnes sont indéniablement plus claires et posées.

On imagine chez le Slave des cordes longues et épaisses qui favorisent le grave ; l'Asiatique a sans doute des cordes courtes et trapues et un espace buccal réduit ; l'Africain des cordes rondes, profondes, dotées d'une cavité buccale énorme et qui couvrent spontanément leurs sons. Voix souples et chaudes, immédiatement reconnaissables ; jamais nasales et toujours colorées.

L'Asiatique serait-il le seul à pouvoir pousser « le cri qui tue », concentré d'énergie émanant du Hara, mais qui exige une émission à fréquence ultrarapide que seules peuvent produire des cordes vocales très courtes et mobiles ? L'Asiatique ne peut obtenir une voix sombre – comme dans le théâtre nô – qu'en passant en voix trachéale[1].

Peut-être comprendrions-nous mieux les peuples et les mythes qui les entourent si nous connaissons mieux l'interaction des langues et des conformations glottiques. La langue influe sur le langage, le langage sur la pensée, l'environnement sur le langage, etc.

Pourquoi nous sentons-nous à l'aise dans certaines langues, allergiques à d'autres, fascinés par d'autres encore ? Qu'éveillent-elles en nous, de quelles vibrations se chargent-elles, qui rencontrent nos propres vibrations ?

Autant de questions auxquelles, aujourd'hui, nous avons encore peu de réponses à proposer. Autant de recherches passionnantes à entreprendre.

1. L'art lyrique, très bien travaillé de nos jours, donne de belles voix asiatiques aiguës et graves appréciées sur toutes les scènes lyriques.

On pense aussi aux lamentations suraiguës des pleureuses grecques ou d'Afrique du Nord.

À travers ces informations, il est aisé de comprendre avec quelle prudence il faut agir en musicothérapie : ce qui est apaisant pour l'un peut être vécu comme exaspérant par un autre.

La diversité des cultures induit sans doute la variété des voix. Comme le dit Jean-Gabriel Gauthier[1], « Les sociétés dites d'"insensibilité" enferment la voix dans le cadre rigide de la parole, celles dites d'"émotionnalité" favorisent l'expression sonore d'une manière beaucoup plus libre. » Et il ajoute : « On connaît l'économie de parole des gens du Nord, la volubilité des Méridionaux, l'ampleur sonore qui se déploie dans les pays méditerranéens. En Afrique, on constate la bruyance des gens de forêt, la tenue discrète des langages asiatiques ; plus près de nous le verbe haut paysan, la valeur de l'éloquence dans les pays de culture latine et sa fluctuation dans le temps. » De tout cela, bien sûr, on ne peut éliminer les facteurs culturels.

La hauteur, le timbre de la voix nous informent sur l'âge et sur le statut social de quelqu'un, dans nos cultures. L'opéra, d'ailleurs, exprime clairement à travers les rôles ce consensus social : « Les pères nobles sont des basses. » Les rôles de sagesse, de puissance, d'autorité, de grandeur, parfois de cruauté, leur sont attribués.

Le baryton incarnerait une image d'homme dans la puissance et la force de l'âge, avec une voix au grain brillant et serré. Des ténors... il y en a plusieurs, de « Don José » (le ténor « maman, patrie et sentiment » selon le

1. Jean-Gabriel Gauthier, maître de recherche au CNRS, laboratoire d'anthropologie, université de Bordeaux-1. Extrait du dossier n° 5 de la Fédération nationale des orthophonistes, octobre 1981, « Voix, carrefour de la personnalité ».

mot de Tarozzi !) à l'homme jeune et ardent, jusqu'au héros de légende wagnérien, le *Helden Tenor*. Sur le plan féminin, le soprano se définira par la grâce et la légèreté, le mezzo par la féminité dans toute sa force et le contralto par sa maturité.

Existe-t-il des évidences harmoniques pour tous les peuples, toutes les ethnies, même si les échelles musicales adoptées ne sont pas identiques à travers le monde ? Ainsi, en Occident, le choix culturel a établi des échelles très précisément définies et dont il semble d'ailleurs très difficile de sortir. La musique africaine sera dominée par le rythme et traitera de hauteur. En Asie, « le jeu des hauteurs rapprochées ou celui des modulations dynamiques égales aux modulations mélodiques » semble l'emporter.

Mais, partout à travers le monde, l'homme a peut-être appris des oiseaux le chant, les trilles, les roucoulades, laissant au croassant corbeau ses sinistres présages.

En dehors du culturel et de l'imitation de la nature, sans doute aussi faudrait-il tenir compte des recherches en « endocrino-phonétique différentielle » (Heuse), qui mettent en lumière l'importance des facteurs endocriniens spécifiques de diverses ethnies. Jean-Gabriel Gauthier pense que « les voix graves pourraient être en rapport avec les mues précoces, les voies aiguës avec les mues tardives ; ainsi les variations de hauteur observables entre les voix africaines généralement basses et les voix asiatiques plus hautes et plus aiguës pourraient découler, au moins partiellement, de mécanismes endocriniens [1] ».

Cela paraît évident si on évoque le problème du castrat dont la voix n'est ni masculine, ni féminine, ni même enfantine. Elle n'est pas « de ce monde », elle se veut

1. Pour le docteur J. Bonneville, « la voix de stentor des hypersurrénaliens est peut-être rare mais elle est classique ».

désincarnée, angélique, surnaturelle. Mais c'est en fonction d'un code culturel qui voulait privilégier cet accès au divin que la mode des castrats a pu s'imposer en son temps [1].

Quelles que soient les différences vocales entendues, nous sommes tous – pour des raisons culturelles, biologiques, endocriniennes ou autres – sensibles à certaines vibrations. Nous les recevons dans notre corps, dans notre tête. Malgré nous, nous imitons l'accent de celui que nous côtoyons. Dans le Midi, on prend l'« assent ». Au Canada, on chante ses phrases, comme les Québécois. Qu'on écoute à la radio un enroué chronique et la gorge nous gratte. Je ne pouvais pour ma part entendre François Mauriac dix minutes sans m'enrouer moi-même.

Les belles voix que nous entendons aujourd'hui laissent à la fin d'un concert ou d'un opéra leur auditoire euphorique, batteries rechargées pour un bon moment.

---

1. N'oublions pas que l'art des castrats s'exerçait essentiellement dans l'exécution de la musique religieuse et que seule une minorité s'est consacrée à l'opéra. Mais c'est cette dernière caste qui, par sa splendeur, ses excès, sa démesure, a marqué l'histoire.

La rééducation

La voix en dit beaucoup plus long que les mots prononcés.

MERCEDÈS TORVISCO

Selon la sévérité de la fatigue vocale, le travail se fait toujours en relation avec le phoniatre traitant.

Dans la majorité des cas, les problèmes vocaux qui me sont soumis sont dus à un surmenage ayant entraîné un dérèglement de l'appareil vocal.

Pour compenser un fléchissement de la voix, de mauvaises habitudes s'installent, qui vont encore aggraver la situation : le fameux « cercle vicieux de l'effort vocal[1] » qui accélérera le processus de dégradation.

La rééducation et la récupération des voix lyriques fatiguées, surmenées, entravées demeurent mon objectif essentiel. Dans le cas du forçage vocal avec toutes ses conséquences : enrouement, hypotonie musculaire, congestion chronique des muqueuses, il importe de dénouer entièrement l'écheveau des mauvaises habitudes, de remettre tout à plat et de restituer la dynamique nécessaire.

Il me faut insister sur ce point : le dérèglement de la mécanique vocale n'est pas le fait d'un ou de plusieurs

1. F. Le Huche, *Anatomie et physiologie des organes de la voix et de la parole*, coll. « Phoniatrie », éd. OVEP.

éléments constitutifs atteints, tels que cordes vocales, respiration, affaissement du larynx, c'est la totalité du mécanisme qu'il faut réparer ; comme dans un mécanisme d'horlogerie où la moindre imperfection dérègle l'ensemble du système, la fatigue vocale peut aussi être causée par un grave trouble psychologique et inversement d'ailleurs. Dans le cas du professionnel, handicapé par une mauvaise technique, les troubles ressentis vont engendrer des réactions tout à fait nouvelles, déconcertantes : inhibition, doute de soi, peur et aussi révolte.

Ici, la récupération vocale se fait très vite. Les troubles ne sont pas installés. Au sortir de ce désert, de cette épreuve, l'artiste est même souvent riche d'une force nouvelle.

Je fus un jour contactée téléphoniquement par une femme me demandant si j'accepterais de me rendre à son domicile. Au travers de cette voix, j'ai entendu plusieurs demandes non formulées. Nous prîmes rendez-vous. Il se trouvait qu'il s'agissait d'une grande artiste que j'admirais, et j'estimais la femme autant que la chanteuse. Le trouble vocal n'était pas important, par chance. Elle me confia son inquiétude : son vibrato devenait trop large. Toute la magnificence du timbre était encore là, mais elle ressentait une plus grande fatigabilité et, déjà, les prémices de la « voix qui bouge ». Elle en était très affectée, amorçant une dépression qui se traduisait essentiellement par un désir de « raccrocher ».

Sa carrière, superbe, m'assurait qu'elle possédait une solide technique de base, mais elle découvrait que toutes les astuces vocaliques ne la protégeaient pas contre cette brusque fatigue, d'ailleurs justifiée par une série de lourdes représentations.

Avec elle, j'ai fait un travail très personnalisé. En l'occurrence, je n'avais pas à « sortir » une voix. Il fallait redonner du tonus aux muscles suspenseurs du larynx et à l'ensemble des muscles phonateurs. Cette fatigue naissante, prise au début, s'est résorbée en trois mois. Sa légère dépression dissipée, elle me confia qu'elle n'avait pas ressenti depuis six ou sept ans une telle facilité.

Lorsque les fatigues sont plus anciennes, la récupération ne peut évidemment s'obtenir qu'avec une discipline rigoureuse, une rééducation minutieuse, souvent un régime alimentaire adapté... et une reprise de l'activité professionnelle judicieusement échelonnée.

Avec les comédiens et les professionnels de la voix parlée, le travail est également très efficace et rapide, sauf chez ceux qui ont au départ une « mauvaise voix ». Avec les comédiens, je dois bien souvent me battre contre la funeste manie du fumeur ! Je tente bien de leur faire comprendre qu'ils malmènent ainsi leur outil de travail... et qu'enfumer leur angoisse – logique dans ce métier fait de tant d'incertitudes – ne nous facilitera pas la tâche. L'alcool et le tabac, hélas, entretiennent une congestion et une irritation chronique des muqueuses. Il faut près d'un an pour se débarrasser de la nicotine, qui se colle sous les cordes vocales !

Par ailleurs, contrairement au chanteur lyrique, le comédien n'a pas conscience de la nécessité d'échauffer son appareil vocal avant sa prestation – et surtout s'il tient un rôle important. En dehors de certaines compagnies dont les directeurs ont compris la nécessité d'un travail physique sur la voix, le comédien attaque parfois des rôles très lourds sans aucune préparation : la fatigue vocale est alors au bout. Et si pour tout le monde la perte de la voix est synonyme d'une véritable « mort en soi », pour celui qui vit entièrement d'elle, c'est une véritable plongée dans un gouffre que nul « bien-portant » ne peut imaginer. On fait souvent à l'artiste lyrique la réputation de multiplier les caprices, de se décommander pour un oui, pour un non. Mais il ne peut pas prendre de risque avec son « instrument » et presque toujours, derrière ces apparents caprices, se cache une difficulté réelle. Parmi les premiers signes annonciateurs de la fatigue vocale, mentionnons les mucosités persistantes et une « descente » du timbre de la voix parlée. La récupération survient vite à ce stade. Si le forçage est plus profond, on ne pourra espérer un résultat stable et total qu'au bout d'un an, parfois deux, de travail rééducatif. Toutefois, l'amélioration progressive constatée stimulera l'intéressé... et suffira parfois à une prudente reprise du métier.

Constatation surprenante : les récupérations en matière de voix chantée sont plus rapides qu'en voix parlée. Sans doute doit-on y voir le fait que, d'une manière générale, la discipline du chanteur, en raison des difficultés de son art, est beaucoup plus régulière que celle du professionnel de la voix parlée et que ses muscles, plus travaillés, « reviennent » plus facilement.

Toute fatigue vocale entraîne nécessairement des troubles respiratoires puisque alors les cordes vocales malades laissent échapper trop d'air pendant la phonation. Le rythme respiratoire devient anarchique, les prises d'air renouvelées très rapidement dérèglent la fonction respiratoire : rigidité du système musculaire (diaphragme bloqué entraînant des douleurs caractéristiques), diminution des sécrétions au niveau des voies aériennes supérieures. Le travail de récupération à ce stade est alors essentiel, car bien souvent cette anarchie respiratoire s'installe ; mémorisée par l'organisme, elle revient instinctivement.

L'effort vocal entraîne une inflammation des cordes vocales, qui peut devenir chronique et aboutir à la formation d'un nodule[1], petite excroissance, épaississement

1. Cf. Jean Bonneville (Dossier FNO) : il faut distinguer le nodule et le polype. Il y a deux sortes de nodules : l'œdémateux, qui peut se résorber, et le fibreux, métaplasié, qui doit se faire enlever.

localisé de la muqueuse cordale sur le bord d'accolement d'une corde vocale. Généralement, peu après, un autre nodule s'installe sur l'autre corde.

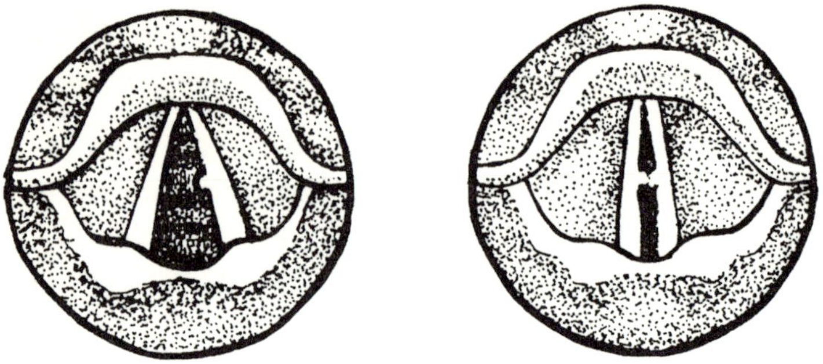

Cordes ouvertes : inspiration
Nodule unilatéral

Cordes rapprochées : phonation
Nodules bilatéraux
(fuite d'air pendant la phonation)

Figure 3
Nodules sur les cordes vocales
(Vue laryngoscopique)

Ces deux nodules empêchent la fermeture glottique, favorisant ainsi une fuite d'air plus ou moins sensible selon leur nature et leur consistance. Au stade du simple gonflement, la rééducation en vient vite à bout, mais lorsqu'il se transforme en lésion fibreuse, la microchirurgie devient souvent inévitable. Une rééducation préopératoire assainira déjà le terrain et favorisera ensuite la récupération postopératoire. Leur formation est toujours annoncée, cependant, par ces mucosités qu'on imagine pouvoir décrocher par des hemmages fréquents (petits toussotements). C'est illusoire : on ne fera ainsi que traumatiser davantage encore les cordes.

De nombreux enseignants, que je considère comme des professionnels de la voix, utilisent ma technique. Leurs fatigues vocales sont souvent sévères, le forçage étant fréquent. Et, au bout, ce sont aussi souvent les manifestations dépressives, heureusement vite effacées, dès que s'amorce la récupération vocale.

Certains asthmatiques m'ont été adressés par des médecins, avec des résultats très encourageants. La déconstriction laryngée, chez ces grands anxieux, accompagnée de la rééducation respiratoire, a souvent été un élément très positif. On peut toutefois s'interroger sur la nature de cet asthme. En effet, un groupe de chercheurs dirigés par Kent Christopher, phtisiologue du National Jewish Hospital, a dénoncé un « imposteur » qui se faisait passer pour de l'asthme vrai. Il s'agirait d'un faux asthme dont souffrent certaines personnes sur lesquelles on a constaté un mauvais fonctionnement des cordes vocales, entraînant néanmoins des symptômes identiques à ceux de l'asthme réel : suffocation et difficultés respiratoires. Kent Christopher avait soupçonné la responsabilité des cordes vocales en réalisant que ces patients, qui ne tiraient aucun profit des traitements classiques, donnaient l'impression que leurs difficultés respiratoires venaient de la gorge et non des poumons. En visualisant les cordes au cours d'une crise, les chercheurs découvrirent que celles-là se comportaient anormalement, se rapprochant de façon excessive et ne laissant qu'une ouverture très réduite pour le passage de l'air. Jamais les cordes normales ne se ferment à ce point. On ignore la cause du phénomène, mais on aide les patients en leur faisant respirer un mélange léger d'hélium et d'oxygène, qui passe facilement à travers cette zone de constriction. Ensuite, aidés par une psychothérapie, ils *apprennent à relaxer leurs cordes vocales.*

Le journal, *Science Digest*, cite le cas d'une femme de trente-deux ans, infirmière, qui pendant huit ans a souffert de ce qu'elle croyait être un asthme, jusqu'à ce qu'on découvre le dysfonctionnement de ses cordes vocales.

Entre-temps, elle avait subi huit trachéotomies et avalé des tonnes de médicaments[1] !

Une asthmatique m'a rapporté qu'au moment où elle sentait venir la crise, surtout la nuit, il lui suffisait de faire sept à huit minutes de ma gymnastique pour qu'elle puisse se détendre, se recoucher et s'endormir calmement.

Les personnes qui ont des troubles vocaux à la suite d'une intubation laryngo-trachéale au cours d'une anesthésie générale peuvent également bénéficier de la technique : en cinq ou six leçons – si le dérèglement est d'origine purement physiologique –, la récupération est obtenue.

Dans le cas où les dysphonies sont issues de perturbations psychologiques, de chocs affectifs, etc., la voix reflète immédiatement ces troubles.

Le docteur Jean Pommez a remarquablement parlé de ces dysphonies psychiques[2]. Il distingue trois rapports fondamentaux à la parole.

Tout d'abord, ce qu'il lie à l'« appétit de communication ». Pour parler, dit-il, il faut avoir *envie de dire*. Celui qui a perdu cet appétit éprouverait des brûlures, des étouffements, des picotements et une gêne globale de la gorge. Ce sera la dysphonie psychique.

Ensuite, il faut *pouvoir dire*, car on n'en a pas toujours la liberté ou le droit, on ne s'y autorise pas toujours. Certains nous font « rentrer nos propos dans la gorge ». Les symptômes pourront être sévères : spasmes, contractures, enrouement, aphonie totale et même paralysie hystérique des organes de la phonation. Enfin, le *oser dire*, qui peut se traduire par l'hyperexcitabilité liée à une excessive émotivité (les mots se bousculent, les gens parlent trop fort, crient... jusqu'aux contractures de muscles

1. *Science Digest*, novembre 1983.
2. Docteur J. Pommez (Dossier FNO).

de la phonation et parfois jusqu'au nodule). Ou l'inhibition, qui peut devenir totale.

Certains traumatismes peuvent déclencher des dysphonies qui se greffent sur certains terrains plutôt que sur d'autres, sur des êtres très émotifs ou qui veulent attirer l'attention ou bien encore qui se réfugient dans la maladie. À la source, on peut trouver bien des choses : des insatisfactions affectives ou sexuelles, des « histoires de famille » – ce que le docteur Pommez appelle « des histoires de belle-mère » –, des conflits professionnels, parfois un choc psychologique violent. Dans son roman *L'Oiseau bariolé*, l'auteur[1] raconte comment son héros, qui est un enfant, perd la voix totalement pendant plusieurs jours, plusieurs semaines, après avoir assisté, impuissant, à un horrible massacre. Une agression sexuelle, une menace de viol ou de mort peuvent aboutir au même résultat. Le docteur Pommez mentionne les dysphonies fréquentes au moment des fêtes, où on peut se sentir abandonné, ou avant les vacances, quand on ne sait quoi faire de soi.

Mais même si l'on peut ici parler de manifestations hystériques, la souffrance du sujet n'en est pas moins réelle et un travail vocal, à coup sûr, va aider. Reconstruire la mécanique, chanter, faire un travail diaphragmatique, se dynamiser, occuper son « espace sonore », tout cela est générateur de plaisir et rien n'est plus thérapeutique que le plaisir.

Comme le dit le docteur Bonneville : « Il est impératif pour l'homme de communiquer. Perdre sa voix, c'est perdre sa fonction vocale, et même son identité, car, comme le rire, la faculté d'émettre des sons articulés lui appartient en propre[2]. » Et comme il le précise égale-

1. Jerzy Kosinski, Flammarion.
2. Docteur J. Bonneville, *op. cit.*

ment : « Toutes les laryngopathies, qu'elles soient malformatives, inflammatoires, tumorales ou dysfonctionnelles, peuvent être le point de départ de phénomènes “inhibants”. Cette composante psychologique peut être importante et va aggraver ou entretenir la dysphonie. »

Le hasard a également mis sur ma route quelques bègues. Et j'ai constaté trois éléments qui me semblent particulièrement présents dans le phénomène : la langue (tétanisation), le larynx (serrage très puissant) et le diaphragme (blocage et mouvements anarchiques). Les problèmes d'émotivité et de nervosité sont présents, mais mon rôle consiste à tenter de remettre en route la mécanique et à la faire fonctionner librement. Et, de toute façon, l'amélioration vite ressentie atténue l'anxiété.

Il y a très peu de temps, j'ai commencé une rééducation avec un bègue dont la respiration était totalement inversée. Dès la première leçon, le travail diaphragmatique a dénoué le handicap d'une façon si spectaculaire que l'entourage en a été stupéfait.

Mais je me méfie des résultats trop rapides... J'ai simplement eu confirmation que nous nous étions attaqués au nœud du problème et que la stabilisation viendrait avec le temps. Au bout de huit leçons, les résultats sont très encourageants. Toutefois, le bégaiement réapparaît encore lorsque le sujet veut parler dans une assemblée bruyante, c'est-à-dire user de la plus grande puissance vocale.

Dans un autre cas, c'est au niveau de la langue et du serrage laryngé que semblait résider l'essentiel du problème. En l'occurrence, il s'agit d'un chanteur, un ami fidèle, qui présentait un bégaiement léger. Il n'était pas du tout venu me voir pour cette raison. Seule ma technique vocale l'intéressait. Mais je reste curieuse de ce qu'on peut attendre, dans l'avenir, du travail accompli ensemble... au-delà des moments que nous partageons en compagnie de Mozart, de Vivaldi, de Haydn et de bien d'autres.

Toutefois, je pense que la première régression du bégaiement n'est pas consécutive à mon travail. Il avait débuté ses études vocales dans un registre de baryton, dans lequel, d'ailleurs, il ne se sentait guère à l'aise. C'est la rencontre avec un autre professeur qui l'a enfin défini dans sa véritable tessiture : une ravissante voix de ténor léger. Dès ce changement, le bégaiement, qui était assez prononcé, a diminué. On peut penser que, pouvant enfin chanter dans la tessiture qui était la sienne, il en a éprouvé un plaisir extrême qui a eu lui-même un effet psychologique favorable. Mais sans doute existe-t-il aussi un facteur purement mécanique à cette amélioration. La position plus haute du larynx ayant un effet assouplissant sur la totalité de l'organe, et en particulier sur la tension des muscles de la langue, auquel on ajoute le desserrage laryngé obtenu par l'émission en fausset et en voix mixte, doit logiquement aboutir à un bon résultat. Travaillant depuis six mois avec ma technique, il a enregistré encore un mieux. La gymnastique de desserrage laryngé, outre la facilité vocale, a eu, m'a-t-il dit, une répercussion favorable sur son émotivité. Et précisément, c'est lorsqu'il est en proie à une vive émotion que le phénomène resurgit.

Au-delà de ces témoignages, je souhaiterais évoquer un autre aspect de ma recherche accompli avec le concours de médecins et d'orthophonistes. Ces derniers, qui ont fait des stages à IDEV (Institut pour le développement de l'expression vocale) m'ont confié un cas particulièrement difficile, au cours d'un de ces stages, précisément. Il s'agissait d'une jeune institutrice, complètement aphone, avec un polype sur une corde vocale.

Devant quinze orthophonistes – ce qui est toujours délicat et rend la relation plus difficile –, je l'ai fait travailler. Au bout de vingt minutes de gymnastique sans son, et alors qu'elle ne pouvait pas parler, sinon avec une voix complètement rauque, les cordes vocales se sont mises à fonctionner. J'ai basculé son larynx pour le détendre et, au bout de dix minutes, elle a été capable de chanter avec une voix très claire. Et c'est là que s'est produite la réaction psychologique : elle était au bord des larmes, riait en même temps et a confessé que l'étau qui l'oppressait s'était totalement desserré. Elle est alors allée téléphoner à son mari pour l'avertir de son retard et celui-ci, au bout du fil, abasourdi, lui dit : « Mais qu'est-ce qui t'est arrivé ? Tu as ta voix d'avant ! »

Les orthophonistes ont constaté la récupération fantastiquement rapide de ce larynx très fatigué et c'est essentiellement ce que je souhaitais démontrer : l'efficacité de la technique et la remise en condition de l'appareil vocal ainsi prouvées pouvaient constituer pour ces techniciens et techniciennes un outil de travail supplémentaire.

À titre privé, une de mes amies m'a amené son fils de dix-neuf ans, légèrement handicapé mental et présentant des troubles du langage. Un peu obèse, le corps peu mobile avec des gestes imprécis, il parlait avec difficulté en mangeant ses mots, bredouillait parfois, et le comprendre était malaisé. Au début, l'attitude était empreinte d'agressivité.

Lorsque j'ai tenté de lui faire chanter la quinte syllabique qui sert de support à la gymnastique, ce fut une rude épreuve. Il ne parvenait pas à obtenir un accolement cordal normal, son larynx se serrait, et seuls quelques petits cris brefs et répétés sortaient de sa gorge ; le visage était très convulsé et douloureux. De toute évidence, la phonation constituait une souffrance. Il n'était donc pas question d'insister et, au départ, j'ai choisi de pratiquer la gymnastique sans le son. Les mouvements étaient d'ailleurs fractionnés parce qu'il était incapable de répondre d'une manière continue à la sollicitation de ces mouvements, qui ne sont ni faciles ni aisés à mémoriser. Grâce aux premiers symptômes de la déconstriction laryngée (une série de réels bâillements), j'ai vu que la relaxation s'installait. Le travail sur l'allongement de la langue

– outre le plaisir qu'il y a pris – a renforcé l'assouplissement du larynx et au bout de la première heure de travail, des petits sons légers mais homogènes sont sortis tout naturellement de son larynx. Sa maman, musicienne, n'avait jamais entendu un son chanté sortir de la bouche de son enfant, mais il était aussi ému qu'elle, car dès l'émission d'un son correct il riait, une joie intense se lisant sur son visage, puis une crise de bâillements répétitifs (ce que j'attends toujours avec impatience dans les cas difficiles). Nous travaillons ensemble depuis cinq mois, à raison d'une leçon par semaine. Après chaque leçon, sa maman m'appelle pour me faire part de ses observations. Elle remarque que les traits de son visage sont détendus. Dès le deuxième mois, j'ai vu son corps changer – et pas seulement grâce à la gymnastique : quelque chose d'indéfinissable, une plus grande précision dans le geste. Par exemple, j'observai sa façon de monter les escaliers, au début, attaquant la marche en se dandinant, le pied très à plat. Déjà, la démarche est plus souple, plus rapide. Cette transformation dans son corps et dans sa façon d'être allait de pair avec l'accès au langage. Sa maman a constaté également que ses conversations téléphoniques se prolongeaient considérablement. Avant, il attendait qu'on lui parle. Maintenant, c'est lui qui parle, longuement, et avec une forme de pensée plus rapide. Les constatations opérées par l'entourage confirment mes propres observations. La mère m'a fait part d'un phénomène très intéressant : au bout de deux mois de travail se sont installés chez son fils des rapports plus agressifs avec elle. Sans doute a-t-il commencé à libérer des énergies longtemps réprimées. L'agressivité a fait place maintenant à un plus grand désir d'autonomie, à des prises de décision plus rapides. Apparemment, la volonté se construit.

Chaque leçon a été enregistrée, et il est passionnant de

suivre ce travail en comparant l'évolution mois après mois.

Sans pouvoir encore percevoir pleinement la nature du phénomène, j'ai le sentiment que le travail d'étirement de la nuque, qui fait partie de la gymnastique, touche des centres essentiels. Il est peu scientifique de le formuler ainsi, mais j'ai remarqué que dans tous les cas de handicap mental où le visage est marqué, stigmatisé en quelque sorte, les traits se transforment dès la première leçon, laissent apparaître ce qu'il aurait dû être, ce qu'il aurait été sans ce handicap ou sans cet accident, lorsque c'est le cas. Chaque fois, j'en suis frappée. Ce visage « normal », entrevu dès le début du travail, se dessine peu à peu, avec le temps. Comme si l'on assistait à une renaissance du sujet que je ne mets pas sur le compte de ma gymnastique. Mais « il se passe quelque chose » dont je perçois la complexité, dont je devine que c'est fait d'interactions multiples auxquelles participent la relation, le mouvement, la découverte même de la voix, cette source vitale tissée de vibrations. D'ailleurs en guarani le mot *Ñe'ë* (parole, voix, éloquence), ne signifie-t-il pas en même temps « âme »[1] ?

Et lorsqu'on voit, même chez les plus déshérités, une sorte de miracle se produire, qui réintroduit, grâce à la voix ou au chant, un peu de vie dans un regard, qui réanime un visage, on ne peut qu'être convaincu de ce qu'il faut étendre la recherche sur la voix, collaborer entre professeurs de chant, orthophonistes, médecins, psychothérapeutes. Comme le dit Alfred Brauner : « Comment se fait-il que la voix ait si peu de place dans notre univers superthérapeutique ? Et qu'elle ne figure dans aucun programme. Peut-être parce qu'elle représente les derniers restes de l'expression humaine et qu'on ne peut la mettre

1. Hélène Clastres, *La Terre sans mal*, Seuil, 1975.

en ordinateur. Dans notre travail, il nous faut encore notre voix humaine[1]. »

Ce spécialiste du travail avec les enfants handicapés mentaux insiste sur l'importance que recouvre la voix chez des enfants autistiques et psychotiques – avec lesquels je souhaiterais vivement travailler – où « ce facteur peu précis, nullement scientifique, qui pourrait s'appeler "la chaleur de la voix", cette voix qui révèle notre propre émotion, notre être profond. »

Et il ajoute : « Pour qu'un enfant anxieux, angoissé, paniqué, consente à vous écouter [...] il doit avoir accepté au préalable votre voix. Accepter veut dire : aimer. »

En écho, le professeur Lebovici dira : « Parler à quelqu'un, ça le fait aimer. »

Ces enfants difficiles ou autistiques, murés dans le silence, réagissent plus que d'autres à la voix qui cherche à les atteindre. « Certains enfants se bouchent les oreilles, d'autres poussent des cris stridents. »

Mais même chez des enfants tout à fait normaux, n'y a-t-il pas, dès les premiers jours, des voix qui les font pleurer, hurler ou qui, au contraire, les apaisent ?

Une expérience, déjà ancienne, m'avait alertée... et bouleversée, à l'époque où j'avais fondé une association dans le but de sensibiliser des enfants de sept à onze ans au chant et à l'art lyrique, en milieu scolaire. J'accompagnais dans un groupe scolaire de la région parisienne une équipe de chanteurs-animateurs. Le directeur de l'établissement me demanda si j'accepterais d'adjoindre au groupe des trois classes prévues une classe de jeunes handicapés mentaux. Ce fut immédiatement organisé et je décidai de participer à cette animation. J'avais remarqué une petite fille qui semblait totalement absente, ne parti-

1. Alfred Brauner, « La voix dans le traitement des enfants handicapés mentaux », dossier n° 5, FNO.

cipant absolument pas. La jeune éducatrice la fit asseoir sur une table, très proche de l'endroit où se faisait l'animation : tous ces enfants participaient à la joie du spectacle en battant des mains, en riant. Elle, rien. Son regard était vide. Pendant une heure, je concentrai toute mon attention sur elle, « animant » pour elle, m'approchant, essayant d'entrer en contact avec elle en choisissant des phrases lyriques amples et fortes. Je n'ai pas perçu la moindre réaction sur son visage. À quelque temps de là, ayant eu l'occasion d'accompagner à nouveau une équipe d'animateurs dans ce même établissement scolaire, je revis le directeur, qui me prit à part et me parla d'un phénomène les ayant tous beaucoup frappé. Cette petite fille, pour laquelle j'avais chanté, qui ne jouait, ne participait ni ne parlait jamais, s'était emparée, après mon départ, de ses crayons de couleur et avait dessiné une grande dame avec de longs cheveux blonds et des énormes traits rouges qui lui sortaient de la bouche. À partir de ce jour-là, elle s'est mise à dessiner, à s'exprimer de cette façon. J'avais senti instinctivement qu'il était bon de chanter en puissance, que je devais faire « pénétrer en elle » mes vibrations. C'est pourquoi je souhaite tellement éduquer vocalement les groupes d'orthophonistes avec lesquels j'ai travaillé, afin qu'elles disposent de leur voix pleinement, comme d'un outil thérapeutique supplémentaire.

Toujours au chapitre des rééducations, je citerai un autre exemple fort douloureux. Une jeune femme, brillant professeur de faculté, a été victime d'un terrible accident de la route il y a treize ans, avec coma prolongé et lésion cérébrale profonde. Après trois années de rééducation, l'espoir de retrouver un semblant de vie normale l'avait abandonnée. Le trouble de langage était important. La rééducation orthophonique n'avait pas donné les résultats escomptés. Son orthophoniste, qui prenait avec moi des leçons de chant, m'en a parlé un jour, et d'un commun accord avec le médecin traitant, nous avons tenté d'appliquer mon travail à cette jeune femme, l'orthophoniste assistant à la plupart des leçons.

Profondément atteinte, cette femme avait une démarche hésitante ; bras et mains étaient recroquevillés, un visage inexpressif et un langage difficile. Pendant un an et demi, nous avons travaillé ensemble, avec des périodes d'interruption assez longues, car elle n'habitait pas Paris et ne pouvait venir plus d'une fois par semaine. J'aurais souhaité davantage pour pouvoir obtenir plus, car j'avais beaucoup investi dans cette rééducation. Mais quoi qu'il en soit, les résultats existent : le corps est devenu plus souple, les membres se sont allongés et décrispés (elle était suivie en même temps par un kinésithérapeute). Au niveau vocal, la masse musculaire linguale, qui était totalement inerte, a été récupérée avec un important travail syllabique. Là encore, réentendre sa voix a constitué un événement bouleversant. Tout le travail sur les lèvres, les joues, la langue, le voile du palais a réenclenché une trémulation du larynx et a donc permis une adduction cordale plus dynamique et aisée. Je me demande jusqu'où pourra aller la récupération, car incontestablement les nerfs laryngés supérieurs et les récurrents ont été touchés. La commande musculaire s'est remise en route. Comment et jusqu'où pourrons-nous progresser ? Il est certain que la meilleure motricité du corps a été conjointe à la récupération vocale. Cette jeune femme, qui dans certains secteurs a conservé une activité intellectuelle, m'a dit, avec beaucoup d'humour, qu'au moins cet accident lui aura fait découvrir qu'elle pouvait chanter juste, car avant, paraît-il, elle chantait abominablement faux ! Cette justesse était en fait décelable dans les premiers sons qu'elle était parvenue à produire. Maintenant, en effet, la quinte syllabique est juste et elle s'en rend compte. L'étendue vocale demeure réduite mais d'à peine une tierce totalement voilée et rocailleuse nous sommes passées à une octave, gravée sur cassette. Et la production sonore chantée constitue toujours pour elle une grande joie.

Cette technique a été conçue dans le but de faire éclore, épanouir et préserver de belles voix chantées, de servir l'art lyrique. Mais il se trouve – et j'en suis follement heureuse – qu'elle apporte une aide incontestable à bon nombre de ceux que l'on considère encore comme des « cas désespérés ».

Des échecs, il y en a ; des gens qui « abandonnent » ; qui ont peur, parfois, qui doutent ; des cas trop lourds. Mais il y a tous ceux auxquels ce travail a apporté l'espoir et rendu le plaisir de communiquer. Qu'ils soient ici remerciés de leur confiance.

Je chante faux : est-ce irrémédiable ?

L'oreille parle et la voix écoute.
J. F. AUGOYARD

Le domaine de la voix est d'une extrême complexité.

Pourquoi un instrument vocal, en apparence parfaitement bien constitué, peut-il émettre des sonorités incontrôlées ?

Pour essayer de cerner le problème, il faut procéder à une investigation patiente et à une observation de tous les instants, car chaque cas est spécifique.

La frustration éprouvée est grande et il faut explorer l'instrument au-delà des limites dont son possesseur est conscient pour trouver la clef qui permettra de lever les barrières physiologiques et psychologiques inhibitrices qui se sont tissées depuis l'enfance.

Ce défaut de justesse s'observe effectivement depuis le plus jeune âge. Dans la majorité des cas, ces enfants ont une voix puissante et sonore, ce qui malheureusement fait ressortir plus encore le défaut et déchaîne, à leur grande confusion, les sarcasmes de l'entourage. Ils ont conscience d'émettre des sons qu'ils perçoivent comme inharmonieux et ridicules, mais ils ne s'expliquent pas cette injustice et la sanction tombe : « Tais-toi, tu chantes faux ! »

Voilà cet enfant exclu : le chant, pour lui, est interdit. Certains ont conscience d'avoir toujours chanté faux. Du moins le leur a-t-on fait savoir. D'autres ont chanté juste avec leur voix de tête enfantine et brusquement, au moment de la mue, ils se mettent à « dérailler » et perdent leurs repères. Ces enfants-là, néanmoins, peuvent retrouver spontanément la justesse du son après avoir traversé ce mini-séisme physiologique que constitue la mue.

Il est intéressant de noter que les petits garçons à voix de soprano ne chantent pas parfaitement juste, à quelques rares exceptions près, mais ce sont des voix tellement angéliques qu'on ne les juge plus selon les critères humains. Personnellement, l'audition d'une très belle voix d'enfant m'émeut infiniment.

En revanche, le véritable haute-contre constitue, de toutes les voix, celui qui accède au plus près à la justesse parfaite du son lorsque, bien entendu, il possède la maîtrise de son instrument.

On peut parler, à propos de celui qui chante faux, d'un véritable complexe d'infériorité. Toute son enfance, il porte cette étiquette infamante. Il se sent écarté sans comprendre pourquoi, car il faut bien reconnaître que personne, jamais, ne le lui explique. On réagit à ses timides incursions dans le domaine du chant par un réflexe agressif d'« agressé de l'oreille », le « tais-toi » le renvoyant à une solitude, à une castration véritable à laquelle il ne lui reste plus qu'à se résigner.

On retrouve cette même réaction de moquerie quelque peu sadique chez ceux qui accouraient dans les salles de spectacle du monde entier pour venir se payer la tête d'une « chanteuse » inconsciente ou suprêmement habile, chantant n'importe quoi et n'importe comment, le pianiste dans un ton, elle dans un autre, et s'attaquant bien entendu, avec une candeur stupéfiante, aux airs les plus difficiles du répertoire. Elle a ainsi fait salle comble – et fortune – dans le disque.

Indéniablement, celui qui chante faux provoque des réactions agressives inconscientes. Parfois, l'une de ces victimes arrive chez moi, amorçant toujours le dialogue de la même manière, par la même litanie et sur le même ton d'évidence éplorée : « Je chante faux, j'ai toujours chanté faux mais je viens vous voir pour le cas où ce ne serait pas irrémédiable. »

Effectivement, dès que je pose un accord au piano et que je demande de chanter une quinte, celle-ci est complètement à côté de l'accord, généralement très atonale. Parfois même le sujet descend la quinte au lieu de la monter.

Je suis toujours attendrie par la réaction de ceux qui vivent cela comme une maladie honteuse et sont désespérés d'avoir à infliger à autrui ce qu'ils vivent comme insupportable. Certains déclarent qu'ils ont une bonne oreille, entendent juste, repèrent immédiatement ceux qui chantent faux, mais ne peuvent eux-mêmes émettre juste. D'autres entendent une mélodie et, en croyant la restituer, chantent tout à fait autre chose sans pour autant que cela soit désagréable à écouter. D'autres encore ne chantent pas juste et incriminent leur incapacité de mémoriser la musique.

Une de mes élèves présentait un cas vocal complexe qui aurait pu paraître irréparable, mais j'ai senti tout de suite dans sa façon d'accueillir le travail proposé que nous allions vivre une expérience intéressante. La voix possédait une assez grande puissance, mais il lui était impossible de maîtriser un seul son. Le passage entre la voix de poitrine et la voix de tête provoquait une cassure complète, un peu comme dans une tyrolienne fausse. Son esprit et son sens de l'humour nous ont fait vivre ces premiers moments dans la joie et la bonne humeur. Puis, dans cet amalgame de sonorités incontrôlées, j'ai tout à coup perçu son « devenir vocal » : un son d'un velouté, d'une rondeur et d'une chaleur émouvants. La révélation de l'architecture d'une grande et belle voix dans une sonorité fugitive.

En rééducation, mon métier me fait souvent penser à celui de l'archéologue. L'objet précieux est prisonnier d'une gangue ; il faut l'en dégager avec toute la délicatesse nécessaire pour le mettre au jour, lui restituer sa beauté initiale.

Ce travail fut passionnant. Ce genre de rééducation dure toujours plus longtemps qu'une éducation normale et demande à l'élève un effort personnel très suivi. Aujourd'hui, cette jeune femme chante avec sa belle voix de mezzo-soprano l'air d'Orphée de Glück, des mélodies de Schumann. C'est dans Verdi qu'elle donnera toute sa mesure, couvrira toute son étendue vocale, mais il est encore trop tôt pour l'affirmer. La voix s'est stabilisée, la justesse est presque constante, après un an et demi de travail.

L'essentiel, dans le premier contact avec l'élève, c'est de lui faire oublier sa voix ; à cette fin, je mobilise son attention en lui faisant exécuter des mouvements qui ne sont ni faciles ni évidents. Comme ces exercices s'exécutent en chantant une petite quinte syllabique, la voix au départ est totalement fausse ; j'évite de le faire remarquer en noyant cette voix dans la mienne. Peu à peu, je sens le son se modifier, gagner dans la justesse. La gymnastique, en restructurant l'instrument, entraîne une modification de l'émission. L'élève ne s'en rend pas compte tant il est occupé à exécuter au mieux ce que je lui demande. Vingt minutes environ après le début de cet entraînement, la voix s'étant réajustée, je le fais remarquer, et naturellement – la réaction est toujours identique –, l'élève s'écoute et rechante faux...

Mais pour moi la réaction est sans importance, l'essentiel étant qu'à un niveau plus ou moins conscient cette personne découvre une sensation entièrement nouvelle, qui la bouleverse.

Résoudre ces problèmes a constitué l'un des aspects particulièrement enrichissants de ma recherche.

Bien entendu, ma première idée fut de penser qu'il existait un « défaut d'oreille », une écoute perturbée, à la source de ces anomalies.

Mais qu'a-t-on dit lorsqu'on affirme : « Hélas, vous n'avez pas d'oreille ! » « Qu'avez-vous dans les oreilles ? » « Quelle oreille ! » Ou... « Elle a une bonne oreille » ?

Une bonne oreille n'est pas forcément liée à une belle voix.

Une belle voix peut ne pas avoir une grande stabilité d'écoute.

Une bonne oreille peut quelquefois chanter tout à fait faux.

Mais un grand chanteur, c'est nécessairement la rencontre d'une grande capacité auditive et phonatoire, toutes deux sont en relation directe avec l'activité cérébrale.

Le son mental est transformé en son réel par l'appareil vocal et le son émis aura une justesse absolue ou approximative.

Le manque de justesse, par ailleurs, peut être attribué à de multiples causes qui vont d'un mauvais contrôle de l'oreille à une écoute interne perturbée en passant par un instrument vocal morphologiquement défavorisé. Ajoutons, pour un chanteur, une mauvaise technique vocale.

Si la majorité des individus entendent et parlent normalement, lorsqu'il s'agit d'une oreille musicienne, la sélectivité est redoutable ! Quel plus bel exemple d'oreille absolue que celui-ci, lié à mes souvenirs de jeunesse, au temps où la classe d'ensemble vocal était dirigée par une musicienne et femme remarquable, Élisabeth Brasseur. En vue d'un concert, nous avions travaillé avec elle la *Passion selon saint Matthieu.* La répétition générale avec orchestre s'était faite dans la grande salle d'orgue du conservatoire, sous la direction de Pierre Dervaux. Au milieu d'un *forte*, étourdissant dans cette salle, Pierre a brusquement interrompu la répétition, affirmant qu'il avait entendu une note non écrite (si j'ai bonne mémoire, je crois qu'il s'agissait d'un *fa* dièse). Nous reprîmes plusieurs fois et, toujours au même endroit, l'abominable *fa* dièse réapparaissait. Personne ne l'entendait, sauf Pierre Dervaux. Soudain, il eut l'idée de nous demander le silence absolu, après arrêt brusque de la masse orchestrale et chorale... et nous entendîmes... tous les vitraux de la salle vibrer doucement, sur un *fa* dièse !

Une « oreille » comme celle-là, c'est un don du ciel.

Pierre Petit, tel certains autres musiciens, possédait ce don rarissime.

Dans mon école, j'ai également un jeune pianiste, excellent musicien, qui donne la note exacte de chaque bruit, depuis le crayon qui tombe jusqu'aux klaxons de voiture : il possède ce que l'on appelle « l'oreille absolue ». Issu d'une famille de musiciens, ce pianiste possède évidemment, en plus d'un don réel, un entraînement auditif.

Comme de bien des cadeaux qui nous sont faits, on peut dire de l'aptitude auditive qu'elle est à la fois liée à un facteur héréditaire – comme le fait d'avoir une belle voix – et à un environnement stimulant.

Revenant à l'hypothèse d'un défaut d'oreille, en matière de justesse vocale, je faisais donc faire, en ce sens, un travail de perception et d'écoute déductive (travail sur l'écoute de la dominante d'une gamme et son rapport logique avec l'accord parfait). Les résultats étaient très lents et, pour certains, inefficaces. Le sujet n'ayant pas, dans la plupart des cas, de culture musicale suffisante, l'énoncé même de l'exercice avec sa terminologie abstraite le replongeait dans un monde dont il se sentait exclu.

J'ai observé, de même, que ceux qui ont un défaut de justesse ont tous de grandes difficultés à mémoriser la musique, ainsi que des problèmes de rythme n'ayant rien à voir avec le sens du rythme de l'instrumentiste.

La récupération de la justesse aplanit ces difficultés et les mélodies s'apprennent de plus en plus vite et avec une aisance croissante.

Il existe un deuxième stade épineux à franchir : passer de la technique vocale pure au travail d'interprétation des morceaux ou des airs. Pour une personne qui chante juste, ça n'est déjà pas facile !

Le fait de passer à la prononciation de mots ayant un sens ainsi que l'obligation de maîtriser à la fois une ligne mélodique, des paroles, un rythme et une mesure déclenchent à nouveau un état émotif qui occasionne une perte de contrôle... et le défaut initial réapparaît.

Je disposais de toute une gamme de moyens pour assurer une nouvelle remise en place. Mais je n'étais pas encore satisfaite ; il me manquait une donnée fondamentale. C'est grâce à une amie et élève que j'ai pu progresser dans cette patiente recherche.

Lorsque cette jeune femme a débuté avec moi, il y a trois ans, elle possédait un instrument vocal très entravé, accompagné d'un défaut de justesse très accentué. Son désir n'était pas, certes, d'entrer à l'Opéra-Bastille mais elle avait envie de chanter pour son plaisir. Elle avait tenté auparavant des expériences de travail vocal qui, au lieu de résoudre ses problèmes, avaient encore amplifié ses blocages (faire faire des vocalises et chanter un morceau à une personne qui ne chante pas juste constitue un fichu calvaire !).

Nous avons donc accompli un travail très suivi. Elle avait beaucoup progressé et chantait avec charme et délicatesse une grande partie des mélodies de Gabriel Fauré (précisément peu faciles sur le plan de la justesse). Demeuraient encore quelques sons incertains, ni tout à fait faux ni tout à fait justes, mais sachant l'une comme l'autre d'où nous étions parties, ce résultat nous comblait déjà et nous pensions que le temps nous apporterait la perfection recherchée.

Ce jour-là, au cours de sa leçon, je constatai plusieurs sonorités qui manquaient de justesse. Le dépassement du son était d'une manière générale toujours trop haut. J'eus alors l'idée, purement intuitive, de lui faire faire un travail de la mâchoire inférieure, cherchant – et l'obligeant ainsi à – un abaissement maximal, démesuré et même disproportionné qui allait bien au-delà de l'articulation parfaite des mots telle que je la préconise habituellement.

J'eus beaucoup de mal à lui imposer ce travail pendant toute sa mélodie. Au bout de deux phrases, mon pianiste et moi éprouvâmes tout à coup une vive émotion : nous eûmes conscience de vivre un moment important : la perception de sa « nouvelle voix ». Car, outre la justesse parfaite du son, la couleur était elle aussi bien plus belle.

Nous nous attendions à un étonnement et à une joie de sa part égale à la nôtre. À ma grande stupéfaction, elle me dit textuellement (la leçon avait été heureusement enregistrée) : « Yva, je vais arrêter, j'ai l'impression horrible de régresser, je chante de plus en plus mal et ma voix est abominablement dég...sse, je te fais perdre ton temps ! »

Ma clef de voûte, je la tenais enfin. Je n'ai rien dit. Simplement, je lui ai fait écouter immédiatement l'enregistrement. Sa stupéfaction fut indicible. Elle eut réellement l'impression d'entendre quelqu'un d'autre ou tout au moins quelqu'un qui lui ressemblait, mais avec une voix bien plus harmonieuse. Elle venait, et moi avec elle, de réaliser que l'habituelle écoute interne de sa propre voix était perturbante pour la justesse du son.

Cette évidence étant enregistrée par un appareil fidèle, il me restait à la lui faire intégrer et à lui réapprendre à s'écouter.

En l'état actuel de mes recherches, je pense que le mystère du son juste réside effectivement dans la perception interne de sa propre voix [1].

Si nous en croyons A. Tomatis, l'oreille musicale serait

1. Dans le *Dictionnaire encyclopédique des sciences mathématiques et physiques*, on peut lire ce qui suit : « Quel regret n'ont pas bien des personnes d'avoir la voix fausse ? Mais ce défaut n'est pas le plus ordinairement un vice de l'organe, qui dans presque tous les hommes est construit de même : tout le mal vient des oreilles ; c'est dans ces organes une inégalité de force qui fait que chacune des oreilles éprouvant une sensation de son inégale, on entend nécessairement des sons faux, et que la voix est nécessairement fausse, parce que l'on cherche à chanter comme l'on croit entendre chanter les autres. » Autour des années 1750 un médecin français, Vandermonde, se livra à une expérience intéressante : « Je choisis un jour serein, je me plaçai dans un lieu spacieux [...]. Je bouchai ensuite indifféremment une des oreilles de la personne qui servait à ces nouvelles épreuves ; je la fis reculer et s'éloigner de moi, jusqu'à ce qu'elle n'entendît plus la sonnerie d'une montre à répétition que je tenais dans mes mains. » Puis le médecin change d'oreille et fait fermer la bouche à son sujet « de peur que le son ne se communiquât à l'oreille par la trompe d'Eustache ». De son expérience, le Dr Vandermonde conclut que « dans les personnes qui ont la voix fausse, il y a dans les oreilles inégalité de force ; le moyen d'y remédier dans les enfants est de s'assurer par cette expérience quelle est l'oreille la plus faible ; alors on ne peut mieux faire, à ce que je crois, que de la boucher autant qu'il est possible, et de profiter de ce temps précieux pour exercer souvent l'oreille la moins forte, sans cependant la fatiguer [...]. C'est ainsi que l'on peut corriger ce défaut naturel, et rendre à tout le monde la voix juste. » (In *Essai sur la manière de perfectionner l'espèce humaine*, Paris, 1756, 2 vol., in-12.)

définie comme faculté d'entendre la musique, de la goûter ou de l'apprécier, puis de la reproduire avec justesse et qualité[1]. À partir de ses travaux sur l'audition, il a émis l'hypothèse que les deux oreilles ne sont pas mises à contribution de la même manière dans l'autocontrôle. Celui-là ne serait effectué que par une seule oreille : la droite (à condition d'être droitier d'oreille). Cette différenciation fonctionnelle des oreilles s'appuierait sur une différenciation physiologique : les deux nerfs récurrents étant de longueur différente, le cheminement des influx neuroniques est plus court du cortex à la paroi laryngée droite. De ce fait, dans le circuit d'auto-écoute reliant l'appareil auditif au larynx, l'oreille droite va se trouver plus proche des organes phonatoires que la gauche. La transmission par le circuit droit de l'oreille au cerveau par le nerf auditif, puis à l'organe de la production du son par le nerf récurrent serait plus brève de 0,40 seconde, selon les sujets.

C'est peut-être la raison pour laquelle on peut observer chez certains une différence perceptible dans l'émission sonore, pendant la phonation, lorsqu'on obture l'une ou l'autre oreille.

Mais laissons un instant l'oreille musicale pour tenter d'aborder, aussi simplement que possible, son aspect mécanique.

Pour que la membrane tympanique fonctionne avec un rendement optimal, il faut qu'elle soit mise en vibration par une pression d'air égale sur ses deux faces, l'externe et l'interne. La pression atmosphérique parviendra donc jusqu'au tympan par deux conduits : le conduit auditif externe qui part du pavillon de l'oreille et le conduit auditif interne (trompe d'Eustache). Ce dernier ira cher-

1. A. Tomatis, *L'Oreille et la vie*, R. Laffont.

cher l'air dans le nasopharynx (ou cavum, cavité respiratoire au-dessus du voile du palais, lui-même en relation directe avec l'extérieur par les fosses nasales). Cette trompe d'Eustache est reliée au voile du palais par les muscles péristaphylins. Par cette trompe normalement fermée, l'air pénètre dans la caisse du tympan au moment de la déglutition ou du bâillement, pendant un laps de temps très bref ; ainsi la pression atmosphérique s'équilibre-t-elle de chaque côté de la membrane tympanique, ce qui constitue une condition indispensable à son bon fonctionnement.

Certains admettent que la béance tubaire entraîne un passage direct des ondes sonores dans la caisse du tympan et que, dans ce cas, on peut craindre un traumatisme sonore sur les structures fragiles de l'oreille interne[1].

Cependant, tous les principes qui mènent à la découverte de la bonne place vocale sont fondés sur le mouvement de bâillement répétitif.

Sur de très belles voix, l'abaissement maximal du maxillaire inférieur avec élévation du voile du palais déclenche immédiatement et sans perturbation le mécanisme de la « bonne place » vocale (voix « dans le masque », couverture des sons, puissance accrue, assouplissement de la fonction laryngée).

Sur des voix entravées ou fausses, j'ai remarqué – et cela dans tous les cas que j'ai eu à résoudre – qu'il existait au départ un serrage très prononcé entravant la mobilité de la mâchoire inférieure et le bon fonctionnement des condyles (craquements caractéristiques dans le bâillement, sensation de déplacement brusque de l'os maxillaire, difficultés de propulsion vers l'avant). Et ce travail sur la mâchoire inférieure a indéniablement une incidence

1. Pierre Rabischong, professeur à la faculté de médecine de Montpellier (rapport FNO).

remarquable sur la récupération de la justesse vocale. Le bâillement, allié au travail des muscles péristaphylins dans la surélévation du voile du palais, détermine un retour au mécanisme intuitif entre le son émis et le son perçu.

C'est essentiellement ma gymnastique qui, par son travail de restructuration des positions de l'appareil vocal pendant la phonation, a donné des résultats rapides dans la justesse. L'appui diaphragmatique et la dilatation abdominale y ont contribué également. On peut y ajouter le travail conjoint sur la mobilité des yeux.

L'application de certains mouvements, qui entraînent une nouvelle écoute de sa propre voix, n'est pas ressentie au début comme une révélation gratifiante et plus le cas est difficile et plus cette révélation est, dans les premiers temps, vécue comme assez troublante.

Entendre une voix différente de celle qu'on « fréquente » quotidiennement, avec laquelle on a grandi et vécu, peut entraîner des perturbations psychologiques réelles. Rcconnaître comme sienne une voix qu'on n'apprécie pas tout d'abord ne peut se faire d'un coup. C'est pourquoi l'enregistrement est nécessaire, surtout dans le cas des voix aiguës particulièrement mal acceptées ou reconnues par ceux ou celles qui s'entendent pour la première fois parler ou chanter sur un magnétophone. Mais c'est pourtant l'enregistrement qui seul permet d'accepter, de détecter la beauté réelle d'une voix d'abord perçue comme étrangère à soi.

Selon le caractère de chacun, ce bouleversement est vécu comme un changement d'identité ou comme un rejet, mais ici les perturbations sont de courte durée et cette renaissance vocale, qui se conjugue avec esthétisme sonore, est bientôt éprouvée comme accès à l'harmonie et à l'épanouissement personnel.

La sensation de justesse absolue du son fondamental

et de ses harmoniques autorise la puissance vocale et fait surgir une allégresse, un bonheur vrai, une sensation libératrice incomparables.

Et comme toute expérience incommunicable, il faut avoir vécu celle-là pour en percevoir l'intensité.

Deuxième partie

CORPS ET VOIX

L'aspect correctif

L'homme et la femme sont, sur le plan phonatoire, de constitution identique. Ce qui va les différencier, c'est qu'au moment de la mue le larynx de l'adolescent va descendre. Il chantera ainsi une octave en dessous de la femme. Les composants : os, cartilages, muscles et ligaments sont de dimension et de volume plus importants chez l'homme.

Mais chez aucun individu ces éléments ne sont semblables ni en volume, ni en mobilité, ni en positionnement.

À titre d'exemple, demandez à plusieurs personnes de sortir la langue. Vous observerez que pas une seule d'entre elles n'est identique, ni en longueur, ni en volume, ni en mobilité. Sont également différents : l'ouverture buccale, la plantation dentaire, la courbure de la voûte osseuse du palais dur, l'aspect du palais mou (certains tombent complètement derrière la langue et vous ne pourrez même pas apercevoir la petite luette ; d'autres seront plus surélevés et permettent d'apercevoir la paroi laryngée).

Il est évident que l'ensemble : nez, pommettes, hauteur et largeur du visage, cou plus ou moins long ou large, va déterminer la dimension différente des espaces résonants et influer sur le timbre.

L'organe glottique révèle la même conception originale selon l'individu : longueur et épaisseur des cordes vocales, dimensions du larynx et des cavernes de Morgagni, importance des bandes ventriculaires, volume et mobilité des cartilages épiglottiques et aryténoïdiens.

L'importance naturelle du massif osseux de la face, ce qu'on appelle « le masque », est déterminante quant à la richesse du timbre en harmoniques, la puissance et la portée de la voix.

C'est d'ailleurs la conformation particulière de chaque individu qui explique l'originalité de son timbre. Notre timbre vocal est unique, à l'instar des traits de notre visage ou de nos empreintes digitales.

Sur un surdoué vocal (voir p. 93) doté d'une constitution morphologique presque parfaite, ma gymnastique va assurer et renforcer ses qualités exceptionnelles tout en lui permettant des acquisitions techniques très rapides.

Mais si, dans cette admirable mécanique, un ou plusieurs éléments constitutifs se révèlent déficients (conformation héréditaire, mauvaise utilisation), la restructuration par ma gymnastique va corriger et rééduquer.

Il est impossible de modifier un volume, mais, en agissant sur la mobilité et le positionnement, on peut le rectifier.

Ce travail réparateur, en agissant sur l'aspect kinétique de l'appareil vocal et en remodelant une conformation défectueuse, peut rendre l'espoir à bien des êtres qui ont, à regret, renoncé au chant.

On imagine bien là le nombre de talents qu'il est, en outre, possible de faire éclore.

L'ouverture
La déconstriction laryngée

Pour bien mesurer le malaise que provoque le serrage du larynx, écoutons le langage populaire : « Ma gorge se noue », « Ma voix s'étouffe », « Ma gorge est prise dans un étau », « Ma gorge est tellement serrée que j'avale de travers » ou que « Je ne peux rien avaler ». Ou bien encore : « Je suis pris à la gorge », etc.

Nous parvenons là à ce que je crois être l'un des piliers fondamentaux de ma recherche, et je suis convaincue que les mouvements que j'ai élaborés dans le but de faciliter l'émission vocale du chanteur lyrique dépassent largement le domaine du beau chant.

En effet, je suis chaque jour confortée dans cette certitude par les résultats que je constate sur toutes les personnes ayant pratiqué ma gymnastique vocale.

J'ai mis au point certains mouvements – observés par xérographies – qui permettent la levée de la constriction, puis la dilatation laryngée. Tout cela dans le but, bien évidemment, de redonner la mobilité et la souplesse d'utilisation à l'instrument vocal. La beauté, la légèreté, la puissance vocales seront ainsi disciplinées par la maîtrise de l'ouverture du larynx.

Dès le début de mes études vocales, j'ai pris conscience de ce que ma gorge constituait une zone éminemment vulnérable à toutes les agressions extérieures... et intérieures. Le larynx, en effet, est le lieu électif de toutes sortes de somatisations liées à l'angoisse et aux émotions et il réagit devant ces agressions quotidiennes par une constriction musculaire allant à l'encontre du bon fonctionnement de l'organe vocal ; bien que le chant en soi favorise l'ouverture laryngée, il me semblait important de donner au chanteur, dès le départ, le moyen d'échapper au serrage redoutable du trac.

Le chanteur lyrique, en effet, est toujours contraint d'utiliser son instrument alors même qu'il est soumis à un serrage qui altère ses possibilités au point parfois de compromettre sa prestation.

J'ai vu au Théâtre des Champs-Élysées une représentation de *Rigoletto* où le ténor, doté de très beaux moyens, a manqué son air d'entrée. La salle a manifesté très durement. Pris de panique, le chanteur, perdant peu à peu ses moyens, n'a pas pu surmonter l'épreuve. Je sentais son serrage laryngé, physiquement perceptible. Sa pomme d'Adam montait et descendait, comme s'il cherchait à déglutir. Son appareil vocal ne pouvait plus fonctionner normalement.

On peut imaginer le trac de ceux qui, d'« entrée de scène », doivent attaquer un grand air d'une indicible difficulté. Par exemple, la comtesse des *Noces de Figaro* chante directement le « *Porgi, amor* », l'un des plus difficiles du répertoire mozartien. Ou bien encore le ténor d'*Aïda*, Radamès, entrant en scène, démarrant en puissance sur le grand air – et quel air ! – de jeune guerrier triomphant : « *Celeste Aïda !* » qui s'achève par « *un trono vicino al sol !* » et sur un glorieux si bémol !

Certes le trac contribue à un dépassement de soi et dépend de la conscience que le chanteur a de sa responsabilité dans la perfection du spectacle... mais chez de jeunes chanteurs qui jouent bien souvent leur carrière sur une audition de trois minutes, le trac, et avec lui le serrage laryngé, peut avoir des conséquences catastrophiques.

En construisant une dynamique de mouvements qui provoquent une dilatation complète de la cavité buccale et de son pharynx, suivie d'une ouverture accentuée du larynx sus-glottique, j'espérais trouver le moyen de pallier les conséquences physiques de cet état de tension psychique.

En effet, ce travail intensif renforce toute la musculature de soutien laryngienne, sus- et sous-hyoïdienne et renforce également le plancher buccal, un des sièges de la résistance vocale.

Dans tous ces mouvements, le processus suivant est respecté : tension musculaire et détente immédiate, que ce soit au niveau de la musculature intrinsèque ou extrinsèque, et cela successivement sur les muscles agonistes et antagonistes.

Le desserrage, l'ouverture immédiate d'une zone contractée sous l'effet de l'anxiété ou de l'effort, redonne immédiatement la mobilité fonctionnelle de l'appareil vocal.

J'ai observé à l'écoute de certaines grandes et belles voix une amplitude vocale parfaite remplissant les plus vastes salles dans l'émission *pianissimo*, *piano* et *mezza voce*. Curieusement, lorsque ces artistes progressaient vers les passages *forte*, je ne recevais plus l'amplitude vocale qui aurait dû être décuplée, proportionnellement. Bien souvent même le *forte* s'accompagnait d'une certaine stridence et d'une altération du velouté de la voix.

C'est, j'en suis convaincue, dans le serrage laryngé que réside l'explication : dans le son *piano*, toutes les parois membraneuses et musculaires – laryngée, pharyngée, buccale – sont souples et se dilatent admirablement, augmentant l'espace interne de résonance. La masse musculaire linguale observe la même souplesse. Dès que le chanteur progresse dans l'intensité sonore, l'effort produit a un effet tétanisant sur l'ensemble de cette musculature et, du même coup, resserre son larynx, diminuant ainsi le volume des cavités sus-glottiques. L'intensité accrue du souffle nécessaire pour augmenter la puissance ne trouve pas des espaces résonants suffisamment dilatés et la propagation sonore perd beaucoup de son amplitude.

L'une des qualités d'un très grand soliste, c'est son aptitude à passer rapidement, au cours d'une interprétation, d'un son *pianissimo* à un *forte* en donnant l'impression de ne jamais forcer, dans la plus grande aisance et en conservant toutes ses qualités de timbre. Certains y parviennent aisément grâce à une conformation privilégiée et un travail intense, mais j'ai connu de fabuleux artistes qui ont perdu ce don en raison de fatigues ponctuelles qu'ils ne pouvaient compenser, faute de pouvoir compter sur un instrument renforcé de façon approprié.

En cherchant les moyens de desserrer le larynx pour redonner la mobilité à l'organe vocal, j'ai tout à coup réalisé, en l'expérimentant sur moi-même, que je venais de définir des mouvements dont la portée dépassait peut-être mon projet initial.

Si l'angoisse entraîne un serrage laryngé, le desserrage laryngé agit sur l'angoisse et la réduit.

Par ces exercices, j'obtenais la cessation de l'anxiété, une sensation euphorisante, un mieux-être, une dynamisation et un meilleur équilibre, toutes qualités indispensables à un professionnel de la voix.

Voici un exemple qui illustre bien les effets bénéfiques du desserrage laryngé dans ces circonstances bien particulières.

Un de mes amis que ses activités obligeaient à prendre journellement la parole en public vint un jour me consulter. Son émission vocale était très serrée, voilée et provoquait des quintes de toux. Il constata très vite que le travail accompli avec moi supprimait des tensions, lui redonnait bien-être et dynamisme... et lui restituait la puissance de sa voix.

Quelque temps après cette rééducation, il fut frappé par un deuil douloureux et se tourna vers moi. D'un tempérament hypersensible, il voulait néanmoins faire face et se montrer fort dans l'épreuve. Il était alors totalement tendu, mâchoire inférieure bloquée, larynx également. J'étais aussi bouleversée que lui. Je décidai d'éviter la vocalisation syllabique qui sert de support à ma gymnastique, car demander d'émettre un son chanté dans un état de grande souffrance, c'est infliger un surcroît d'émotion. J'ai donc commencé ma gymnastique sans le son. Au bout de quelques minutes, j'ai observé que les traits de son visage commençaient à se détendre, la voix parlée était déjà moins sourde, la respiration moins saccadée. Au bout de vingt minutes, il me confia combien il se sentait différent. Certes le chagrin était toujours en lui, mais il le vivait autrement. J'ai senti à ce moment-là que je pouvais commencer à le faire chanter. Je savais que la libération par projection sonore allait parachever ce que je cherchais. En desserrant ce lieu clef, j'allais l'aider à dénouer ce nœud qui l'étouffait.

Trois jours de suite et une heure par jour, cet ami a éprouvé la nécessité de venir me voir. Quelque temps après, il m'a dit avoir été totalement sidéré des effets psychologiques de ce travail qui lui apportait bien plus qu'il n'était venu chercher initialement.

Certaines personnes, inhibées à l'extrême devant la « prise de parole » et qui, selon la formule du docteur J. Pommez, « n'osent pas dire », ont une voix qui ne porte pas et qui s'étouffe. L'émotivité peut les conduire jusqu'à la « sidération » ou à l'écroulement physique littéral « comme un pantin à qui l'on aurait coupé les ficelles ».

D'autres, excessivement émotifs, sous l'effet du trac ou d'un stress, se mettent à parler trop fort, à crier, perdant le contrôle de leur débit. « Ça se bouscule. » Cela peut aller dans certains cas jusqu'au surmenage vocal, aux contractions des muscles phonateurs et parfois même jusqu'au nodule[1].

Sur des sujets particulièrement contractés et « serrés », la gymnastique proposée qui favorise la dilatation entraîne immédiatement un relâchement des tensions musculaires et cordales, accompagné parfois de réactions particulières : crises irrépressibles de bâillement, éructations, fous rires, crises de larmes, logorrhée incontrôlable. C'est le signe que le processus d'ouverture du larynx est amorcé. Cette sensation, tout à fait inconnue pour le débutant, facilite la respiration. Une libération des tensions commence à s'opérer.

Et naturellement, si on ajoute à toutes ces réactions de bien-être la soudaine découverte d'une voix désentravée, d'une liberté des cordes vocales qui se mettent enfin à bien travailler, l'impression d'euphorie du desserrage laryngé se conjugue avec ce bonheur-là !

Dilater, assouplir cette « porte étroite » évoque irrésistiblement pour moi un processus de naissance qui va offrir à l'être humain un de ses plus beaux dons : sa voix.

---

1. Docteur Jean Pommez, *op. cit.*

Les muscles de l'articulation

MUSCLES DE LA FACE

Les organes vocaux s'agencent comme un mécanisme d'horlogerie. Les éléments s'imbriquent les uns dans les autres et si, par une conformation défectueuse ou une mobilité entravée, un seul d'entre eux fonctionne mal ou cesse de fonctionner correctement, l'harmonie de ce complexe dynamique est détruite.

Lorsqu'on provoque un mouvement juste de l'une des pièces de cet ensemble, la répercussion sur tous les autres est instantanée.

Pavillon pharyngo-buccal ou pavillon de propagation des sons

Toute la fonction musculaire de l'articulation va être exploitée à fond dans le travail éducatif.

L'appareil phonatoire est un instrument à vent. La cavité pharyngo-buccale prolongée par les lèvres constitue le pavillon de propagation des sons.

Ôter le pavillon d'émission d'un instrument à vent entraînerait une modification altérante du son émis.

Le renforcement de la musculature qui régit la position idéale de ce pavillon mobile est déterminant pour le chant à faible et surtout à forte puissance.

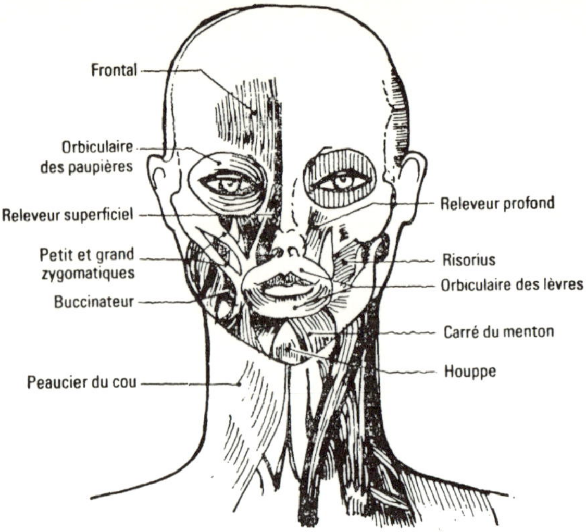

Figure 4a

MUSCLE DE LA FACE
La gymnastique fait travailler
l'ensemble des muscles du visage.

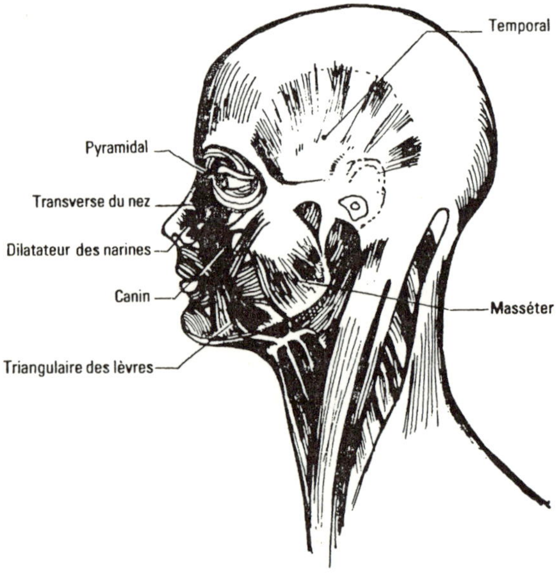

Figure 4b

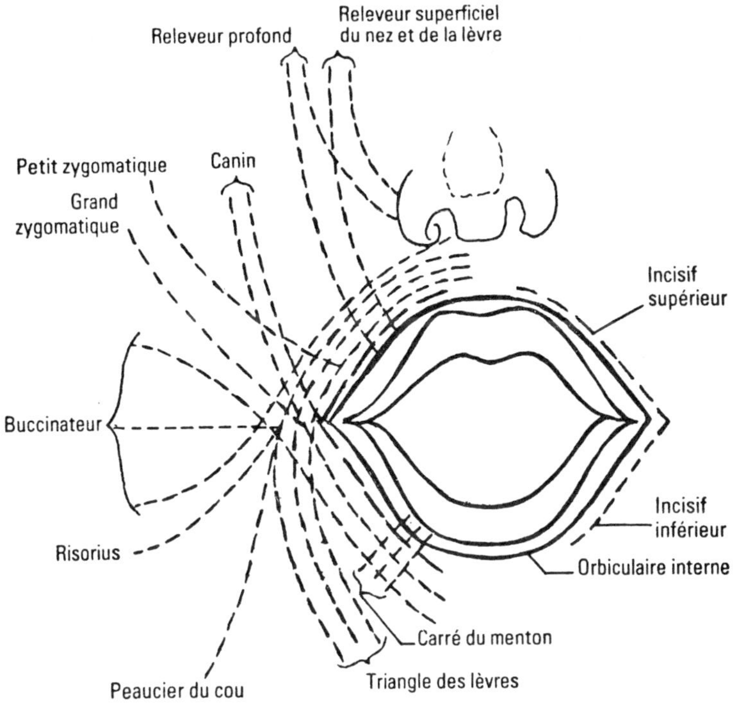

Figure 5

MUSCLES DES LÈVRES (articulation)
Travail intensif dans la gymnastique faciale

Son positionnement, son allongement, sa capacité dilatatoire interne, la musculation des lèvres vont agir grandement sur la puissance acoustique débitée par lui et sur le mécanisme de la couverture des sons agissant sur l'impédance ramenée sur le larynx (mécanisme protecteur de l'appareil vocal, voir p. 269).

Le son émis par les cordes vocales, sans l'apport du pavillon pharyngo-buccal, serait tenu, sans nuance, dépourvu de caractère vocalique ; il ne dépendrait que de la pression sous-glottique. La propagation, l'amplification, l'embellissement sonores vont s'effectuer entre autres par l'apport de ce pavillon acoustique en bonne position.

Pour produire le son, les ordres donnés par les nerfs prenant part à la phonation parviennent aux muscles d'une façon échelonnée [1]. Tout d'abord, ce sont les muscles du positionnement de la bouche, des lèvres et de leurs commissures, de la langue, de tout ce qui touche le pavillon d'émission, qui seront sollicités ; ensuite, toute la musculature de soutien et respiratoire ; en dernier lieu, ce sont les cordes vocales qui recevront l'ordre phonatoire. Tout cela se passe évidemment dans un laps de temps infinitésimal.

Dans mon travail et pour aller dans le sens de la logique, je fais toujours positionner la cavité pharyngo-buccale et les lèvres avant la production sonore, ce qui a pour effet immédiat d'embellir le son et de l'amplifier tout en assurant considérablement la protection de l'appareil vocal.

L'émission sonore avec les lèvres projetées vers l'avant change immédiatement la couleur et l'aisance du son, décelable tout de suite par l'auditeur et par celui qui émet.

---

1. Les travaux de Mme Jaléna Krompotic, éminente anatomiste de Zagreb, ont été très profitables pour ma recherche. Elle a étudié sur l'homme, entre 1955 et 1957, les axones moteurs qui innervent les muscles laryngo-pharyngo-buccaux pendant la phonation, depuis le noyau bulbaire jusqu'à la plaque motrice conjugués. Elle a ainsi découvert que, lorsque les salves d'influx moteur issues des noyaux bulbaires commencent à se déverser sur les effecteurs musculaires pharyngo-laryngo-buccaux, celles qui atteignent les cordes vocales leur parviennent toujours en dernier lieu, après que le pavillon a reçu une certaine appropriation configurative phonatoire.

J'accorde une grande importance à ce travail au début de l'éducation ; par la suite, et une fois que la canalisation du son est bien mémorisée, j'assouplis l'exercice pour redonner du naturel. De surcroît, dans la bonne position des lèvres, on obtient tout de suite un son plus juste.

Le manque d'entraînement systématique de l'ensemble de cette musculature, y compris linguale, entraîne chez les jeunes chanteurs une émission souvent serrée, une incertitude dans la ligne de chant et des attaques, une articulation gauche, trop molle ou manquant tout à fait de souplesse, les lèvres tremblant sur des sons ténus.

Autant de faiblesses qui auront pour effet, notamment, de nuire à la prononciation.

Ce défaut se retrouve parfois chez certains professionnels qui, quelle que soit la langue interprétée, demeurent presque incompréhensibles. J'attache une importance toute particulière à la parfaite articulation, par esthétisme personnel mais aussi parce que celle-ci a une répercussion sur l'assouplissement de la fonction glottique.

Le travail sur le positionnement lingual, labial et pharyngo-buccal est souvent ressenti par les élèves débutants comme contraignant et peu naturel, ce qui ne fait que renforcer cette constatation que le beau chant, la parfaite utilisation de l'appareil vocal ne sont pas instinctifs, sauf dans quelques cas exceptionnels. Cependant, dès que l'élève éprouve ce bien-être – je serais tentée de dire cette réelle jouissance que procure le beau son issu d'une bonne configuration –, il reprend tout naturellement le positionnement préparatoire idéal.

LA LANGUE

La langue est le fâcheux, le casse-pied de la musique, du chant...

M.-F. CASTARÈDE

Le travail systématique de la langue est l'un des fondements de la phase d'échauffement préparatoire de l'organe vocal que je préconise.

Cette masse musculaire (17 muscles), d'une forme et d'un volume complètement différents d'un individu à l'autre, présente toujours un problème à résoudre en fonction de sa particularité : volume, frein trop court, manque de mobilité de la pointe, tétanisation de l'ensemble de ses muscles sous l'effet de l'anxiété.

Cet organe noble, donnant accès au langage et au chant, doit être travaillé avec rigueur et application. La bonne émission vocale dépend grandement de sa position, de sa souplesse et de sa mobilité pendant la phonation.

Une grande partie des altérations et des défaillances que j'ai eue à corriger était imputable à un dysfonctionnement de la langue.

C'est ainsi que parfois, chez un chanteur lyrique, l'importance de son volume (qui va bien souvent de pair avec une grande voix) peut complètement bloquer la sortie des ondes sonores et obliger celui-ci à « tuber » et à « forcer ». Un volume ne peut être changé, mais ma gymnastique, en travaillant sur le positionnement et la mobilité, parvient à en compenser les inconvénients, car toute entrave à la propagation des ondes sonores fatigue la fonction cordale, avec, en perspective, un affaiblissement de la voix à plus ou moins longue échéance selon la résistance de la musculature glottique.

Chez certains chanteurs qui ont des langues longues et puissantes, on peut voir la pointe qui monte sur une note tenue. C'est le signe d'un désir, d'un besoin de faire descendre l'arrière de la langue pour libérer la sortie de la voix. Si la musculature linguale se tétanise[1] ce manque de souplesse nuit à la dilatation des cavités de résonance laryngo-pharyngo-buccales et oblige le chanteur, comme dans le cas précédent, à « forcer » s'il veut obtenir la puissance recherchée. OR ON N'OBTIENT LA PUISSANCE VOCALE QUE DANS LA SOUPLESSE ET SANS EFFORT.

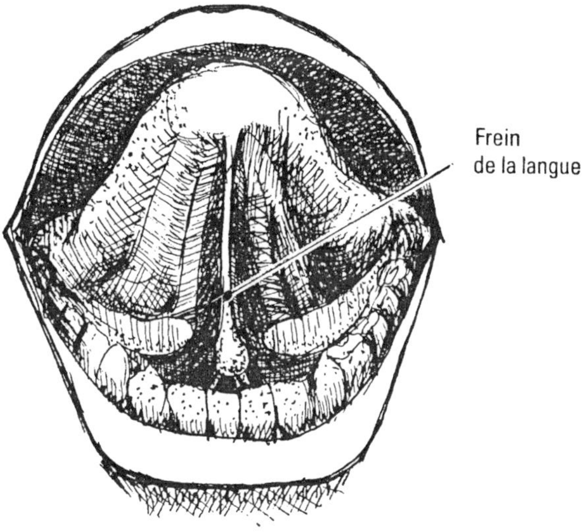

Figure 6

Bouche ouverte vue de face, pointe de la langue surélevée, visualisation du frein. L'allongement passif du frein s'accentue par le travail de la masse musculaire de la langue (17 muscles). Effets : meilleure articulation, larynx désencombré de la racine de la langue.

On observe également chez d'autres sujets que la langue bouge et frémit pendant la phonation. Le cinéma

1. La rigidité de la langue s'accompagne souvent du blocage de la nuque.

et la télévision nous permettent d'observer en gros plan le chanteur en action et de constater ce phénomène. Ce tremblement de la masse linguale, lorsqu'il n'est pas corrigé par un travail rééducatif, se transmet peu à peu aux éléments voisins : lèvres, mâchoire inférieure et naturellement au larynx.

L'une des conséquences de cette déstabilisation n'est autre que la voix « qui bouge ».

En position d'élongation, on peut encore déceler certaines anomalies morphologiques comme un frein de langue trop court provoquant l'encombrement du larynx par la racine de la langue. Là encore, nous sommes en présence d'une entrave à la projection sonore entraînant des émissions gutturales ou nuisant à une bonne articulation. C'est pourquoi j'insiste sur le travail d'élongation du frein pour redonner à la langue une mobilité plus grande.

Ces muscles et ligaments étant rarement sollicités, il arrive que le chanteur confronté à ce travail très particulier souffre au lendemain de la première leçon de courbatures ou d'une sensation de gêne au niveau de la langue.

Une chanteuse lyrique à qui on avait conseillé de venir me voir a ainsi pris peur parce qu'elle avait éprouvé ces effets un peu désagréables... ce qui prouvait en fait qu'elle avait sans doute plus qu'une autre besoin de faire travailler sa langue.

Enfin, certains sujets présentent l'anomalie d'une masse linguale qui se déporte à droite ou à gauche en raison d'une faiblesse musculaire unilatérale. Dans ce cas également un travail adapté sera proposé.

Outre le bienfait physiologique qu'éprouvent l'élève ou le chanteur en exécutant ces exercices, je constate un phénomène psychologique intéressant : en faisant sortir la langue, je transforme ce geste inesthétique en un mouvement naturel et libérateur. Et très rapidement mes élèves, dépassant leur pudeur et peut-être secrètement ravis de

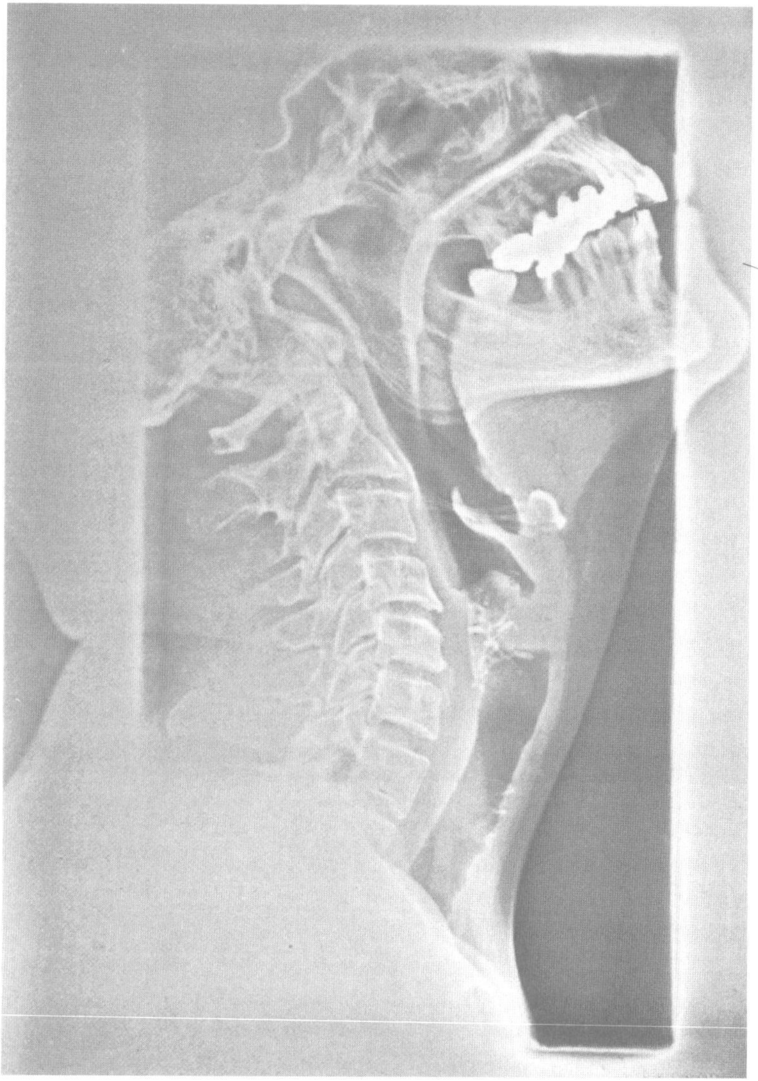

XÉROGRAPHIE N° 1

Profil standard. Menton légèrement levé.

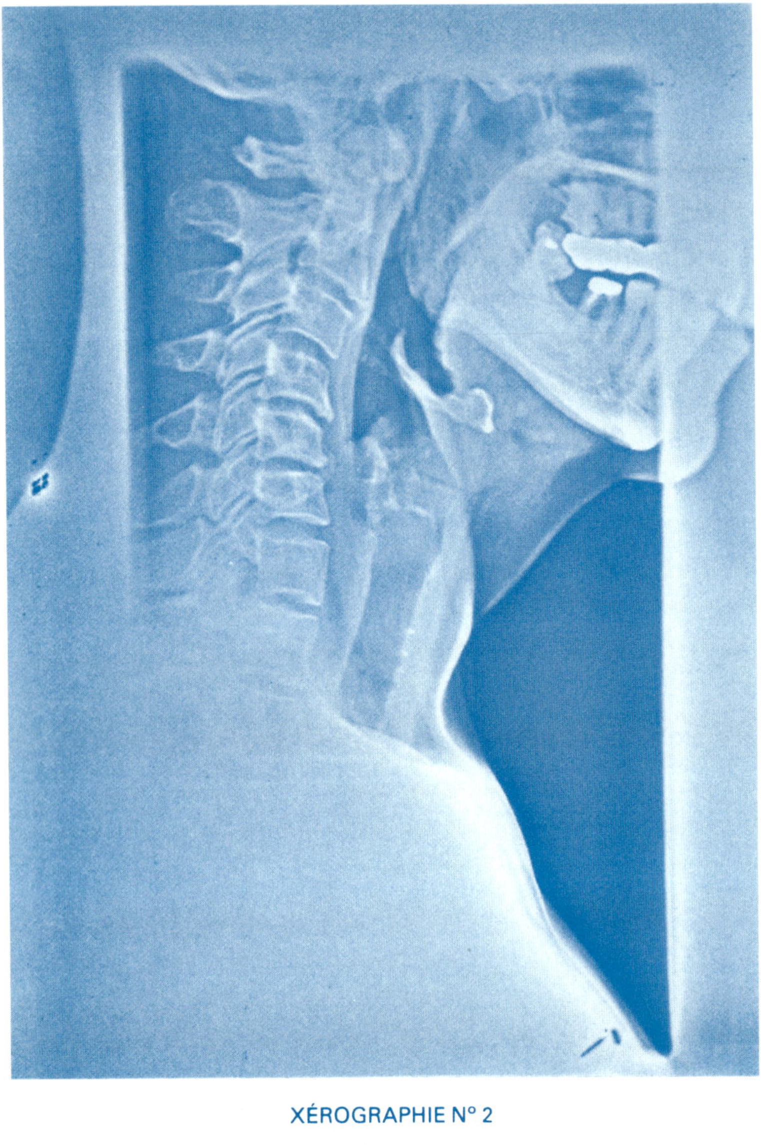

XÉROGRAPHIE N° 2

Bon positionnement de la tête : traction élévatrice appliquée au niveau de l'insertion crânienne des muscles sterno-cléido-mastoïdiens. Suspension imaginaire par une mèche située au sommet du crâne (tiers postérieur de la suture sagittale). *Effets :* redressement de la colonne cervicale. Surélévation du larynx visualisée par le rapprochement entre le bord supérieur du larynx et le plancher de la bouche (travail de la voix facilité). Travail musculaire et mobilité accrus du voile du palais, de l'épiglotte, de l'os hyoïde, du cartilage thyroïdien, des aryténoïdes. Meilleure place de la langue.

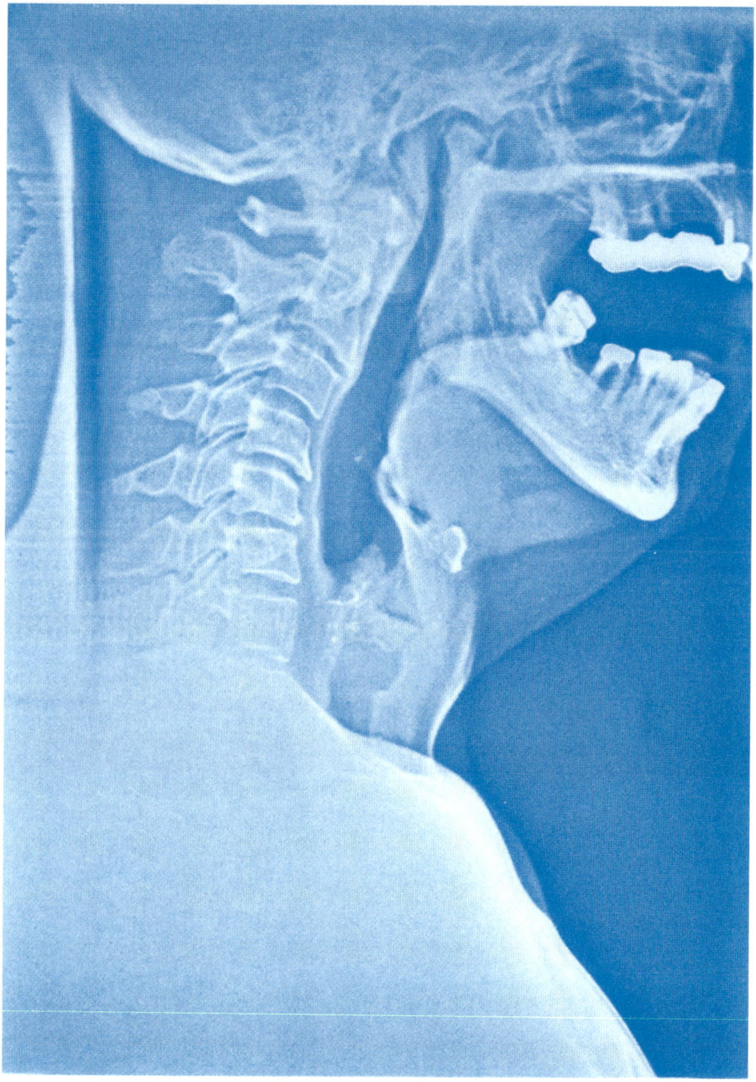

XÉROGRAPHIE N° 3

Inspiration profonde en bâillement, bouche fermée. *Effets :* abaissement important du larynx visualisé par l'éloignement entre le plancher de la bouche et le bord supérieur du larynx. Rabat de l'épiglotte sur la base de la langue. Allongement de la cavité de résonance sus-glottique. Travail sur la mobilité de l'os hyoïde. Couverture des sons facilitée. Ouverture maximum des cordes vocales observée par fibroscopie.

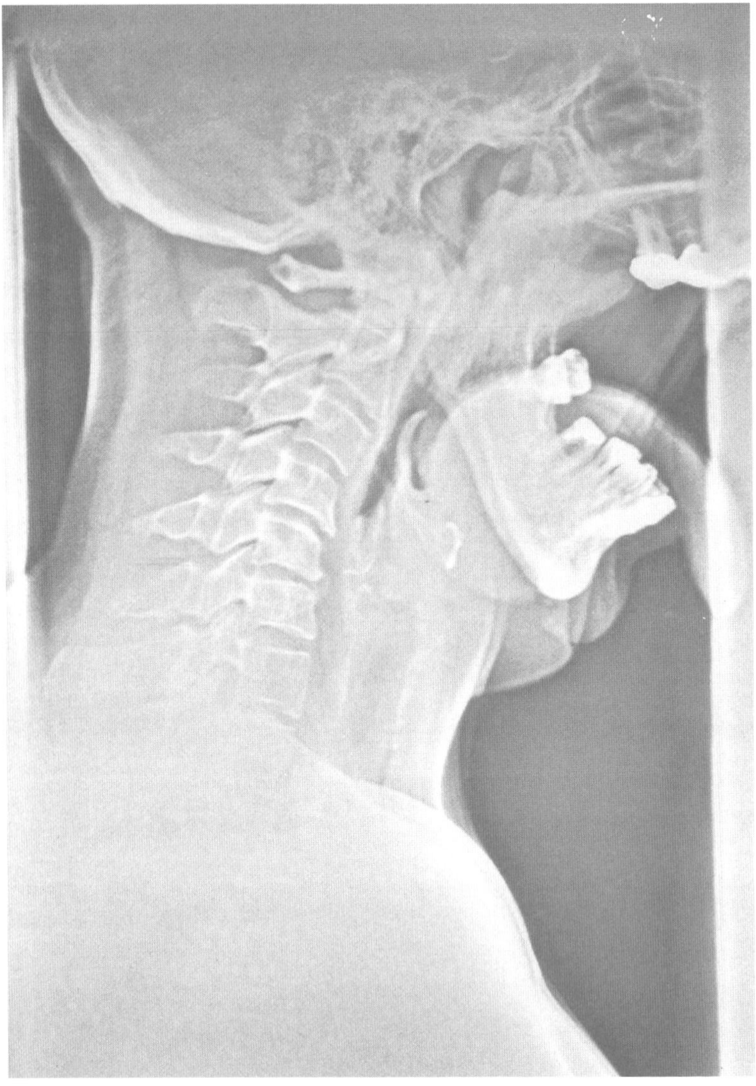

XÉROGRAPHIE N° 4

Expiration avec la langue sortie. *Effets* : surélévation du larynx : travail approfondi des muscles élévateurs, fragiles chez le chanteur ou le professionnel de la voix, qui facilite la montée dans l'aigu – en éducation – ou sa récupération – en rééducation. Assouplissement de la langue, allongement passif de son frein. La colonne d'air ascensionnelle favorise le décrochement des mucosités trachéales et cordales, ainsi que leur expulsion.

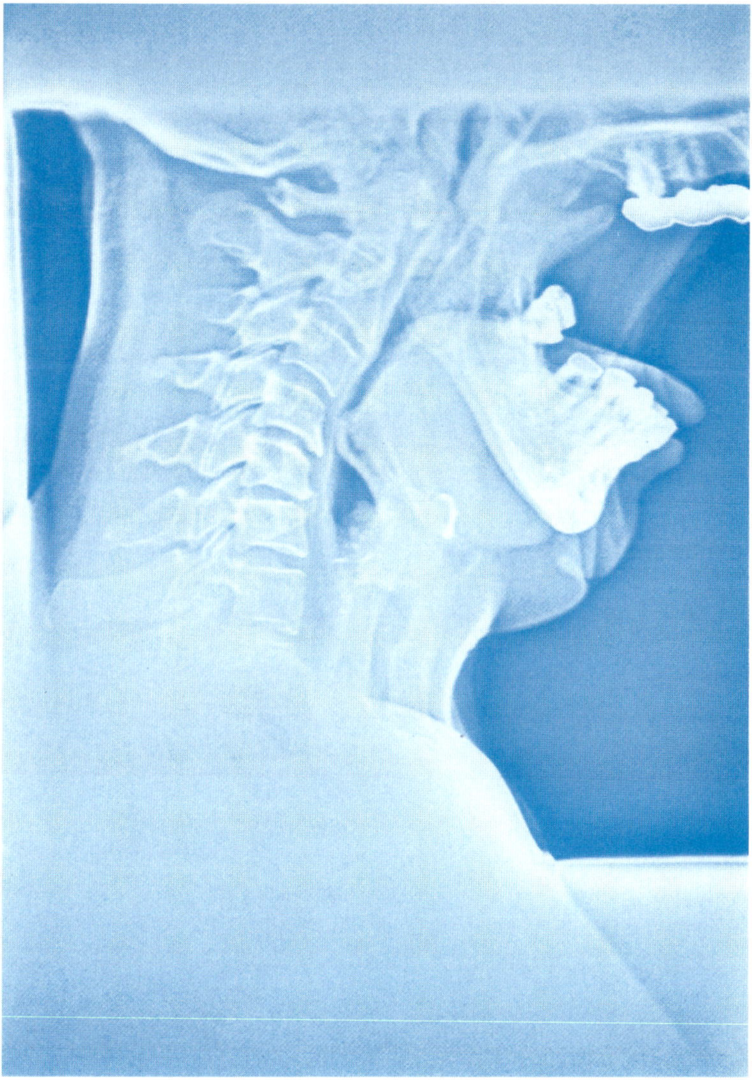

XÉROGRAPHIE N° 5

Bâillement total en apnée, langue molle et plate. Élévation de l'épiglotte, de l'os hyoïde, de la luette et du voile du palais.

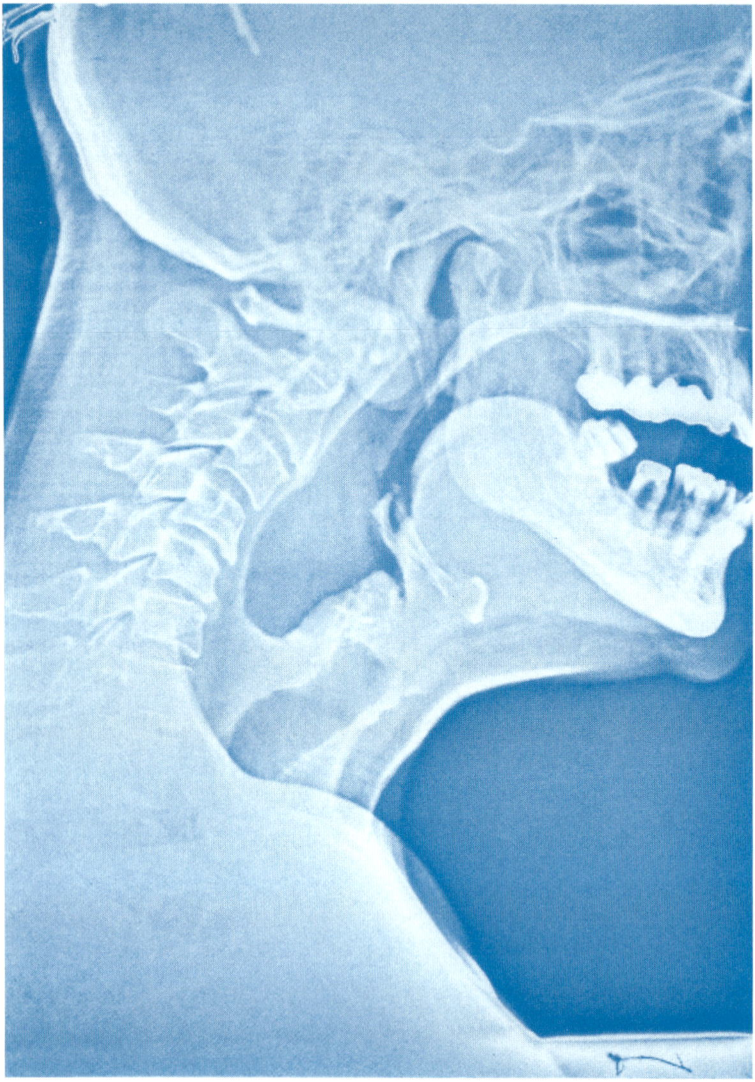

XÉROGRAPHIE N° 6

A la suite du bâillement en apnée : propulsion souple du maxillaire inférieur vers l'avant avec prononciation de la voyelle-consonne « i x ». *Effets :* dilatation importante de la cavité de résonance sus-glottique. Renforcement des muscles intrinsèques et extrinsèques du larynx. Relaxation profonde consécutive à la déconstriction immédiate du larynx et du pharynx. Ce travail assure ou redonne le tonus musculaire des cordes vocales. Non visualisé : effacement des bandes ventriculaires pour un meilleur passage des ondes sonores.

N.B. Dilatation maximale effectuée sur des sujets entraînés, ce mouvement est sollicité d'une manière progressive dans l'éducation.

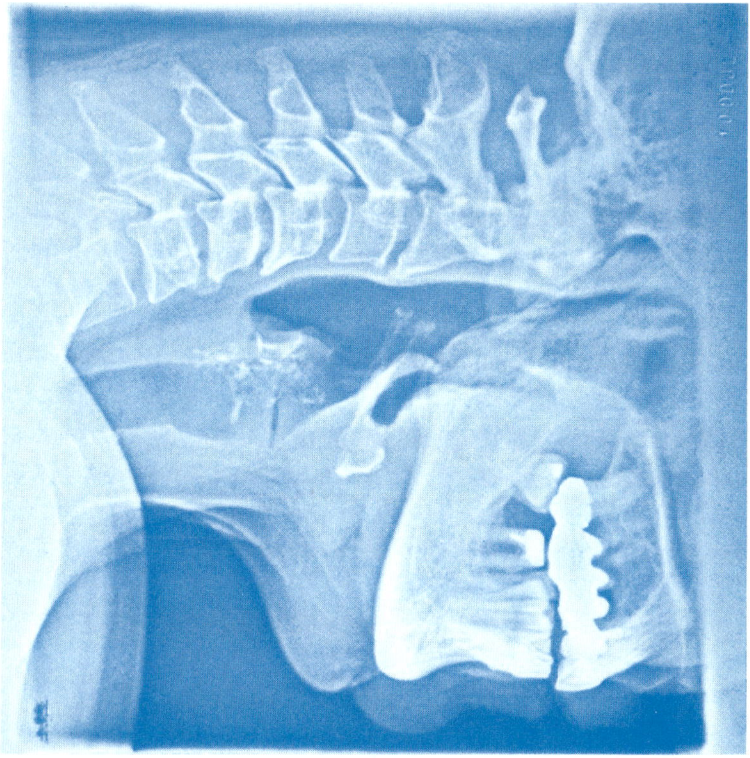

XÉROGRAPHIE N° 7

Position penchée (cordes vocales perpendiculaires au sol). Agrandissement de la cavité de résonance sus-glottique. Rabattement de l'épiglotte. Entraînement de la langue en position molle et plate (important dans le chant). Modification de la répartition des forces de pesanteur, libérant les muscles phonatoires par allégement. Travail vocal facilité et sûr, mais emploi limité et personnalisé. Travail important en rééducation.

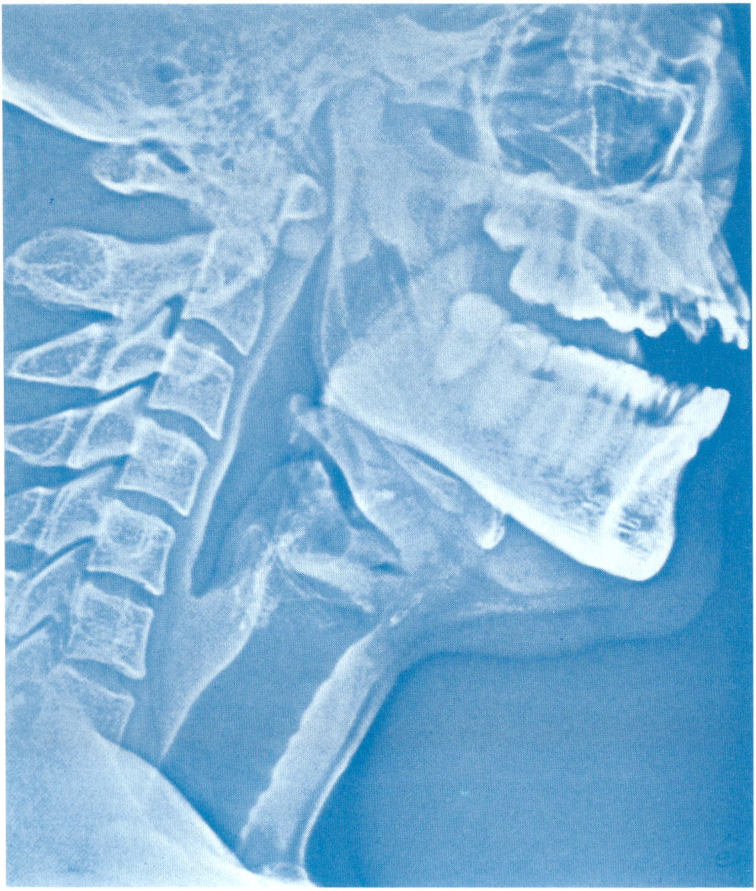

XÉROGRAPHIE N° 8

Baryton débutant en phonation sur « é » (ré 3). On peut observer sur la xérographie n° 2 d'un larynx éduqué que les cordes vocales sont situées sous la caisse de résonance sus-glottique. Sur ce débutant (grande voix de baryton Verdi), les cordes vocales et l'os hyoïde sont sous le menton en raison de la hauteur de la langue dans la bouche, et la caisse de résonance sus-glottique est toute petite. Le travail de la gymnastique va refaçonner et équilibrer la configuration interne pour libérer la voix.

Toutes les xérographies ont été prises par le docteur Pierre Bousser.
(Centre de radiodiagnostic A. Willemin.)

cette transgression, cessent très rapidement d'éprouver la moindre gêne en exécutant ce mouvement devant les autres.

Dans une grande école où j'avais affaire à des personnages dotés de hautes fonctions sociales – essentiellement des hommes –, j'eus la surprise de voir qu'après deux ou trois leçons données en privé ils me demandèrent d'eux-mêmes un cours de groupe. Devant l'acquis rapide assuré par cette technique, le mouvement perd ses caractéristiques culturellement déplaisantes.

Bien sûr, on peut se demander ce qu'exprime silencieusement celui qui « tire la langue à quelqu'un », quelle charge d'agressivité il libère ainsi.

Mais les enfants, qui ont un instinct très sûr, tendent spontanément à tirer la langue lorsqu'ils doivent s'appliquer tout particulièrement, se concentrer, mettre toute leur énergie dans un geste. Et l'on sait que les turbulents, les hyperactifs libèrent leurs tensions en tirant la langue plus souvent que les enfants calmes.

On peut s'étonner et du peu d'intérêt manifesté à cet organe essentiel du corps humain et à ses fonctions, et du peu de distance pris avec ce tabou extrêmement puissant attaché à la langue !

Quelques-uns parmi les principaux muscles de la langue :

Génio-glosse : ses fibres inférieures portent l'os hyoïde et la langue en haut et en avant. Ses fibres moyennes attirent également la langue en avant. Ses fibres antérieures attirent sa pointe en bas et en arrière. Dans sa contraction totale, il applique la langue sur le plancher buccal.

Lingual inférieur et hyo-glosse : l'abaisse et la rétracte.

Stylo-glosse : l'élargit et la porte en haut et en arrière.

Palato-glosse : l'élève et la porte en arrière ; rétrécit l'isthme du gosier.

Amygdalo-glosse : élève la base.

Pharyngo-glosse : l'attire en arrière et en haut.
Transverse : l'allonge et la rétrécit.
Lingual supérieur : l'abaisse et la raccourcit.
Sous cette description lourdement anatomique se révèle un organe sensible, siège de toutes les interactions émotives, d'où l'importance d'assouplir sa fonction.

La langue est une épée de lumière, la manière dont on s'en servira, elle servira ou desservira.

LES POMMETTES

Le soleil de la joie fait mûrir la voix comme un beau fruit.

La mobilité, l'élévation volontaire, la hauteur des pommettes ont une influence déterminante sur la justesse, la rondeur et le côté attractif de la sonorité.

Leur surélévation est facilitée par le travail des zygomatiques. Conjointement, les muscles péristaphylins externes et internes entraînent une meilleure surélévation du voile du palais pendant l'émission sonore. Leur contribution est immédiate dans la rondeur et l'embellissement des sonorités. Outre l'aspect esthétique du son, c'est aussi la facilité d'émission qui en découle.

Cette zone n'est pratiquement jamais travaillée en profondeur. Certains élèves ressentent une difficulté, une fatigue musculaire localisée lors du travail systématique que je propose (voir « Vingt ans après », p. 27), mais ils sont surpris par la sensation éprouvée. Cet entraînement spécifique provoque une prise de conscience de cette zone privilégiée et, lorsque je leur demande de faire résonner leur voix dans leurs pommettes soulevées, le son prend immédiatement des qualités nouvelles : jeunesse, beauté, dynamisme. Le visage se nimbe de gaieté. Car un chanteur ne devrait jamais avoir l'air de souffrir en chantant...

Chaque fois qu'un mouvement est accompli dans le sens d'un fonctionnement plus juste du corps, une sensation de bien-être et d'euphorisation en découle immédiatement. Ce qui signifie, bien entendu, que l'on est dans la vérité du mouvement.

Souvenez-vous des traits et des belles expressions de Renée Fleming, Felicity Lott, Anne-Sophie von Otter, Patricia Petitbon, toutes dotées d'une morphologie différente mais bien développée, des pommettes hautes et larges. La jeunesse et la beauté de leurs sonorités se lisent autant qu'elles s'écoutent sur leurs visages – tandis qu'elles chantent – empreints d'une sérénité heureuse.

LE NEZ

Les deux cavités nasales constituent une caisse de résonance importante dans la phonation.

La dilatation volontaire dc ces espaces influe considérablement sur le volume et la couleur des sonorités.

Les ailes du nez sont constituées d'une charpente cartilagineuse qui les maintient ouvertes, et d'une musculature qui permet leur dilatation. L'action volontaire sur ces muscles dilatateurs est aisée chez certains individus, beaucoup moins chez d'autres. C'est là que l'éducation entre en jeu. Outre l'influence sur la résonance, apprendre à bien ouvrir les ailes du nez contribue à une respiration silencieuse et plus profonde.

Très souvent, lors d'un premier contact avec un élève, lorsque je lui demande de respirer profondément par le nez, je constate qu'il pince les narines ; l'inspiration entravée devient sifflante et s'accompagne d'une prise d'air claviculaire avec abdomen rentré. Par ce simple travail d'ouverture volontaire des narines, je note immédiatement un meilleur réflexe de la respiration abdominale ;

le corps se place mieux, les épaules s'abaissent et l'ouverture des basses côtes se fait presque automatiquement.

Ma gymnastique va rendre naturels ces mouvements.

Bien sûr, un être doté d'un petit nez fin aura plus de mal à ouvrir les narines qu'un être doté d'un appendice nasal important et large au niveau du chanfrein...

LE VOILE DU PALAIS : VOÛTE DE LA CATHÉDRALE INTÉRIEURE

> Âme de violon : *petit morceau de bois qui, placé à l'intérieur d'un instrument à cordes, communique les vibrations à toutes les parties de l'instrument.*

Le voile du palais est une cloison musculo-membraneuse mobile qui prolonge, en arrière, la voûte osseuse du palais dur. Un petit appendice est suspendu au centre : la luette et son muscle *(azigo-uvulae)* qui me semble très peu pris en compte alors que j'ai été amenée à constater l'importance de son rôle dans le mécanisme de fermeture du pharynx nasal.

Tout chanteur lyrique sait que nous touchons là un point capital pour la pratique de son art.

La gymnastique que j'impose au voile du palais va l'amener à sa surélévation, son allongement, son affinement pendant la phonation.

À l'image d'une peau de tambour bien tendue, la pression d'air sonore va le mettre en vibrations [1] et celles-ci se communiqueront au massif osseux de la face, déterminant une émission ample et facile, même dans de très grandes salles (voir p. 267).

1. Comme l'« âme du violon » qui communiquerait les vibrations au massif osseux de la face...

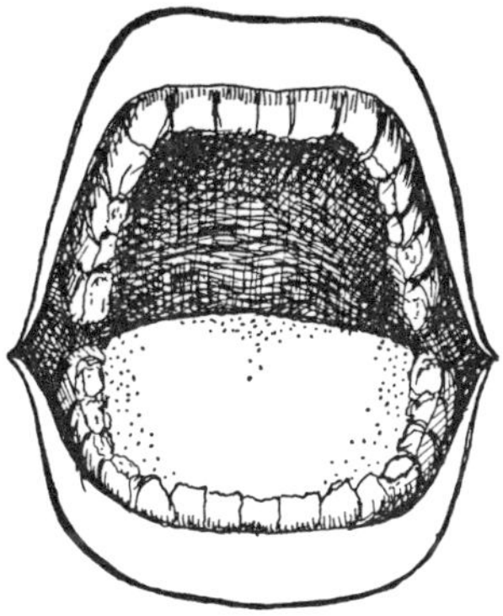

Figure 7a

Aspect habituel du voile du palais en position basse (paroi laryngée et luette non visible).

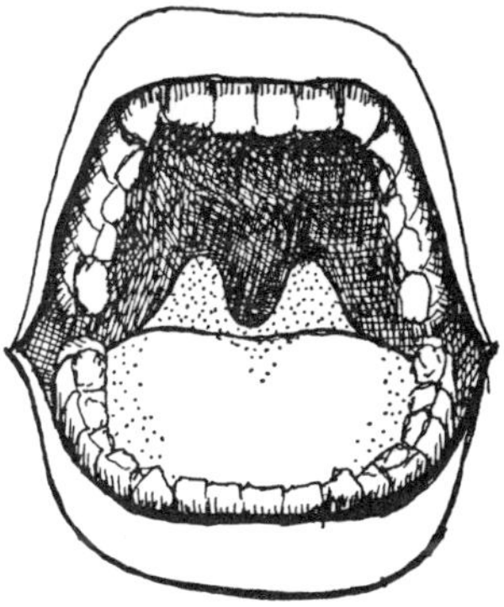

Figure 7b

Aspect fréquent du voile en surélévation naturelle moyenne.

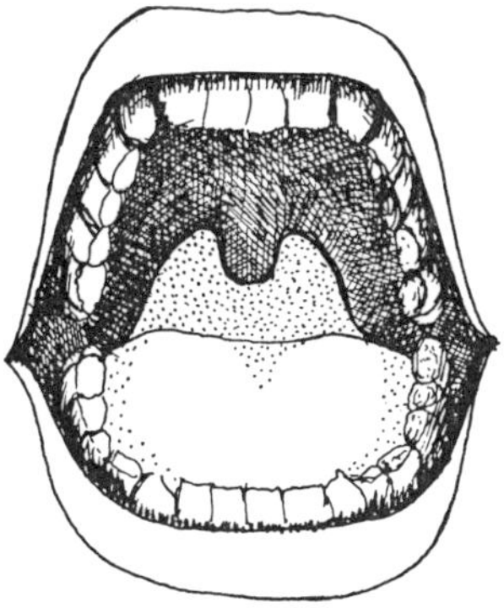

Figure 7c

Aspect inhabituel du voile surélevé naturellement (souvent observé sur les belles voix).

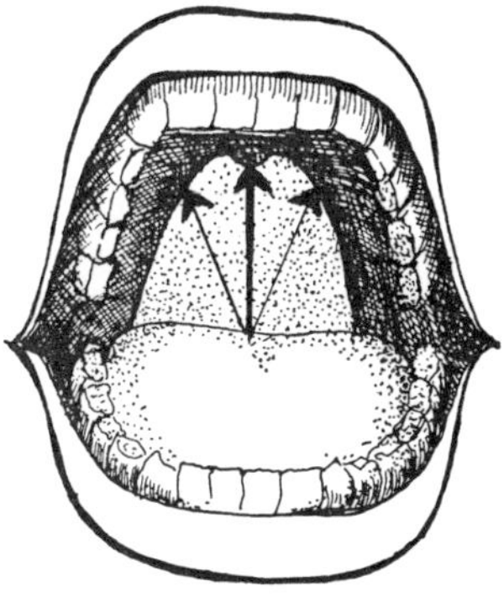

Figure 7d

Surélévation totale du voile du palais : Le travail avec des « balles imaginaires » sur les muscles tenseurs du voile modifie sa structure en l'allongeant et en l'affinant. Renforcement du muscle de la luette (azygos) pour une meilleure occlusion du nasopharynx.

« Nous savons que toute énergie vibratoire qui passe derrière le voile pour s'engouffrer dans les anfractuosités du pavillon nasal est en majeure partie absorbée sur place et perdue pour l'auditeur[1]. » Ce qui aura, on s'en doute, une incidence sur l'écoute de sa propre voix.

Je citerai pour exemple le cas d'une de mes élèves dotée d'une belle voix puissante de soprano lyrique, d'une excellente musculature glottique et d'importants résonateurs osseux. Malheureusement, entre ces deux pôles, elle possédait une morphologie absolument contraire au chant : un larynx menu et serré et surtout un voile du palais très épais, totalement surbaissé sur la base de la langue. On ne voyait même pas la petite luette. Et, alors qu'on peut obtenir dans la majorité des cas une surélévation volontaire de ce voile, cela lui était totalement impossible. Pour faire sortir le son, il lui fallait donc recourir à la force. La projection des ondes sonores passant par le canal du pharynx nasal, cela « nasalisait » évidemment le timbre lui-même.

Deux ans de travail acharné ont été nécessaires pour corriger ces défauts. Mais il était pleinement justifié tant la voix était belle et réelle la sensibilité musicale.

Muscles du voile du palais

Le péristaphylin externe, tenseur de l'aponévrose palatine.

Le péristaphylin interne, élévateur du voile du palais.

Le palato-staphylin, rétracteur de la luette *(azigo uvulae).*

Ces muscles ont une action déterminante dans l'émission vocale.

Deux autres muscles : le pharingo-staphylin et le glosso-

1. Raoul Husson, *La Voix chantée*, Gauthier-Villars.

staphylin sont travaillés mais peu utilisés dans ma méthode puisqu'ils abaissent le voile du palais et élèvent la langue, deux effets que je ne recherche pas. Le pharyngo-staphylin rétrécit l'isthme pharyngo-nasal, abaisse le voile et élève en même temps le pharynx et le larynx.

Certains ténors et sopranos légers adoptent ce positionnement dans leur travail vocal pour obtenir une hauteur maximale du larynx pendant la phonation. Il en résulte une voix à tendance nasale et à puissance limitée.

On constate toujours dans ce genre d'émission que la tête est légèrement levée, entraînant les conséquences que l'on sait (voir p. 118).

Certains sujets encore présentent une luette hypertrophiée, lourde, entraînant un abaissement constant du voile. La pratique d'une gymnastique personnalisée tend à lui redonner un volume normal, le voile retrouvant alors sa mobilité.

Conséquence heureuse de ce travail : les grands ronfleurs nocturnes retrouvent un sommeil silencieux, calme, plus réparateur – à leur grande satisfaction et à celle, non moins grande, de leurs conjoints !

LA MÂCHOIRE INFÉRIEURE

La morphologie du maxillaire inférieur[1] donne des indications importantes au professeur de chant.

La mâchoire large, puissante, solide, outre l'étude caractérologique qu'elle fournit, va souvent de pair avec une musculature du cou et sus-hyoïdienne bien développée, génératrice de solidité vocale, puissance et force de récupération.

À l'inverse, une mâchoire inférieure gracile, fine,

1. Aujourd'hui désigné par le terme de mandibule.

étroite et, dans certains cas, rentrée présentera souvent des symptômes de fragilité, de fatigabilité vocale, de prédisposition au chevrotement et à la « voix qui bouge ».

Dans le premier cas, l'action consistera à assouplir ; dans le second, à fortifier.

Les exercices que je fais exécuter à ce niveau ont pour objectif de parfaire sa mobilité dans le chant avec, pour conséquence immédiate, une meilleure adduction cordiale et un fonctionnement plus juste des condyles, quelquefois contrariés par la dissymétrie du visage.

L'abaissement de la mâchoire doit s'effectuer sans entrave. Souvent, au début, ce mouvement s'exécute par paliers, avec des craquements caractéristiques. Sur certains élèves, je constate, lorsque je sollicite la projection de la mâchoire inférieure vers l'avant, que les muscles du cou ne fonctionnent pas en parfaite symétrie, mais par la suite, et grâce à un entraînement progressif, cette tendance se corrige.

À travers mon travail, j'ai eu l'occasion d'observer de multiples anomalies fonctionnelles, difficiles à déceler par l'entraînement vocalique traditionnel et que toute personne désirant bien chanter aura pourtant à surmonter[1].

J'ai eu pour élèves des personnes de type hyperlaxe, habituées à voir leur mâchoire inférieure se décrocher en bâillant – elles avaient d'ailleurs coutume de remédier à cet accident par un geste ferme appliqué sous la mâchoire, ce qui avait le don de m'inquiéter singulièrement ! En augmentant la tonicité musculaire de cette zone, cette particularité gênante a été peu à peu corrigée.

Ce travail va aussi s'inscrire dans la démarche de détente et de mieux-être, puisque cette région réagit tout particulièrement – par le serrage – au stress, à l'angoisse,

1. Dans le cas d'entrave majeure dans la mobilité de la mandibule, je demande une radio afin d'adapter le travail selon le cas.

au chagrin ou à la nécessité de maîtriser une situation ou de se contrôler soi-même. L'assouplissement du muscle masséter est déterminant.

Ceux qui occupent des fonctions de haute responsabilité qui les soumettent à de fortes tensions ont fréquemment les mâchoires serrées, signe d'une concentration et d'un enfermement dans leurs obligations professionnelles, souvent d'une grande rigueur, voire d'une excessive rigidité de comportement. Ceux qui ont pratiqué ma méthode avec assiduité ont constaté une meilleure utilisation de leur potentiel énergétique et mental : elle leur permettait d'assumer leurs responsabilités tout en manifestant une plus grande souplesse dans leurs rapports humains et leur efficacité n'en devenait donc que plus évidente.

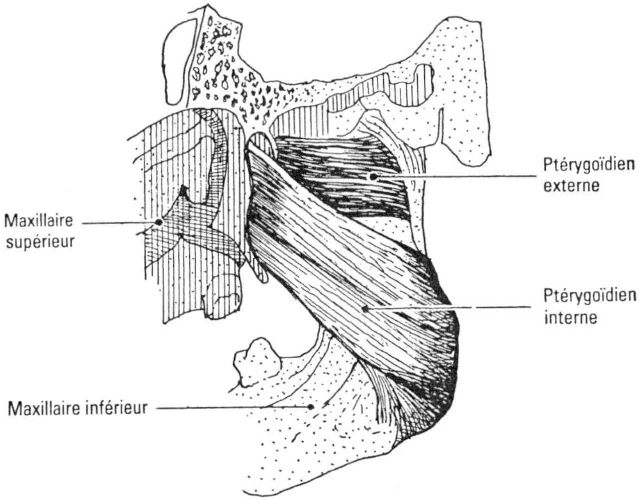

Figure 8

RÉGION TEMPORO-MANDIBULAIRE (PROFIL), FACE INTERNE

La contraction simultanée des deux ptérygoïdiens externes détermine la propulsion du maxillaire inférieur vers l'avant. Travail musculaire renforcé dans la gymnastique.

L'assouplissement des principaux muscles de la mâchoire inférieure (temporaux, masséters, ptérygoïdiens externes et internes) a d'autres conséquences.

Par exemple, certaines personnes atteintes de bruxisme (qui grincent des dents en dormant), symptôme évident d'une grande tension nerveuse, remarquaient que, dès la troisième leçon, la gymnastique d'assouplissement du maxillaire inférieur, jointe à la détente générale engendrée par la déconstriction laryngée, faisait disparaître ce mouvement inconscient désagréable et, de plus, préjudiciable à la dentition.

D'autres élèves, en cours de travail, m'ont révélé que leur dentiste observait une meilleure ouverture et occlusion de leur mâchoire inférieure. Ces améliorations sont effectivement faciles à constater.

Revenons au lyrique pour rappeler tout d'abord les effets de la mobilité parfaite du maxillaire inférieur :

– souplesse et robustesse des muscles gouvernant l'os hyoïde ;

– meilleure adduction cordale ;

– abaissement du larynx et renforcement du mécanisme de la couverture des sons ;

– facilité d'articulation ;

– accroissement de la flexibilité vocale et meilleure exploitation des dons naturels d'une tessiture très étendue.

Certaines techniques vocales préconisent une relative fixité de la mâchoire inférieure pendant l'émission. Esthétiquement parlant, cela donne des résultats appréciables. Ce procédé maintient le larynx très haut, mais limite la mobilité de l'os hyoïde et du cartilage thyroïde, entraînant ainsi une tension cordale accrue. Cela a pour effet de produire des sonorités, purement instrumentales, dépourvues de *vibrato*[1].

1. Très utilisées dans le chant baroqueux.

Au début de mes études de chant, cela correspondait à une esthétique sonore personnelle. Pour y atteindre, je ne disposais guère que de l'empirisme et du mimétisme. Mais après, je ressentais chaque fois une impression de serrage laryngé, de gorge nouée. L'absence de connaissances anatomiques m'interdisait de comprendre que je contraignais mon instrument à fonctionner en l'amputant d'un assouplissement important. L'artiste qui fait carrière avec cette technique me semble risquer des fatigues passagères, certes, mais susceptibles de s'aggraver avec le temps.

Réduire cette mobilité expose à provoquer une fragilité de l'instrument, peu souhaitable pour tous ceux qui ne possèdent pas une récupération musculaire rapide.

La bonne souplesse de la mâchoire inférieure ne représente pas, pour autant, la panacée préservant l'instrument à coup sûr. Si celle-ci n'est pas compensée par des muscles de soutien très puissants, la voix risque de « bouger » dans le haut médium et l'aigu.

Toutes ces zones : lèvres et leurs commissures, pourtour de la bouche (voir muscles, fig. 5), pommettes, ouverture volontaire de l'espace nasal, maxillaire inférieur (voir muscles fig. 1, 3 et 4), feront l'objet d'un travail dissocié dans la gymnastique.

Cette dissociation des mouvements m'est apparue comme fondamentale dans l'accès à la maîtrise de la bonne place vocale.

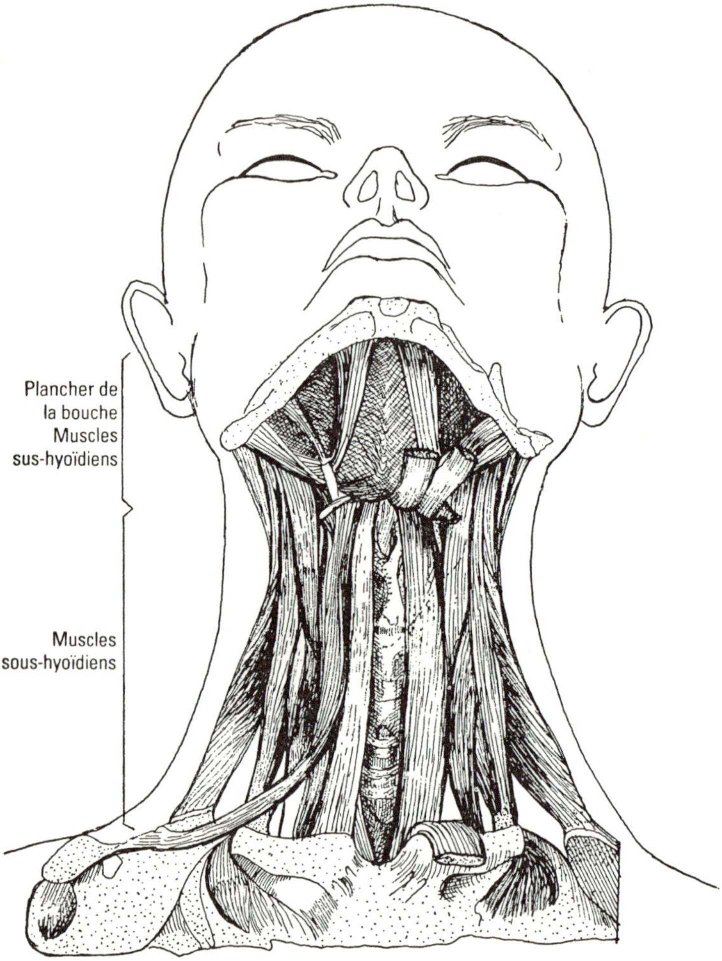

Figure 9

MUSCLES SUS-HYOÏDIENS ET SOUS-HYOÏDIENS
Muscles de soutien spécifiquement travaillés
dans la gymnastique vocale.

Les muscles de soutien

MUSCLES DU COU

Somptueux piliers soutenant la cathédrale sonore.

Lorsque j'ai examiné ces planches anatomiques pour la première fois, une évidence s'est imposée à moi et je pense que tous les chanteurs et professionnels de la voix auront la même réaction : l'organe vocal est situé à l'intérieur d'une cage de muscles. Il est ainsi protégé, mais aussi soutenu par cette armature. La renforcer favorise la préservation et la consolidation du capital vocal. Le renforcement général des muscles intrinsèques et extrinsèques du larynx a un effet immédiat : dans les quelques minutes qui suivent le début des exercices, la voix devient plus ronde, plus claire, d'émission plus facile ; la difficulté de monter dans l'aigu s'atténue, les « passages » s'estompent, l'élève ressent une aisance qui l'étonne.

Dans la rééducation des voix abîmées, fatiguées, la récupération passe obligatoirement par ce travail mais intensifié et personnalisé.

Le travail effectué dans le positionnement idéal de la tête et de la nuque pour réaliser le modelage du conduit sonore sus-glottique (voir p. 120) renforce de manière sensible les muscles sterno-cléido-mastoïdiens.

Ceux-ci, comme les scalènes, sont également des muscles inspirateurs et je favorise donc en même temps une respiration plus aisée.

Ce travail musculaire portant sur le cou, la nuque et les épaules, outre son influence sur le plan vocal, s'attaque aux mauvaises positions prises par le chanteur dès le début de ses études, en réaction contre des difficultés d'émission qu'il s'efforce de compenser.

On voit souvent de jeunes interprètes et certains professionnels chanter la bouche projetée sur un côté – ce qui traduit dans certains cas une voix forcée qui recherche une couleur vocale plus assombrie, plus dramatique que son timbre réel. Cela peut également être un truc pour mieux s'écouter mais au prix d'un illusoire volume sonore [1]. Le fait qu'un chanteur en répétition porte la main en conque derrière l'oreille en guise de cornet acoustique pour mieux s'entendre ne relève pas du même processus : par ce geste, peut-être cherche-t-il le retour d'impédance qui va l'aider à couvrir ses sonorités et déclencher ainsi le mécanisme protecteur de l'organe vocal (voir p. 269).

Chez d'autres chanteurs, on peut observer qu'ils prennent toujours le même angle pour émettre, le corps légèrement de profil et la tête toujours tournée du même côté vers l'auditoire. Ce mauvais positionnement engendre une tension unilatérale excessive du cou et de la nuque, susceptible de se communiquer aux muscles glottiques et de nuire au travail d'une corde vocale.

Autre anomalie souvent constatée : une épaule surélevée par rapport à l'autre pendant l'émission vocale, ce

1. J'ai pu observer cette attitude chez certains professionnels qui chantent remarquablement. On peut se demander en pareil cas si l'artiste ne cherche pas à raccourcir le trajet entre le son émis et son auto-écoute ou s'il ne cherche pas ainsi une stimulation auditive unilatérale.

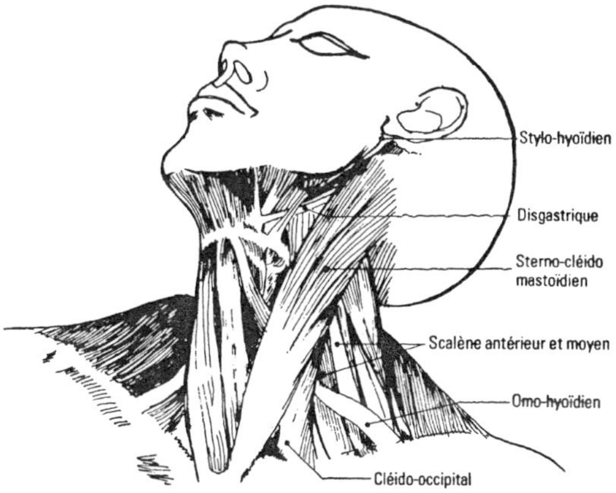

Figure 10

Le renforcement des muscles du cou superficiels et profonds augmente rapidement le tonus glottique.

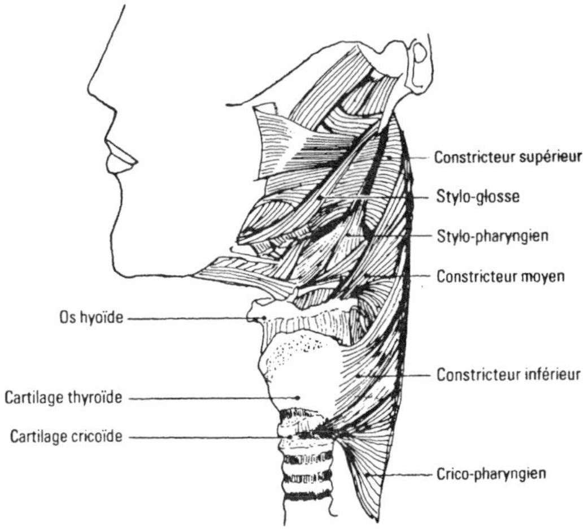

Figure 11

MUSCLES DU PHARYNX (Vue latérale)
Musculature spécifiquement travaillée dans la gymnastique vocale.

qui rompt l'harmonie du travail musculaire. Je remarque qu'il s'agit presque toujours de l'épaule gauche.

On peut penser que toutes ces positions défectueuses découlent d'attitudes compensatoires pour pallier une anomalie ou une faiblesse musculaire dont la personne ignore la localisation. Les scolioses occasionnent cette surélévation.

Rééquilibrer, renforcer la musculature de soutien, c'est redonner le tonus vocal.

Cette musculation va également dans le sens de l'esthétique corporelle. Un des résultats dont je suis très fière, c'est l'acquisition par mes élèves d'un très beau port de tête, un cou qui s'allonge, s'affine, se muscle et une attitude générale du corps plus naturellement belle. Ils se redressent, leur démarche devient plus souple et plus équilibrée. Peu à peu, les dissymétries des muscles et des ligaments du cou se rectifient et la tête reprend sa juste place dans l'axe du corps.

Je m'attache, dans ma recherche continuelle du beau son, à donner aussi l'équilibre et l'harmonie fonctionnelle du corps, sachant très bien que l'un ne va pas sans l'autre. Mes élèves le savent bien pour m'entendre répéter inlassablement : « Plus tu es beau, mieux tu chantes. »

Pour vous en convaincre, observez certains grands artistes lyriques en représentation : quel que soit leur canon de beauté, leur attitude révèle toujours une telle noblesse, de leurs gestes se dégage une telle élégance et de leur visage émane un tel rayonnement, qu'avant même d'avoir émis un son et de nous avoir fait don de leur voix ou de leur talent, ils nous ont déjà offert la beauté.

Les muscles du cou

Long du cou : fléchit la colonne cervicale et fait exécuter un mouvement de rotation dirigeant la face de son côté.

Petit droit antérieur : fléchit la tête et l'incline de son côté.

Grand droit antérieur : fléchit la tête et imprime un mouvement de rotation dirigeant la tête de son côté.

Muscles scalènes antérieur, moyen, postérieur, muscles inspirateurs : s'ils prennent leur point fixe sur la colonne cervicale, ils élèvent les deux premières côtes. Si le point fixe est au thorax, ils inclinent la colonne cervicale et impriment un mouvement de rotation portant la face du côté opposé.

Intertransversaires du cou et droit latéral : inclinent de leur côté la tête et le cou.

Sous-hyoïdiens : sterno-thyroïdiens, thyro-hyoïdiens, sterno-cléido-hyoïdiens, omo-hyoïdiens : tous ces muscles agissant sur l'os hyoïde abaissent la mâchoire inférieure en fixant l'insertion inférieure des sus-hyoïdiens.

Sus-hyoïdiens : genio-hyoïdiens, mélo-hyoïdiens, dis-gastriques, stylo-hyoïdiens : tous ces muscles sont abaisseurs de la mandibule ou élévateurs de l'os hyoïde.

L'ensemble représente un travail très important dans ma gymnastique.

Sterno-cléido-mastoïdiens :

a) inclinent la tête de leur côté et impriment un mouvement de rotation faisant tourner la face du côté opposé.

b) contraction simultanée des deux muscles entraînant la flexion directe de la tête.

c) élèvent le sternum : muscles inspirateurs.

Ce travail de renforcement est très important dans ma gymnastique. Et j'espère qu'un jour on me fera l'honneur d'indiquer dans le Rouvière que c'est un muscle phonateur fondamental. De son renforcement dépend la résistance de la bonne émission vocale.

LA NUQUE, LE DOS

Pour que l'appareil vocal fonctionne dans les meilleures conditions, l'équilibre statique de la colonne vertébrale est déterminant.

Longue tige osseuse résistante et flexible, la colonne vertébrale est constituée de 33 à 35 vertèbres. Elle est située à la partie médiane et postérieure du tronc depuis la tête qu'elle soutient jusqu'au bassin qui la supporte. Elle engaine et protège la moelle épinière contenue dans le canal rachidien.

Elle est divisée en cinq régions : cervicale (7 vertèbres dont la première se nomme atlas), dorsale (12 vertèbres), lombaire (5 vertèbres), sacrée (5 vertèbres soudées) et coccygienne (réunion de 4 à 6 vertèbres atrophiées).

La position verticale ne semble pas toujours répondre à la logique du fonctionnement phonatoire et respiratoire.

Peut-être la verticalisation de l'homme a-t-elle perturbé ces deux fonctions par modification du travail musculaire. Une chose est sûre : il faut bien souvent réapprendre aux êtres à bien respirer et l'art d'émettre un beau son bien placé doit s'enseigner. Certains mouvements obligatoires pour la bonne émission vocale ne sont absolument pas instinctifs. Mais la conquête du langage ne s'est pas faite en un jour et la possibilité pour l'hominien préhistorique d'émettre des sons organisés et constitués en langage ou en chant répond certainement à une longue évolution sur laquelle nous disposons de plus d'hypothèses que de certitudes.

Le docteur Paule Aimard dans *L'Enfant et la magie du langage*[1] précise les données fournies par A. Leroi-Gourhan en 1964 dans *Le Geste et la Parole* comparant

1. P. Aimard, *L'Enfant et la magie du langage*, R. Laffont, 1984.

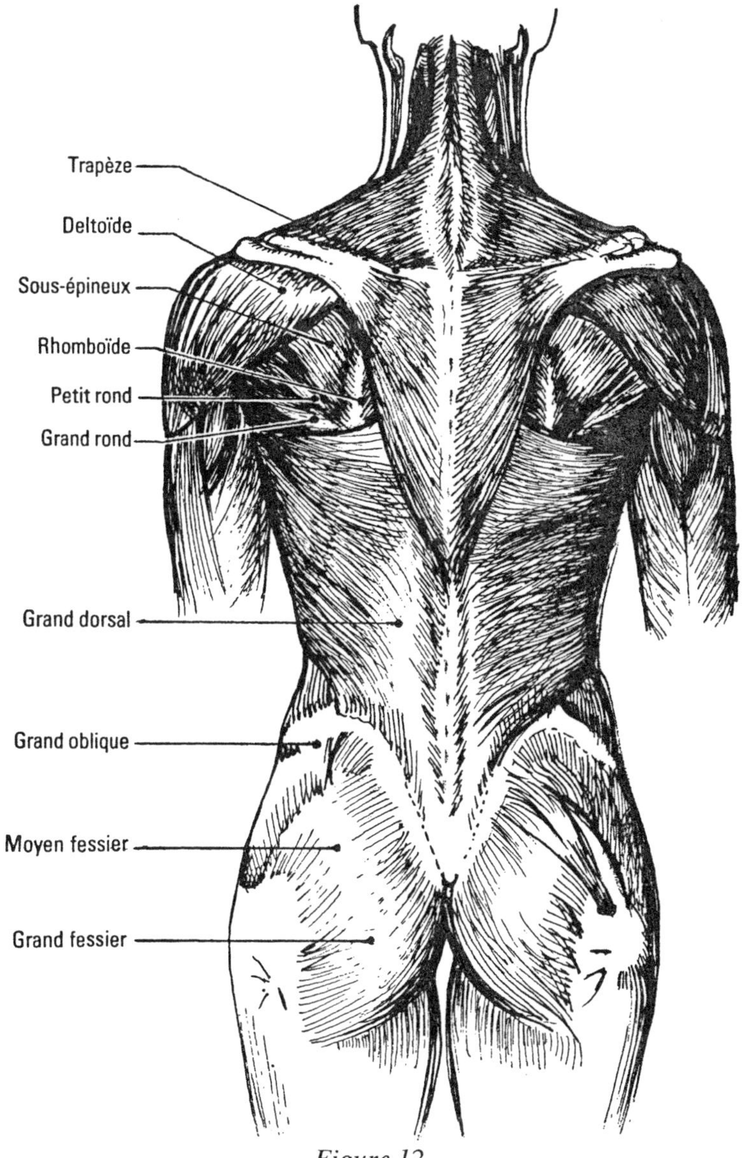

Figure 12

Muscles du dos intervenant dans la statique et l'équilibre du corps (renforcés et assouplis dans la gymnastique).

les crânes fossiles de nos ancêtres. « Au cours de l'évolution, le volume s'accroît, les formes se modifient. Le plus frappant est le développement de la partie antérieure du cerveau, notamment le lobe frontal, dans lequel se situe l'essentiel des représentations motrices. Chez l'homme, les territoires de représentation de la face (y compris les organes de la phonation) et de la main occupent à eux seuls la plus grande partie de la circonvolution frontale ascendante. D'autres recherches « s'appuient sur l'évolution de l'appareil phonatoire et permettent de saisir quand le langage humain a pu être, comme celui que nous parlons aujourd'hui, un langage oral. On y verra que l'apprentissage du langage à des singes s'est heurté à un obstacle absolu : malgré tous les subterfuges employés, les singes ne peuvent pas produire de parole articulée. Leur cavité buccale, leur larynx ne s'y prêtent pas [1]. »

Les travaux de J. Laitman, en 1977, ont permis d'apprécier que les critères réunis pour favoriser l'articulation de la parole ne sont pas tous réunis chez l'Australopithèque qui n'atteindrait guère que 10 % de nos capacités articulatoires alors que l'homme de Neandertal atteindrait les 90 %. Mais Jean-Gabriel Gauthier, maître de recherche au CNRS [2], pense que « ces expériences ne peuvent apporter que des notions plus ou moins indicatives de possibilités ou d'impossibilités liées à des caractères morphogénétiques dont nous n'avons par ailleurs qu'une connaissance incomplète puisque la forme, la stature du larynx et du pharynx ainsi que les performances liées à l'élasticité tissulaire demeurent parfaitement hypothétiques ». Liebermann et Crelui, en 1971, ont douté de la possibilité pour le Neandertalien de produire un langage

1. Docteur Paul Aimard, *op. cit.*

2. Laboratoire d'anthropologie, université de Bordeaux-I. Extrait des dossiers de la FNO, octobre 1981, n° 5.

articulé alors que Wind, rejoignant en partie Laitman, « n'exclut pas en conclusion que les neandertaliens aient eu un larynx situé plus crânialement que ne l'est celui de l'homme actuel, ce qui rendrait possible la production de voyelles et l'utilisation, selon les propres termes de l'auteur, « d'un système de communication fait de symboles vocaux et ayant une vitesse d'échange de messages comme celle des vocalisations des humains actuels ». Mais J.-G. Gauthier ajoute : « Il serait toutefois inopportun d'oublier que la morphologie a une importance non négligeable dans l'émission des sons. Là aussi on ne peut définir l'être qu'en le considérant dans sa globalité d'alliance indissociable entre le corps et l'esprit, c'est-à-dire ici entre l'organique structurel et le nerveux fonctionnel. »

La question, on le voit, n'est pas tranchée. Mais une chose est sûre, c'est que le développement crânien et la verticalisation ont modifié la structure et le fonctionnement de l'appareil vocal, offrant ainsi, progressivement, des possibilités phonatoires accrues, plus élaborées, plus riches.

Mais sans doute cette verticalisation, en modifiant la statique du corps, a-t-elle engendré des zones de fragilité et des entraves à un fonctionnement logique, notamment dans les zones cervicale et lombaire, retentissant sur le fonctionnement de l'appareil phonatoire.

La nuque

C'est la zone clef du bon fonctionnement vocal. De l'Australopithèque déjà bipède à l'homme moderne, en trois millions d'années peut-être, le cerveau a quadruplé de volume, s'étant stabilisé depuis 50 000 ans, semble-t-il, autour de 1 600 centimètres cubes environ, et la taille s'est élevée de moitié, ce qui a entraîné environ le triplement de l'effort musculaire nécessaire au maintien de la tête en position verticale.

Or j'ai pu constater chez nos contemporains qu'une bonne position naturelle de la tête est rare et que chez une majorité d'individus la colonne cervicale est fléchie vers l'arrière et la nuque creuse par suite d'une mauvaise répartition des forces musculaires[1]. Chez certains, un simple travail musculaire suffit à la redresser. Chez d'autres, la position est devenue si naturelle que c'est une véritable reconstruction, une restructuration qui s'impose, exigeant évidemment plus d'efforts et de temps.

Le bébé relève tout naturellement la tête lorsqu'on le met sur le ventre, ce qui a pour effet bénéfique de lui muscler le cou, la nuque, les épaules, les bras. Je me suis souvent demandé si cette position, dans le cas où elle serait imposée trop systématiquement à l'enfant, ne pourrait pas aggraver le creusement de la colonne cervicale. Cette position est heureusement déconseillée aujourd'hui par les pédiatres en raison du risque d'étouffement des nourrissons.

Plus la nuque est creusée et plus l'individu se fatigue, avec le cortège des douleurs habituelles, des raideurs, des difficultés à tourner la tête (cela est vrai aussi de la position de la nuque inclinée en avant de façon excessive chez ceux qui lisent, cousent, tapent à la machine, écrivent, etc.).

Ce positionnement défectueux entraîne aussi un blocage de l'appareil vocal. C'est pourquoi repositionner, renforcer, assouplir cette région contribue à un meilleur travail phonatoire.

Certains élèves ressentent très vite une amélioration à

1. Les muscles du cou sont également démobilisés lorsqu'un sujet chante en ayant les épaules relevées ou la tête rentrée dans les épaules.

ce niveau, grâce à la gymnastique qui touche également les zones de la nuque et du cou. En voici un témoignage : « Je souffre depuis fort longtemps d'arthrose cervicale – ce qui se manifestait par des courbatures fréquentes de la nuque, du dos et des bras. Cette affection a recédé avec la gymnastique vocale : mes courbatures sont moins violentes et restent plus localisées qu'auparavant. Cette gymnastique – et en particulier les exercices de X – a renforcé ma nuque de telle manière que là où j'avais une sensation de faiblesse, de vulnérabilité – l'attache entre la tête et le corps étant pour moi un véritable « talon d'Achille » –, je ressens, à l'heure actuelle, une impression neuve et agréable de force et de solidité. Ma nuque s'est détendue et allongée ; on me dit que j'ai l'air d'avoir grandi. »

Région lombaire

La verticalisation a également accentué peu à peu la cambrure des reins. Mais celle-ci n'a-t-elle pas été exagérément développée, de façon intentionnelle, puisqu'elle demeure un critère de séduction ? Elle est pourtant aujourd'hui encore responsable, tout comme la nuque, d'une mauvaise répartition des équilibres musculaires... et de douleurs diverses. Les muscles diaphragmatiques qui s'insèrent sur les côtes et sur le sternum [1] voient ainsi leur travail entravé, perturbant par conséquent le mouvement respiratoire abdominal naturel. Ces constatations m'ont amenée à réfléchir sur la nécessité de replacer le corps dans une position susceptible de redresser et de renforcer ces régions importantes pour l'art lyrique.

---

1. Les muscles diaphragmatiques s'insèrent sur le pourtour interne de l'ouverture inférieure du thorax, c'est-à-dire sur la colonne vertébrale, sur les côtes et sur le sternum. Leurs fibres droites et gauches s'insèrent sur les 2e, 3e et 4e vertèbres lombaires.

L'APPAREIL PHONATOIRE

Comme le dit le docteur Aimard : « Quelles que soient les connaissances sur les conditions de vie de nos plus lointains ancêtres, tout laisse penser que depuis les temps les plus reculés les hommes ont produit des cris. Toute une gamme de cris exprimant la surprise, la souffrance, la peur, la joie, le froid, la faim. Des cris mêlés de rires, de bruits buccaux, gutturaux, de toux, de râles[1]. »

Peu à peu, le changement de statique, la verticalisation ont entraîné l'antériorisation du trou occipital, permettant le port de la tête droite. De même le retrait de la face par rapport au crâne a également entraîné la descente de l'os hyoïde et déterminé la pliure à angle droit du pavillon pharyngo-buccal[2]. La descente du larynx ouvrait la voie à de nouvelles possibilités vocales, à l'élaboration d'autres modes de communication plus raffinés.

Mais ces nouvelles possibilités physiologiques entraînèrent aussi des fragilités et de fortes tensions du maxillaire inférieur.

Or le beau chant, la couverture des sons, la flexibilité de la voix dépendent de la souplesse de la mâchoire inférieure, d'où la nécessité d'assouplir cette zone.

Voici les *positions préconisées* pour renforcer ces diverses parties fragilisées par la verticalisation.

J'ai opté pour la position penchée en avant (voir fig. 13) qui va modifier la répartition des forces de pesanteur en déplaçant le centre de gravité, libérant ainsi les muscles phonatoires par allégement.

On obtient également ainsi une meilleure perception des espaces de résonance, l'élève mémorisant alors cette

1. *Op. cit.*
2. Ch. Eyries.

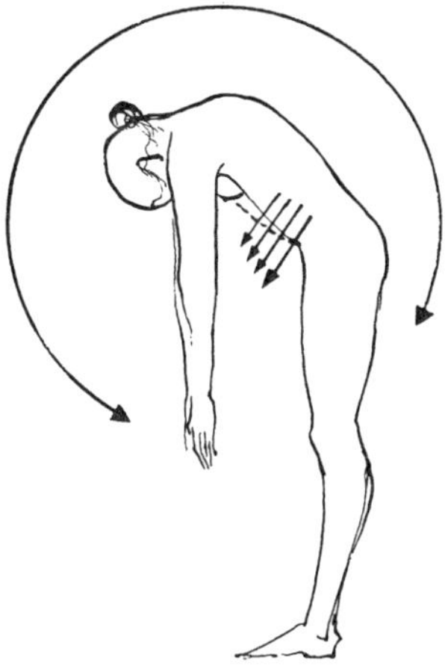

Figure 13

Position penchée : modification de l'effet de pesanteur entraînant un allégement du travail des muscles phonatoires (cordes vocales perpendiculaires au sol). Les muscles de la nuque travaillent en étirement passif faisant disparaître leurs tensions. Ceci facilite le travail laryngé.
Respiration abdominale et dorsale approfondie (meilleure dilatation abdominale et abaissement diaphragmatique).

sensation pour pouvoir la reproduire ensuite en position verticale.

C'est en outre un moyen sûr pour déceler la hauteur exacte du « passage » d'une voix et par conséquent de réparer certaines erreurs de classement de tessiture.

Sur certains organes malmenés, la phonation, dans cette position, décontracte immédiatement les muscles les plus touchés.

Je propose aux professionnels de la voix de se livrer à cette expérience : chanter en position penchée un air pas trop difficile (mélodie, par exemple) ou dire un texte, en accentuant dans l'articulation la mobilité de la mâchoire inférieure ainsi que celle des lèvres. Ils ressentiront immédiatement une plus grande aisance motrice, une plus belle couleur vocale et la reproduction immédiate en position verticale les surprendra. Je suis convaincue que cette attitude penchée sera utilisée demain par tous pour accélérer l'éducation lyrique en toute sécurité.

Toutefois, ce travail exige une surveillance, toujours en fonction des cas particuliers, des problèmes morphologiques et physiologiques rencontrés. Ainsi selon la tessiture et le traitement rééducatif, l'angle choisi, la courbure pourront être modifiés.

Dans la gymnastique vocale, je préconise l'alternance de la position penchée et de la position debout pour faciliter et accélérer les acquisitions.

Les muscles de la phonation

Ma gymnastique fait travailler la totalité des muscles en relation avec l'appareil vocal, en assurant en même temps un entraînement très approfondi de la musculature glottique (cordes vocales).

Le travail préliminaire sur le positionnement de la cavité pharyngo-buccale permet un entraînement cordal d'une progression et d'une efficacité maximales.

Ce travail spécifique réalise :

– un renforcement de la musculature du sphincter glottique ;

– la facilité des passages ;

– la couverture des sons (voir p. 269).

En outre, il :

– facilite la montée en voix de tête lorsqu'elle est entravée ;

– augmente l'étendue vocale ;

– augmente la puissance vocale ;

– déclenche le vibrato naturel de la voix, permettant sa flexibilité ;

– assure le contrôle de la projection des ondes sonores et la mémorisation de leur point d'impact, différent selon la hauteur des sons.

Les qualités de la voix : volume, puissance, éclat, mordant, agilité, souplesse, dépendent en grande partie du tonus d'accolement des ligaments vocaux et de sa durée. Cette musculature glottique va bénéficier d'un travail d'échauffement dans la gymnastique vocale et sera sollicitée en profondeur dans la vocalisation qui lui succède.

Positions laryngées basse et haute[1]

Je fais effectuer un travail complet des muscles élévateurs et abaisseurs du larynx qui entraînent un même mouvement d'élévation et d'abaissement des cordes vocales. L'abaissement peut atteindre sept à huit centimètres selon les conformations. Cet abaissement glottique s'obtient par une inspiration profonde par le nez, bouche fermée et en bâillement. L'élévation maximale du larynx, immédiate-

1. Des recherches ont déjà été effectuées dans ce domaine. L'une des premières fut le *Stauprincip* d'Armin. Malheureusement son ouvrage, édité en 1909, est introuvable.

D'après ce qu'en rapporte R. Husson, la technique d'Armin a connu un grand succès auprès des chanteurs, mais a parfois été critiquée par les médecins laryngologistes. Sa méthode visait à « arrimer » le larynx en position basse pendant le chant, ce qui entraînait évidemment des accolements glottiques profonds, un agrandissement de la caisse de résonance sus-glottique et une vibration cordale permettant une émission à grande intensité. Une technique fondée sur ce principe ne pouvait être mise en application que sur de grandes voix dotées d'une musculature robuste et résistante. Pour obtenir ces positions, on recourt au bâillement constant pendant l'émission ainsi qu'à la projection volontaire des lèvres vers l'avant, en utilisant une couverture sonore exagérée. J'utilise personnellement ce principe, mais en assurant un travail immédiat de compensation sur les muscles élévateurs, sinon les conséquences pourraient être dangereuses ; l'élève enregistrerait très vite une perte de l'aigu et risquerait de voir bouger sa voix rapidement. Mme Fernau-Horn, célèbre professeur de chant à Stuttgart, a publié en 1956 un ouvrage sur son principe du *Weitung und Federung* (élargissement et élasticité du larynx). Elle préconisait l'abaissement glottique par le semi-bâillement et un travail de surélévation compensatoire.

ment après, s'effectue par une expiration avec la langue complètement hors de la bouche et souple.

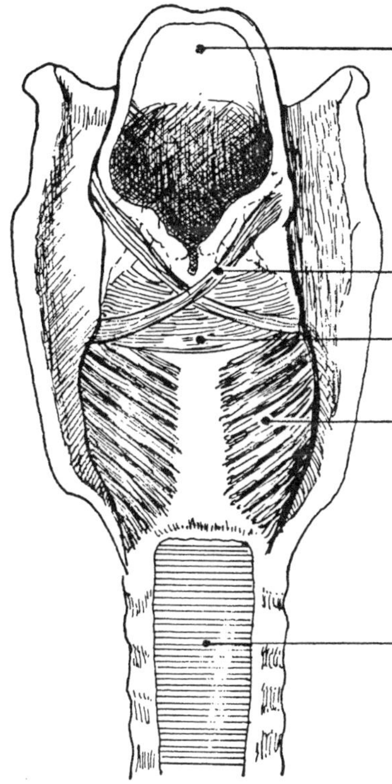

Figure 14

COUPE FRONTALE DU LARYNX
(vue postérieure)

Cette action directe et volontaire sur les positions laryngées basse et haute est d'une importance capitale pour toutes les voix, mais plus encore pour l'artiste lyrique dont les fatigues passagères ont parfois des conséquences désastreuses : annulation de contrat, mauvaise prestation, etc.

Cette technique lui permet de résoudre d'une manière

fonctionnelle et sûre dans son résultat quelques-uns des handicaps que nous rencontrons tous au cours d'une carrière. Je prendrai pour exemple, parmi d'autres, ces réveils pénibles où le professionnel de la voix, fatigué par un gros travail de la veille ou une mauvaise nuit, constate que sa voix est anormalement grave, un peu voilée, encombrée de mucosités ; il a la sensation que ses cordes vocales sont très lourdes. Ce sont les muscles du larynx et en particulier les muscles élévateurs qui sont atones. Le chanteur lyrique redoute cet état et sait que, s'il veut le dominer, il devra « monter » sa voix tout doucement avec des temps de repos fréquents entre chaque vocalisation. Il cherchera la récupération de la hauteur et de la légèreté vocales par l'utilisation de petits sons bouche fermée, piqués, n'abordant l'aigu qu'avec une extrême prudence. Chaque chanteur a son « truc », mais cette préparation lui prend beaucoup de temps et n'apporte pas toujours le résultat espéré. Elle le plongera souvent dans un état d'anxiété et de tension nerveuse qui peut contribuer à bloquer l'instrument.

Outre le desserrage laryngé qu'elle opère, ma gymnastique va agir directement sur les activités et les postures musculaires. La récupération vocale sera très rapide, et je pense que tous les chanteurs comprendront l'importance de cette technique.

Certains rôles féminins du répertoire sont redoutables de difficulté, en raison des passages rapides de la voix de poitrine à la voix de tête. Je citerai, entre autres, le rôle de Fiordiligi dans le *Cosi fan tutte* de Mozart, celui d'Angelina dans *La Cenerentola* de Rossini, celui d'Abigaille dans le *Nabucco* de Verdi... Dans ces rôles acrobatiques, la musculature glottique effectue un travail intense et le renforcement musculaire à ce niveau sera le seul moyen de préserver les grandes voix capables d'aborder ces ouvrages.

La vocalisation qui succède à ma gymnastique a été réfléchie et conçue avec le même souci d'efficacité.

Tout chanteur qui la pratiquera devra toujours exécuter ce travail vocalique dans le même ordre d'exercices.

Ceux-ci ont été choisis pour obtenir un échauffement progressif et sont tous complémentaires. L'échauffement préparatoire réalisé va permettre un travail vocalisant très poussé pour toutes les voix et sans risque de fatigue.

La voyelle *i* ainsi que les positions de sourire avec surélévation des pommettes sont utilisées comme moyen de surélévation glottique dans l'échauffement vocal. Elles ne seront employées que ponctuellement dans le travail sur les morceaux, uniquement pour appuyer une interprétation, car le positionnement, joues creusées, lèvres projetées en avant, pommettes soulevées, représente la position fondamentale de l'« instrument à vent » humain. Les exercices préparatoires des positions du corps, penché en avant et debout, seront également utilisés alternativement dans la vocalisation pour faciliter la fonction glottique, basculer naturellement le larynx et favoriser l'homogénéité de la voix en facilitant les « passages ».

En fonction du travail de vocalisation rationnel, prudent attentif, éclairé, précis et respectueux demandé à ces muscles, le professeur va former un bon chanteur, aidé en cela, bien entendu, par l'élève lui-même !

MUSCLES MODIFIANT LA FORME DE LA FENTE VOCALE

– Ouvreurs de la fente vocale : muscles crico-aryténoïdiens postérieurs.

– Fermeurs de la fente vocale : muscles crico-aryténoïdiens latéraux ; l'ary-aryténoïdien aidé par les muscles thyro-aryténoïdiens supérieurs et inférieurs.

MUSCLES MODIFIANT LA HAUTEUR DE LA VOIX

– Tenseurs des cordes vocales : muscles crico-thyroïdiens.

L'émission d'un son harmonieux requiert l'équilibre entre la tête et le reste du corps, dans ce lieu rétréci qu'est le cou.

L'organe vocal se trouve situé – et ce ne peut être un hasard – entre ces deux pôles, juste à leur jonction, en une zone étroite et vulnérable, lien mais aussi lieu de fermeture et de serrage.

La recherche de cet équilibre entre la fonction cérébrale et la fonction corporelle m'a toujours suggéré l'image du cavalier et de sa monture. Ne l'appelle-t-on pas un couple ? Comment se forme l'entente d'un tel couple ? Leur accord parfait ne peut s'accomplir que dans le respect réciproque. L'homme, c'est l'intelligence, la raison, la maîtrise, mais cette intelligence ne sera efficace que si le cavalier tient compte de la sûreté d'instinct de sa monture. Celle-ci obéira instantanément en fonction de la précision, de la prudence de la sollicitation. Car la moindre erreur entraîne le refus de l'obstacle, la peur d'accomplir, la révolte, puis... l'éjection du cavalier qu'on peut souhaiter pas trop douloureuse !

Comme la monture, la voix refuse l'ordre imprécis, incompris et perd, elle aussi, sa confiance d'exécution.

Combien de cas ai-je vus derrière mon piano, têtes et corps complètement dissociés, étrangers, ennemis !

La voie de passage qu'est le cou se ferme alors inexorablement.

Les micros de la voix

Dilatation volontaire des caisses de résonance membraneuse et musculaire.

Une des caractéristiques du grand chanteur lyrique, c'est l'importance du volume des cavités osseuses de la face (masque) : la nature a doté cet artiste d'amplificateurs du son, de « micros », dont la structure osseuse ne peut, à l'évidence, être modifiée, c'est le cadeau héréditaire.

Ce que je parviens toutefois à agrandir en les structurant, ce sont les cavités membraneuses et musculaires laryngo-pharyngo-buccales, car ces dilatations volontaires effectuées d'une manière systématique et approfondie représentent, je pense, l'un des aspects les plus déterminants pour l'avenir de l'éducation des chanteurs d'opéra. Ce travail apporte à l'appareil vocal un moyen d'accroître ses dons tout en assurant parallèlement sa résistance et sa longévité : le timbre s'enrichit d'harmoniques nouveaux, démultipliant des fréquences qui se surajoutent au son fondamental ; la puissance vocale est amplifiée tout en réduisant l'effort musculaire glottique ainsi que la dépense du souffle. Ces acquisitions permettent au chanteur de rechercher les couleurs vocales qui font la grande interprétation.

Pendant la phonation, la cavité laryngée sus-glottique

et le pharynx buccal ne forment plus qu'une même cavité. L'allongement et l'affinement de la voûte palatale entraînent un agrandissement du pharynx buccal. Leur dilatation ainsi que celle de l'espace nasal déterminent un plus grand volume du moule vocal de résonance (voir xérographie n° 6).

Les muscles précités de la langue, du voile du palais, de la face, du cou, de la nuque sont sollicités dans ce travail. Les muscles stylo-pharyngiens, pétro-pharyngiens, qui ont une action d'élévation et de dilatation du larynx, sont également sollicités à fond.

J'applique enfin des actions directes sur la luette, l'épiglotte, les bandes ventriculaires, les amygdales, longtemps considérées comme des organes passifs – et partant, jamais stimulées volontairement –, afin de leur imposer des positionnements qui ne constituent pas d'entraves à la bonne phonation.

Je me souviens de la prodigieuse émotion que me procura Nicolaï Ghiaourov quand je l'entendis pour la première fois à l'Opéra dans *Don Carlos*. Lorsqu'il amorça son grand air *(Dormirõ sol...)*, toute la salle, en même temps que moi, suspendit sa respiration... La couleur de sa voix, le style, l'aisance et la vérité d'interprétation étaient uniques. On sent parfaitement bien que la conception naturelle de son « instrument » est idéale ; véritable cathédrale intérieure, il possède cette structure osseuse qui fait le chanteur-né. Jamais il n'a besoin de forcer pour accéder à la puissance. Elle est en lui. Qui voudrait l'imiter prendrait des risques...

Autre souvenir : j'ai eu la chance de participer à la reprise de *Turandot* à l'Opéra, avec Mme Birgit Nilsson. Là aussi, j'ai éprouvé devant sa puissance une émotion folle. Pendant une répétition de la scène des épreuves, elle commença à chanter... Tous ceux qui étaient présents sur scène et dans la salle furent cloués sur place par cet extraordinaire éclat de la voix et cette aisance dans la puissance. Dès qu'elle s'arrêta, elle fut acclamée par des hurlements frénétiques, des cris d'enthousiasme, des applaudissements à tout rompre. Mme Nilsson faisait très certainement partie des chanteurs dont on a dit qu'ils faisaient bouger le lustre de l'Opéra !

De grands chanteurs nous restituent aujourd'hui cette plénitude vocale. Je citerai en exemple Jean-Philippe Lafont et René Pape, qui nous offrent cette aisance sonore au service de leurs belles interprétations.

Muscles de la respiration : le souffle

Comme les battements du cœur, le cycle respiratoire est une manifestation inconsciente de la vie.

D. HOPPENOT

Connaître la fonction respiratoire, c'est faciliter son utilisation en la guidant.

Elle est actuellement, grâce à d'excellentes brochures médicales et de très bons livres [1], accessible à ceux qui veulent s'informer sur ses mécanismes.

Je me bornerai ici à indiquer les moyens que j'utilise pour développer le geste respiratoire et faciliter la maîtrise du souffle dans le chant.

Je fais pratiquer mes exercices respiratoires sur un support vocalique et en position penchée en avant (voir fig. 13, p. 223). Les dilatations abdominales, costales et dorsales sont ainsi exploitées à fond.

Le volume du thorax dans tous ses axes (horizontal d'avant en arrière, latéral et vertical) sera augmenté d'une manière très sensible par un travail diaphragmatique approfondi ayant pour effets :

– de développer la ventilation pulmonaire ;

---

1. Docteur François Le Huche, *La Voix et le souffle.*

– de régler des actions musculaires inspiratrices et expiratrices agonistes et antagonistes ;

– de prendre conscience et d'acquérir la perception du travail diaphragmatique ;

– de contrôler les sensibilités thoraciques internes.

Progressivement l'élève verra se consolider les acquisitions suivantes :

– une pression sous-glottique constante et longue favorisant et allongeant les phases vibratoires cordales ;

– une meilleure maîtrise du souffle ;

– la perception du mécanisme de l'appui ;

– l'entraînement répétitif de la dilatation abdominale pendant l'émission sonore et l'éducation de sa souplesse d'utilisation en chantant [1].

Dans le même temps, le travail musculaire qui s'effectue sur le vibrateur laryngé va permettre une adduction cordale plus ferme, plus rapide et plus efficace, entraînant ainsi une économie de souffle.

Les bons professeurs de chant le savent bien et répètent souvent : la grande capacité thoracique ne fait pas le bon chanteur ; c'est la maîtrise du souffle qui le caractérise.

Ajouter l'une à l'autre va, à l'évidence, accroître ses possibilités.

La dépense de souffle varie avec la hauteur du son, l'intensité sonore, la voyelle utilisée et l'état musculaire glottique. Au cours d'une leçon, tous ces aspects seront abordés dans l'entraînement vocalique personnalisé qui succède à la gymnastique préparatoire.

Au début de mes études de jeune artiste lyrique, la respiration était souvent abordée de façon différente d'un professeur à l'autre, et parfois, j'ose le dire, il fallait tenter

1. Cet entraînement développe la prise d'air rapide et efficace par la bouche, indispensable dans l'art lyrique.

de se repérer dans la forêt des conseils contradictoires que nous recevions !

Certains faisaient allonger l'élève à terre sur le dos et plaçaient un annuaire sur son abdomen, puis, tout en ajoutant d'autres successivement, demandaient de conserver la dilatation abdominale malgré le poids. L'élève devait ensuite reproduire cette action debout, en chantant.

Même si cela ne revêt pas un caractère très scientifique, l'exercice n'est pas dénué de fondement quant à la dilatation abdominale et à la recherche de l'appui en chantant. Mais si ce travail n'est pas compensé par une éducation des muscles antagonistes (muscles abdominaux), le risque de blocage est grand et peut entraîner un affaissement de l'organe vocal ; l'élève va alors « chanter bas ».

Dans un autre cas, à l'opposé, il était préconisé de rentrer constamment l'abdomen en chantant, afin, affirmait-on, de bien soutenir le diaphragme. Ici, le conseil est infiniment plus lourd de conséquences. La souplesse abdominale entravée provoque des problèmes de souffle, une respiration claviculaire qui étouffe le chanteur et une tendance à « chanter haut ».

Le meilleur moyen d'acquérir une respiration juste est, sans conteste, de bien connaître son mécanisme physiologique et de l'approfondir.

Je fonde mon éducation respiratoire sur la prise de conscience par l'élève du travail diaphragmatique. Pour accélérer les acquisitions, je demande toujours de suivre mentalement le mouvement.

Les résultats sont parfois spectaculaires : une basse profonde, avec une voix sombre, une voix parlée très timbrée, chaude et vibrante vint me voir avec un ensemble de difficultés – voix qui bouge, difficultés à monter dans l'aigu, problèmes respiratoires sévères. Grâce à la relaxation et à la dynamisation engendrées par la respiration dans le positionnement que je préconise, je pus, en légèreté, le faire remonter au *sol* 4 au bout de trois leçons, à sa plus totale surprise. Au bout d'un mois et demi de travail sur ma technique, ses difficultés commençaient à s'aplanir.

Une occasion infiniment satisfaisante d'aider un ami que j'estimais !

Le diaphragme

Le diaphragme est une grande cloison musculaire qui sépare le thorax de l'abdomen.

Ce muscle mobile au milieu du corps me fait irrésistiblement penser à un fléau de balance qui mesure notre équilibre avec une précision infinie.

Pendant l'inspiration, cette cloison musculaire se contracte et descend en repoussant vers le bas les organes mous de l'abdomen placés au-dessous d'elle : estomac, foie, intestins, etc.

L'abaissement progressif et contrôlé du diaphragme va intensifier la dilatation pulmonaire en hauteur et en largeur, et amplifier la prise d'air (un centimètre gagné dans l'abaissement apporte environ un quart de litre d'air en plus dans les poumons).

Pour faciliter et amplifier cette descente diaphragmatique, j'utilise des images et je penche le corps en avant pendant cette respiration active.

En inspiration profonde interviennent les muscles suivants :

- diaphragme ;
- intercostaux externes ;
- sterno-cléido-mastoïdiens ;
- scalènes.

En expiration profonde :

- intercostaux internes ;
- droit de l'abdomen ;
- obliques externes et internes de l'abdomen ;
- transverses de l'abdomen.

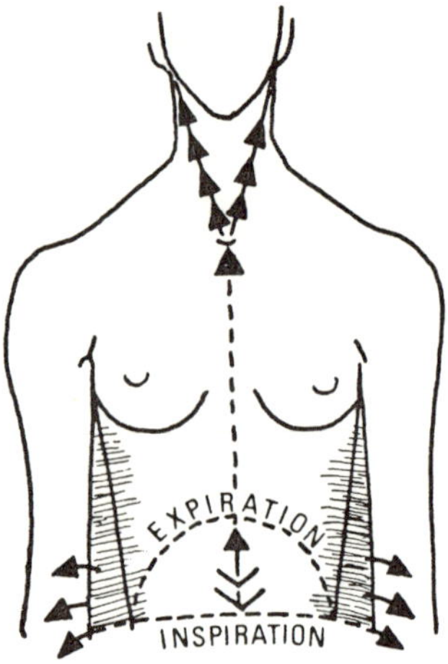

Figure 15

1) Diaphragme en position d'inspiration.
2) Diaphragme en position d'expiration.
Traction élévatrice des muscles sterno-cléido-mastoïdiens en inspiration.
Le diaphragme et le larynx sont toujours à égale distance. Si le diaphragme monte, le larynx en fait autant et inversement. L'importance du parallélisme est évidente dans l'éducation vocale.

Pendant deux à trois mois, je ne sensibilise le chanteur lyrique que sur la dilatation abdominale pendant l'inspiration. Lorsque celle-ci est devenue automatique, j'ajoute dans la même inspiration deux autres dilatations volontaires : ouverture latérale des basses côtes et ouverture dorsale.

Avec, pour les solliciter, des images très simples.

Pour la dilatation abdominale : avec l'air que l'on inspire, avoir l'impression de gonfler lentement un ballon placé dans l'abdomen.

Pour la dilatation costale : imaginer que les basses côtes sont tirées latéralement.

Pour la dilatation dorsale : sentir le bas du dos tout

d'abord s'ouvrir, puis l'ouverture remonter et imaginer, en fin d'inspiration, qu'il est possible d'ajouter encore de l'air entre les deux omoplates écartées au maximum, repoussant ainsi légèrement les épaules vers l'avant.

Cette ouverture est très importante pour le chanteur ; elle détermine sa force.

Tout ce travail d'inspiration doit s'effectuer dans le positionnement parfait de la tête et de la nuque afin de faciliter le travail des muscles inspirateurs sterno-cléido-mastoïdiens et des scalènes.

Pendant l'expiration, je demande à l'élève d'appuyer avec les muscles abdominaux sur le ballon placé dans l'abdomen pour le vider. Puis de rentrer lentement l'abdomen le plus loin possible.

Pendant les inspirations suivantes, je demande d'imaginer que le volume du ballon augmente et que le temps de remplissage s'allonge.

De même pour l'expiration.

Ces mouvements doivent être exécutés dans une continuité parfaite et sans à-coups. La position penchée en avant va favoriser cette dynamique respiratoire.

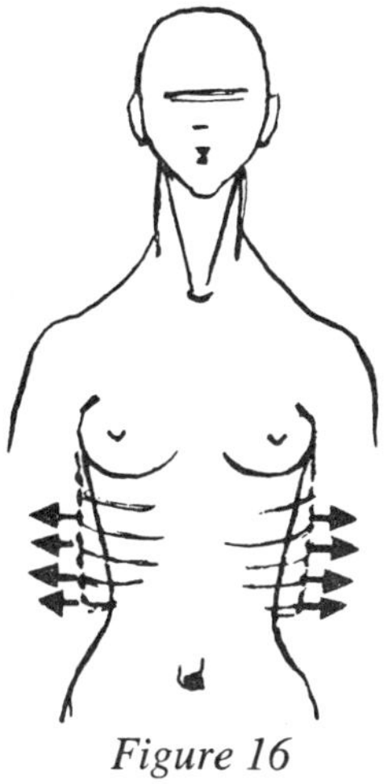

Figure 16

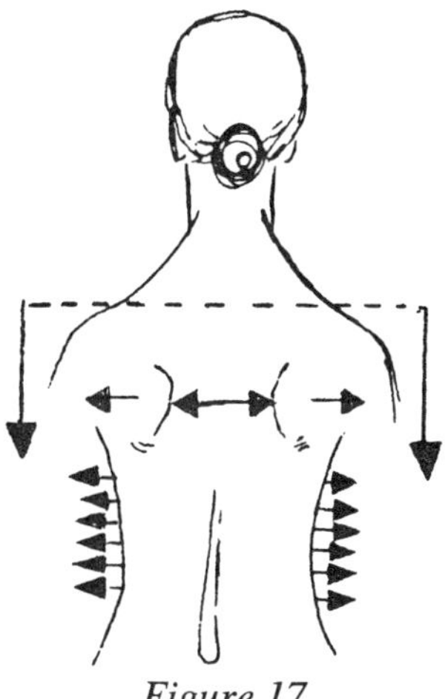

Figure 17

Outre l'aspect phonatoire, en ce qui concerne l'état de santé en général, la respiration activée entraîne une meilleure hématose (oxygénation sanguine) qui, en purifiant l'organisme, stimule toutes ses fonctions.

Ainsi, une jeune championne de natation, après avoir pratiqué deux mois ma technique, a réalisé une bien meilleure performance, gagnant plusieurs secondes, ô combien précieuses dans une telle discipline.

De même tous les professeurs de yoga ou de gymnastique qui ont travaillé un certain temps avec moi ont constaté que leurs possibilités respiratoires déjà très performantes avaient encore augmenté[1].

Parfois, les résultats sont surprenants : je me souviens d'un élève qui, la première fois que je l'incitai à respirer, me sidéra par l'inversion absolue de son mécanisme respiratoire. Je me vois encore lui appuyer sur le ventre pendant trois quarts d'heure pour obtenir une expiration progressive avec rentrée de l'abdomen. J'avais beau appuyer de toutes mes forces, littéralement arc-boutée, je n'y parvenais pas. En revanche, l'abdomen rentrait superbement pendant l'inspiration. C'est ce que l'on appelle un beau prototype de respiration inversée et riche d'enseignements. La première victoire enfin remportée, le mouvement normal rétabli entraîna la diminution du problème pour lequel il était venu me voir.

Pour le chanteur, le souffle est un élément déterminant. Lui assurer un mécanisme respiratoire sans faille, c'est lui donner une réserve de puissance, d'efficacité et une aisance souveraine[2].

---

1. Selon Henri Czechorowski, « la respiration par la bouche active la circulation sanguine et l'oxygénation des organes [...] La respiration par le nez active le système nerveux. Plus fine, elle favorise l'introspection et le contrôle de soi ».

2. Dans l'expiration qui suit la quinte vocalique, les débutants constatent qu'ils n'ont plus de réserve d'air. Dès la première leçon,

Est-il rien de plus agréable à entendre et à regarder qu'un interprète maître absolu de son souffle, chantant admirablement et donnant de surcroît l'impression qu'il n'est jamais au bout de ses possibilités, même dans les passages les plus acrobatiques, les plus diaboliques ?

Il n'est que d'évoquer des chanteuses telles que Montserrat Caballé, Joan Sutherland, Kiri Te Kanawa qui possèdent l'art suprême de faire oublier qu'elles ont besoin de respirer... dans un art où l'essentiel dépend du souffle !

---

ils se rendent compte que cette gestion du souffle est une discipline qui s'apprend et ils l'améliorent immédiatement, dès obtention de la stabilisation diaphragmatique, à travers le travail proposé. Dans le travail vocal qui suit la gymnastique, je propose un exercice difficile pour travailler le souffle (voir p. 334). Les possibilités de tenue de son articulé sont habituellement pour un débutant entre 7 et 12 secondes ; après un an de travail, de 17 à 19 secondes. Certains surdoués, notamment une de « mes » mezzo, montent l'exercice jusqu'à 29-30 secondes. L'exception : un baryton qui atteint 37 secondes, à pleine voix !

Le mécanisme phonatoire

Aujourd'hui, d'excellents livres simples, clairs et complets permettent d'aborder l'étude du mécanisme phonatoire. Ils m'ont été indispensables et peuvent aider toute personne qui souhaiterait une approche plus complète de la question[1].

Je me contenterai ici de rappeler le fonctionnement physiologique de l'organe vocal aussi simplement que possible, en précisant les points essentiels nécessaires à sa compréhension. Ce sont les informations de base que je donne à tout nouvel élève.

L'organe vocal, pour fonctionner idéalement et sans risques de fatigue, doit obéir à un mode d'emploi rigoureux. Si j'adapte parfois ce dernier, en fonction de conformations particulières, je l'applique néanmoins pour aller dans le sens naturel du mouvement phonatoire que la technique vocale va élargir, approfondir et renforcer.

La connaissance de ce mécanisme permet à l'utilisateur d'agir en réduisant le plus possible les risques d'erreur.

---

1. François Le Huche, *Anatomie et physiologie des organes de la voix et de la parole*, OVEP. Philippe Dejonckère, *Précis de pathologie et de thérapeutique de la voix*, coll. de Françoise Estienne, M. T. Barbaix, Raoul Husson, *La Voix chantée*, Gauthier-Villars, Jelena Krmpotic, voir bibliographie.

J'emprunterai au docteur Jean Bonneville[1] une comparaison amusante qu'il intègre à ce qu'il appelle la « logique du plombier » ! Il compare la communication à un mécanisme hydraulique, en précisant que le larynx est l'organe obligé de la communication : « On peut imaginer un modèle plus compliqué avec, d'un côté, un réservoir et, de l'autre, alimentés par un complexe de canalisations, un ou plusieurs robinets. La circulation du liquide à l'intérieur du système va finalement dépendre (qu'on me pardonne ces approximations en matière de dynamique des fluides !) de l'énergie positive ou négative appliquée d'une part à la source, d'autre part à la distribution et des aléas de la tuyauterie intermédiaire. [...]

« Quand ce n'est pas la robinetterie, c'est l'alimentation ; quand ce n'est pas l'alimentation, c'est la robinetterie ; quand ce n'est ni l'une ni l'autre, c'est le circuit ! » Lors d'une conférence faite dans l'est de la France, il m'a dit : « Yva, vous êtes un plombier, vous faites passer la voix par le bon tuyau. »

LA PRODUCTION SONORE

Il est évident que, comme pour toutes les autres fonctions du corps, les ordres de la phonation sont donnés par la commande cérébrale[2], qui transmet aux nerfs[3], lesquels transmettent à leur tour aux muscles pour accomplir les mouvements de la production sonore.

Ainsi la colonne d'air dans sa course ascensionnelle

1. Cf. Dossier de la FNO, octobre 1981, n° 5.

2. Les noyaux centraux des niveaux protubérantiel, bulbaire, médullaire cervical et dorsal.

3. Voir « Le système nerveux », p. 283.

rencontre la glotte[1] fermée, son flux devient turbulent, les cordes vocales, rapprochées, entrent en phase vibratoire[2].

L'air qui passe au travers de ce vibrateur devient sonore : c'est le son fondamental.

Celui-ci va prendre sa puissance, sa couleur, sa richesse harmonique en bénéficiant des espaces de résonance sus-glottiques qui sont en quelque sorte les micros naturels de la voix.

Le vibrateur laryngé (voir fig. 18)

À l'intérieur de notre cou : le larynx.

C'est un des organes de la respiration et de la phonation.

Son squelette est constitué de trois cartilages principaux, reliés entre eux par des ligaments et de nombreux muscles.

Deux cartilages sont mobiles : les thyroïdes et l'épiglotte.

Un seul est fixe : le cricoïde. Il constitue le socle de l'édifice mobile de la production sonore.

À l'intérieur de cet édifice se trouve le complexe musculaire et cartilagineux qui va entraîner l'ouverture (inspiration) et la fermeture (phonation) du larynx.

C'est un organe mobile qui, grâce à un système musculaire suspenseur, effectue d'incessants mouvements de bas en haut et d'avant en arrière, évocateurs du trampoline !

1. *Glotte :* espace compris entre les deux bords libres des cordes vocales.

2. Voir p. 255, note 2, les diverses théories sur la vibration laryngée.

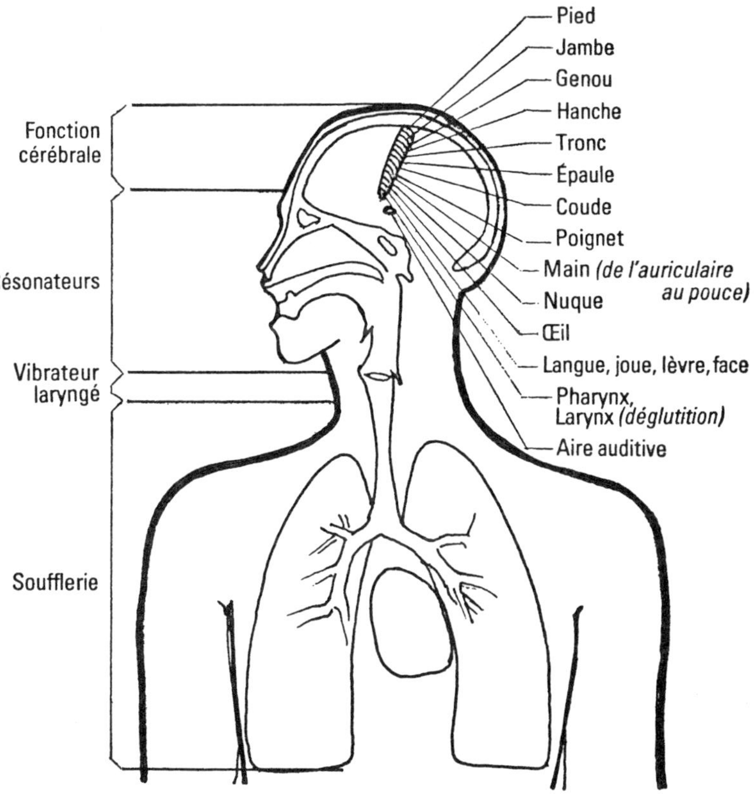

Figure 18

Cartilage cricoïde (voir fig. 19)

Cartilage fixe, il suit néanmoins les mouvements d'élévation et d'abaissement de la trachée pendant la respiration. En forme de bague chevalière dont la partie la plus haute est à l'arrière, il sert d'articulation au cartilage thyroïde et aux deux aryténoïdes.

Son bord supérieur est relié au bord inférieur du cartilage thyroïdien par une membrane (ligament crico-thyroïdien) et des muscles dont l'action est très importante dans le chant (crico-thyroïdiens).

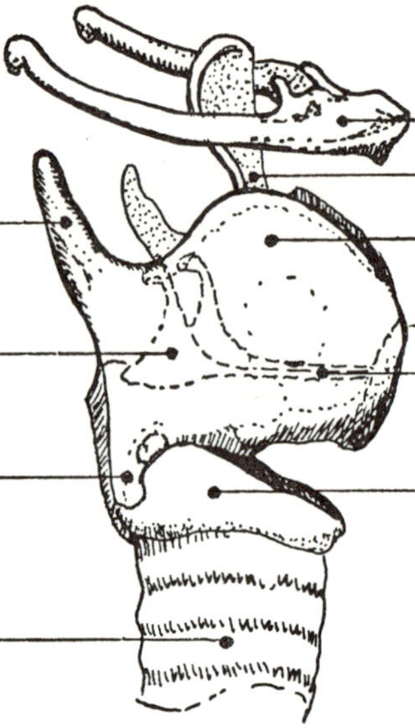

Figure 19

CARTILAGES DU LARYNX

Cartilage thyroïde (voir fig. 19)

Dans un langage plus imagé, il est également appelé le « bouclier », le « paravent thyroïdien », car il protège toute cette zone essentiellement fragile du vibrateur laryngien. Il est composé de deux plaques symétriques réunies en avant par une pièce centrale étroite.

L'angle est plus aigu chez l'homme et très souvent marqué par une petite proéminence en haut (la pomme d'Adam). Il est plus menu et plus arrondi chez la femme (encore qu'il y ait toujours des exceptions).

Ces plaques présentent chacune en arrière une corne en haut et une en bas. Celle du bas s'articule sur le cricoïde. Sur la crête oblique de chaque face s'insèrent les muscles extrinsèques du larynx : sterno-thyroïdiens et thyro-hyoïdiens.

Ce cartilage est mobile de bas en haut (phénomène visible grâce à la pomme d'Adam) (voir fig. 19).

Faciliter la mobilité de ce cartilage a été l'un de mes objectifs. Les cordes vocales, par leur extrémité antérieure fixe, s'y insèrent (dans l'angle médian de sa face interne, environ à mi-hauteur), et c'est le mouvement de bascule de ce cartilage, de haut en bas, qui va entraîner leur changement de position, de tension et d'épaisseur.

Amplifier et renforcer cette mobilité améliore le travail cordal.

Les deux cartilages aryténoïdes

Petites pyramides à base triangulaire, ils sont fixés verticalement par leur musculature, sur la partie supérieure du cartilage cricoïde. Les pointes de base postérieures sont les apophyses musculaires ; les pointes de base antérieures sont les apophyses vocales : les cordes vocales s'y rattachent (muscle thyro-aryténoïdien).

Ce sont les cartilages qui positionnent les cordes vocales : ils vont permettre l'écartement et le rapprochement de celles-ci.

Ils s'éloignent et se rapprochent sur le plan vertical alors que les cordes vocales exécutent ces mouvements sur le plan horizontal.

Le travail vocalique en sons piqués (ouverture et fermeture rapides des cordes vocales) est parfois difficile et heurté chez certains débutants. Dans ce cas il importe d'assouplir l'émission vocale pendant quelque temps avant de pouvoir aborder ces exercices en *staccato.*

L'épiglotte (voir fig. 19)

Cartilage de recouvrement, mince, flexible, en forme de feuille, rattaché par sa base rétrécie à la face interne du thyroïde, elle a pour fonction de se rabattre en arrière pour boucher l'ouverture du larynx lors de la déglutition.

En se relevant contre la base de la langue, l'épiglotte laisse le passage aux ondes sonores.

Sur des individus de caractère anxieux ou nerveux, il peut arriver qu'au moment de la déglutition l'épiglotte se rabatte mal ; la fermeture du larynx est alors imparfaite et laisse pénétrer une goutte de liquide ou un minuscule fragment de nourriture, ou même tout simplement un peu de liquide salivaire. Ce corps étranger dans le larynx entraîne la quinte de toux ou des toussotements fréquents. C'est ce que les professionnels de la voix redoutent et appellent la « goutte d'eau ».

Le travail musculaire que je fais exécuter (et qui, de manière répétitive, fait prendre de bonnes positions au cartilage épiglottique) remédie à cet inconvénient (voir xérographies n°s 3, 4, 7, 8).

Comme tous les éléments constitutifs de l'appareil vocal, l'épiglotte varie en forme, en volume, en positionnement et en mobilité selon la conformation de chacun, laquelle, je pense, influe beaucoup sur le timbre vocal.

Une épiglotte très importante engendre chez un débutant une voix gutturale.

J'ai eu deux élèves chez qui l'épiglotte était tellement volumineuse qu'elle devenait visible au fond de la bouche lorsqu'ils chantaient sur les voyelles ouvertes, *é*, *i*. Ces deux voix étant très gutturales, nous avons opéré un travail intensif sur la mobilité épiglottique, ce qui a assoupli l'émission très rapidement.

Cartilages de soutien (Morgagni ou Wrisberg)

Intuitivement, je pressens que la conformation de ces cartilages est importante pour le chanteur lyrique et qu'elle peut déterminer une vibration plus ou moins puissante des cordes vocales.

On sait que leur forme et leur degré de développement sont très variables.

Mme Krmpotic-Némenic a eu l'amabilité de me faire parvenir l'exposé de ses recherches effectuées en 1957. En étudiant le cartilage de Wrisberg sur les deux côtés de 54 larynx humains, elle a pu constater la variété morphologique de ceux-ci en longueur, en épaisseur, ainsi que dans leurs positions et leur composition. Tous ces cartilages du larynx s'ossifient avec l'âge, entraînant une diminution de la souplesse dans le travail vocal.

L'os hyoïde (voir fig. 19)

C'est un os en forme de fer à cheval ouvert vers l'arrière. Il se situe dans la partie supérieure du cou, sous le menton (environ à la hauteur de la quatrième cervicale). Il n'est relié à aucun autre. Suspendu au-dessus du larynx par des ligaments et des muscles, il est mobile. Il constitue une structure essentielle, car la plupart des muscles suspenseurs du larynx s'y insèrent[1]. Leur renforcement détermine une parfaite mobilité de cet os, aspect capital dans l'éducation de toutes les voix : souplesse et puissance, couverture des sons, passages...

Muscles du larynx[2]

– Les muscles élévateurs du larynx seront sollicités et renforcés pour obtenir tonus et clarté vocale ainsi que pour faciliter l'aigu.

– Les muscles abaisseurs du larynx seront également très travaillés, car ils assurent un bon système de couver-

1. Sous-hyoïdiens (rattachant le larynx à la partie supérieure du thorax) et sus-hyoïdiens (reliant le larynx à la base du crâne et à la mâchoire inférieure).

2. Cet os que j'appelle « le chef d'orchestre de la voix » a mobilisé toute mon attention pour fortifier les muscles qui le tiennent en équilibre et en suspension.

ture des sons (voir xérographie n° 3) et l'agrandissement des cavités de résonance sus-glottiques.

– Les muscles tenseurs des cordes vocales (deux crico-thyroïdiens), muscles « nobles » de l'art lyrique, seront protégés dans leur travail par le bon positionnement de la tête et de la nuque.

– Les dilatateurs de la glotte (les deux crico-aryténoïdiens postérieurs) seront très sollicités dans l'inspiration profonde en bâillement.

– Les muscles intrinsèques constricteurs de la glotte (deux crico-aryténoïdiens latéraux, l'ary-aryténoïdien, les deux thyro-aryténoïdiens supérieurs et les deux thyro-aryténoïdiens inférieurs) seront sollicités d'une manière très progressive dans la vocalisation qui suit la gymnastique des muscles extrinsèques.

Les cordes vocales

Pour se débarrasser d'un journaliste importun qui le félicitait de son endurance vocale, Guillaume Ibos lui dit en confidence : « C'est que j'ai une faculté particulière et je vais vous en confier le secret, mais surtout n'en parlez pas : je peux à ma volonté chanter sur une corde ou sur l'autre. Alors, je chante les deux premiers actes sur une corde, puis les deux derniers sur l'autre ! » (Rapporté par Georges Loiseau.)

Ce trait d'humour ne doit pas faire oublier que ces deux tout petits muscles vocaux placés au milieu du larynx, perpendiculairement à la colonne de souffle, constituent l'instrument fondamental de tout chanteur lyrique. Ils sont responsables de tout : des sons les plus graves aux plus aigus, en passant par le médium ; *forte*, *piano*, *staccato*, *legato*, *trilles*, tout est possible avec ces deux serviteurs zélés, à condition bien entendu de les entraîner sans jamais les forcer.

De leur éducation va dépendre leur santé et de leur santé dépendront l'équilibre et la carrière du chanteur.

Ces deux petits muscles seront capables de nous restituer le grand air de Leonora dans la *Forza del destino... Pace mio Dio*, avec un *si* bémol 4 *pianissimo*, des *Maledizione !* emportés et *fortissimo.* Pour y parvenir, ces cordes vont accomplir un travail étourdissant, changer de forme, de volume, de tension sans cesse et à une rapidité diabolique.

Ainsi, il ne faut jamais perdre de vue qu'éduquer une voix constitue une grande responsabilité et qu'il faut manier ce matériel humain, à la fois fort et fragile, avec compétence, prudence et un infini respect.

À quoi ressemblent ces cordes vocales ? Elles se présentent comme deux cordons blancs, nacrés, d'aspect corné et brillant, donnant une impression de résistance lorsqu'elles sont parfaitement saines. Elles sont tendues entre l'angle rentrant du cartilage thyroïde en avant et la base des deux cartilages aryténoïdes en arrière.

Elles sont de longueur, de largeur et d'épaisseur différentes selon la tessiture vocale. Les voix graves auront des cordes plus longues, larges et épaisses. On observe généralement qu'elles sont plus courtes et fines chez les voix légères. Mais comme toujours il existe des exceptions.

Cette conformation naturelle, semble-t-il, va influer sur leurs possibilités. Les cordes plus courtes et fines auront plus d'agilité dans la légèreté, les sons piqués, les trilles. Les cordes longues, larges et épaisses auront plus d'aisance dans le *legato* des grandes phrases lyriques amples [1].

---

1. Mesure des cordes :
Voix d'homme : basse : 24-25 mm ; baryton : 22-24 mm ; ténor : 18-22 mm.

Raoul Husson a contesté cette notion avancée en 1855 par Garcia grâce à son laryngoscope. « J'ajouterai personnellement, écrit R. Husson[1], que l'observation des chanteurs de carrière, chez lesquels les types vocaux sont précisément les mieux caractérisés, révèle journellement des faits en contradiction absolue avec la vieille règle admise depuis Garcia : Caruso possédait des cordes démesurément longues qui l'eussent fait chanter en dessous de la basse profonde ; Labriet, basse chantante, avait des cordes courtes ; Maryse Beaujon, soprano d'opéra, présente des cordes longues et larges de baryton ; J. Darla, jeune soprano ultra-aigu disposant d'un splendide troisième registre, possède des cordes très longues, très larges et très épaisses. [...] Personne ne nie que certaines basses, par exemple, aient des cordes longues, mais il en existe autant qui ont des cordes courtes et bien plus qui ont des cordes vaguement moyennes. »

Voix de femme : contralto : 18-19 mm ; mezzo-soprano : 18-21 mm ; soprano : 14-19 mm.

Constitution des cordes : elles sont composées comme le larynx de cartilages, de tissu fibro-élastique, de muscles* et de muqueuses. La muqueuse qui recouvre le muscle vocal doit posséder une grande souplesse** (d'après Zimmerman).

* *On considère que le muscle vocal est constitué par des fibres parallèles au bord libre des cordes vocales. En 1941, le docteur Kurt Goerttler a découvert au cours de ses recherches que toutes les fibres de ce muscle étaient dirigées obliquement par rapport à l'axe de la corde vocale et s'inséraient « en dents de peigne » sur le ligament élastique qui tapisse celle-ci. Or cette conception n'a pas été confirmée par la suite. Je le déplore, car il me semble que la résistance et la mobilité cordales s'en seraient trouvées renforcées.*

** *La muqueuse cordale possède une grande liberté de mouvement par rapport au muscle sous-jacent, créant les possibilités ondulatoires pour la production sonore (Perello).*

1. *La Voix chantée*, Gauthier-Villars.

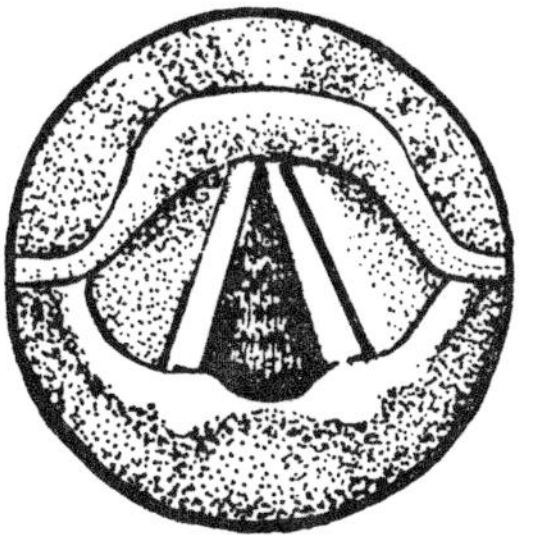

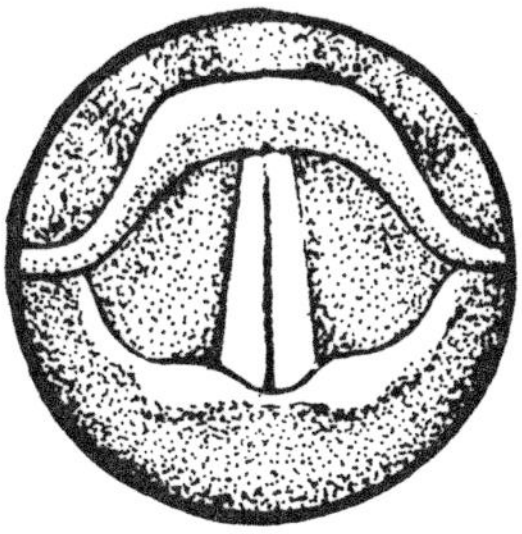

Figure 20

CORDES VOCALES (vue laryngoscopique)

Les tenants de Garcia ont aujourd'hui repris du « poil de la bête ». Et je parierais pour ma part sur la longueur des cordes d'un Georges Thill, compte tenu de son aisance à entrer en voix mixte.

Fonction des cordes

Pendant l'inspiration, les cordes vocales sont écartées, l'air passe entre elles et s'achemine dans la trachée puis dans les poumons. Dans la phase phonatoire parlée ou chantée, les deux cordes vocales se rapprochent, s'accolent.

Pendant la production sonore, les aryténoïdes bien accolés vont s'ouvrir légèrement puis se refermer d'une manière très rythmée et ultrarapide (180 fois par seconde), et ce mécanisme, dit « vibratoire », d'ouverture glottique va faire naître le son fondamental.

Le mouvement de fermeture de la glotte se fait en deux temps.

1er temps : les chevalets aryténoïdiens se rapprochent[1]

1. Action du muscle inter-aryténoïdien ; le muscle crico-aryténoïdien latéral complète la fermeture.

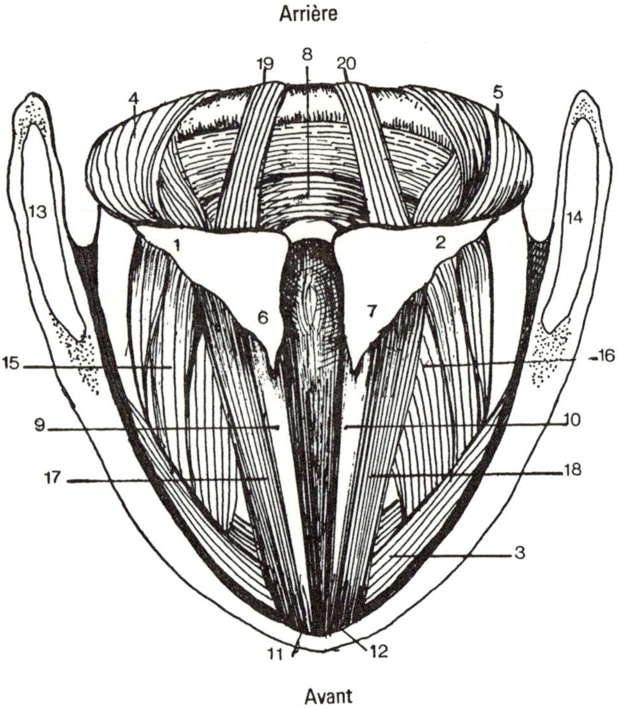

Figure 21

(D'après Lennox Browne et Emil Behnke.)

SECTION DU LARYNX VU D'EN HAUT :

1, 2 : apophyses musculaires des aryténoïdes (abduction) ; 3 : anneau ; 4, 5 : crico-aryténoïdiens postérieurs (abduction) ; 6, 7 : apophyses vocales des aryténoïdes (adduction) ; 8 : muscles aryténoïdiens (adduction) ; 9, 10 : muscles thyro-aryténoïdiens inférieurs : cordes vocales (adduction) ; 11, 12 : cartilages sésamoïdes ; 13, 14 : cartilage thyroïdien ; 15, 16 : crico-aryténoïdiens latéraux (adduction) ; 17, 18 : muscles thyro-aryténoïdiens supérieurs (adduction) ; 19, 20 : ligaments unissant les aryténoïdes à l'anneau ; musculature travaillée dans la gymnastique vocalique et entraînée plus systématiquement dans la vocalisation spécifiquement conçue pour un échauffement progressif.

et s'accolent par leur arête oblique postéro-interne. La glotte se ferme à l'arrière, alors que la partie médiane reste ouverte en forme d'ellipse.

2e temps : une autre contraction musculaire entraîne le rapprochement des deux cordes vocales.

La glotte est complètement fermée.

La commande musculaire est donnée par deux nerfs [1].

Mécanisme vibratoire des cordes vocales [2]

Les chanteurs professionnels et les élèves chanteurs, dès que le vibrato s'est déclenché, éprouvent cette sensation extrêmement euphorisante d'avoir un petit moteur vibrant à l'intérieur du larynx. Ils visualisent subjectivement ce « pont vocal » produisant des amplitudes vibratoires différentes selon la tonalité et les voyelles employées.

Les cordes vocales peuvent vibrer sans entrer en contact ou avec un accolement incomplet, ce qui entraîne une modification du timbre de la voix [3].

La vibration cordale est formée par une alternance de minuscules mouvements brusques d'ouverture et de fer-

---

1. Nerf laryngé supérieur et nerf laryngé inférieur (ou nerfs récurrents).

2. 1741 : Ferrein montre sur des larynx de cadavres que la corde vocale vibre sous l'action de l'air et produit le son. 1898 : théorie myo-élastique. Ewald (vibration passive des cordes vocales). Le son ne dépend que de la pression de l'air et de la tension cordale. 1950 : théorie neuro-chronaxique. Husson (vibration active des cordes vocales d'origine neuro-musculaire). La pression d'air sous-glottique est indépendante. Cette théorie a été abandonnée parce qu'elle contredisait les données de la neurophysiologie et de la pathologie. 1962 : théorie muco-ondulatoire. Perello (propriété vibratoire et ondulatoire de la muqueuse de la corde vocale). 1968 : théorie muco-oscillatoire. Mac Leod et Sylvestre (rapprochement entre la physiologie de certains muscles des ailes d'insectes et du muscle vocal).

3. François Le Huche, *op. cit.*

meture des cordes. « À chaque ouverture, l'air jaillit sous pression ; le son laryngé est ainsi constitué d'une série de "puffs" d'air qui sortent de la glotte d'une manière rythmique et peuvent être assimilés à des "*impulsions acoustiques*" (J.-C. Lafon). »

Ces petits « puffs » d'air passant au travers du vibrateur, à la sortie supérieure, seront sonores.

Selon la tonalité décidée par l'oreille et le cerveau, tout un mécanisme compliqué et subtil va se mettre en action. Il n'y entre aucune notion de force mais au contraire de précision et de souplesse.

Sur les sons aigus, les cordes vocales seront fermement serrées l'une contre l'autre ; simultanément les muscles crico-thyroïdiens attirent vers le bas le cartilage thyroïdiens ; celui-ci entraîne les cordes vocales dans son mouvement de bascule et elles s'allongent sensiblement (plusieurs millimètres, selon la hauteur du son). Le bord de la corde vocale est mince et la musculature générale de rapprochement et d'étirement est sollicitée avec dynamisme, tandis que l'apport du souffle augmente, accentuant encore l'excitabilité musculaire.

En registre de fausset, l'amplitude vibratoire devient faible et le quotient d'ouverture augmente. En dehors de certains ténors légers ou si ce n'est pour produire quelques effets particuliers dans une interprétation, on utilise peu le passage en fausset dans l'art lyrique. La technique vocale entraîne d'autres amplitudes vibratoires et modifie ainsi le quotient d'ouverture.

Cet étirement cordal est modulable par la technique vocale et variera selon les voix. Nous touchons là un des points délicats de l'éducation vocale, car c'est souvent dans la recherche de la bonne place dans l'aigu que le mécanisme cordal est malmené, surtout lorsqu'il est accompagné d'un mauvais positionnement de la tête.

En redescendant progressivement sur les sons graves, les cordes vocales sont moins étroitement serrées l'une contre l'autre ; elles semblent plus courtes et relâchées, et l'accolement s'effectue sur une grande épaisseur. La durée et l'amplitude de leur ouverture rythmée sont plus importantes, tandis que leur quotient d'ouverture diminue.

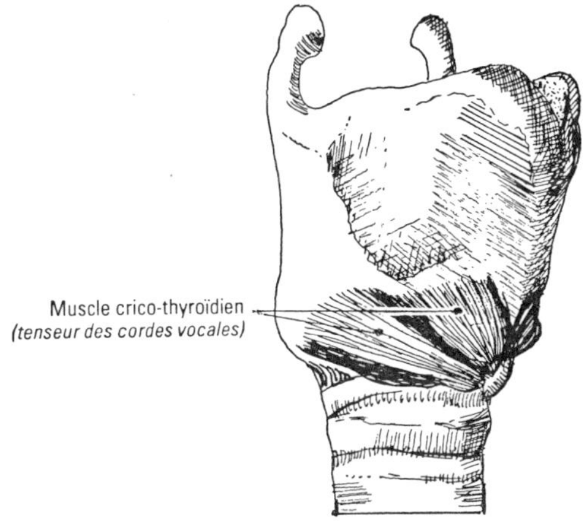

Figure 22

Cartilages thyroïde et cricoïde rattachés par les muscles crico-thyroïdiens, fondamentaux dans le chant. Le bon positionnement facilite leur travail.

Figure 23

Schéma de la bascule du cartilage thyroïde.

LES REGISTRES ET LEURS PASSAGES

La voix, pour s'élever du grave à l'aigu et atteindre le suraigu, passe par des phases vibratoires différentes et exige l'utilisation de plusieurs mécanismes laryngés.

Un registre est défini comme une suite de sons produits par le même mécanisme laryngé.

La voix est divisée en plusieurs registres dont les trois principaux sont :

– voix de poitrine (grave) ;
– voix mixte (médium) ;
– voix de tête (aigu) ;

auxquels on peut ajouter le strohbass (extrême grave) et le sifflet (extrême aigu).

Pour simplifier l'explication, je ne mentionne personnellement que la voix de tête et la voix de poitrine, la voix mixte constituant à mes yeux l'adaptation de deux mécanismes phonatoires.

Le passage de l'un à l'autre de ces registres modifie l'aspect, le volume, le positionnement et la tension des cordes vocales. Ces modifications provoquent un changement dans la couleur vocale, dans les vibrations et le lieu de la résonance.

Rappelons que l'homme chante une octave en dessous de celle de la femme. Mais n'oublions pas que, par confort pianistique, les professeurs attaquent toujours l'accompagnement du travail vocal dans la tonalité de la femme, c'est-à-dire l'octave 2, 3, 4 et 5, ce qui a pour inconvénient de produire des vibrations instrumentales susceptibles de troubler l'élève masculin.

Je propose aux professeurs de chant d'accompagner le travail vocal des hommes dans leur tonalité. Ils s'apercevront que les passages s'ajusteront mieux, que la couverture des sons (p. 269) s'effectuera plus aisément. Ce procédé convient également pour certaines mezzo sombres et contralto, mais ce n'est pas systématique, car on gagne parfois, dans l'intérêt des voix, à les alléger.

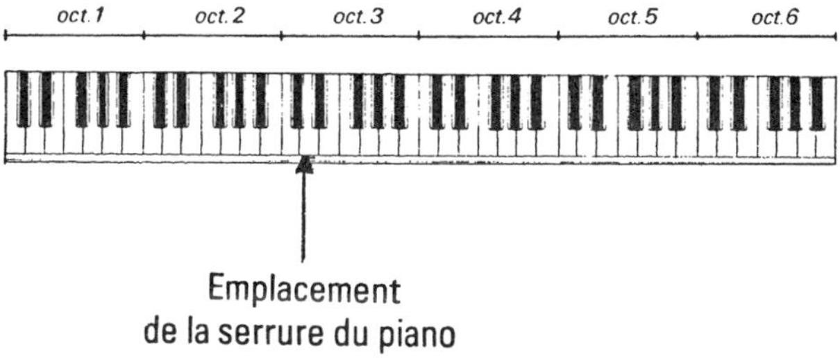

Figure 24

Repérage des octaves sur le piano.

J'ai la chance, pour un soprano, d'avoir une voix longue et je peux descendre d'une manière très sonore jusqu'au *contre-ré* grave (*ré* 2), ce qui me permet d'accompagner un élève masculin dans sa tonalité. Immédiatement, je perçois un dédoublement de ses vibrations. Il éprouve plus de facilité et chante plus juste. Sans qu'il en ait encore tout à fait conscience, je l'amène à couvrir ses sons.

L'exemple est plus frappant encore dans le cas du ténor. À partir du son *mi* 3 (il est déjà dans le ton écrit sur le *mi* 4), je l'accompagne sur mon *mi* 3, nous montons ensemble jusqu'au *la* 3 (*la* 4 écrit) et immédiatement, dans ce passage délicat du ténor, la voix se place, la couverture des sons, si importante pour lui, s'effectue en douceur, et l'amorce du mécanisme de la voix mixte sur le *sol*, *la* bémol ou *la* 3 s'effectue sans heurt. Un autre passage interviendra pour lui sur le *si* 3, *do*, *do* dièse 4.

Niveau de passage du premier registre (dit « de poitrine ») au second registre (dit « de tête »)

(Voix éduquées [1])

Soprano : se situe entre *do* dièse, *do* 3, et *si* 2.

Mezzo-soprano : *mi* bémol, *ré, do* dièse 3.

Contralto : fa, mi, mi bémol, 3.

L'homme chante une octave en dessous de la femme [2].

Ténor : mi, mi bémol, *ré* 4.

Baryton : do 4, *si, si* bémol 3.

Basse : sol, fa dièse, *fa* 3.

Selon les individus et les différentes classifications vocales dans chacune de ces catégories, le passage peut varier sensiblement.

Au XVIIIe siècle, le chanteur utilisait le registre de poitrine jusqu'à sa limite aiguë en voix « ouverte », et, lorsqu'il rencontrait la difficulté d'émission au changement de registre, il passait directement en voix de fausset.

Vu le peu de possibilités qu'offre cette émission, les interprétations s'en trouvaient fort réduites sur le plan dramatique.

Le grand ténor français Gilbert Duprez reçut en Italie, dans l'entourage du célèbre ténor Donzelli, une éducation vocale toute nouvelle à l'époque : l'application de la couverture des sons (voir p. 269). Il revint à Paris en 1837 avec une émission totalement changée, permettant une puissance et une vaillance dans l'aigu qui surprirent, mais sans risque pour le larynx ; ses interprétations d'œuvres dramatiques enthousiasmèrent le public. Pour l'art lyrique, c'était une grande découverte. En fait, cette technique de la couverture des sons permet l'unification des

1. Les voix non éduquées peuvent avoir un passage beaucoup plus haut.

2. Numérotage des octaves aligné sur la voix féminine pour une meilleure compréhension.

registres. Je l'applique, personnellement, sur toute l'étendue vocale, ce qui a pour effet d'amorcer l'imbrication des mécanismes des deux registres une quarte environ avant le passage réel.

Les élèves qui ont de belles voix naturelles n'ont même pas conscience de l'existence de ce passage, parce que le travail dès le départ, dans la technique de base même, élimine toute sensation de « saut » à effectuer entre deux registres. L'homogénéité s'acquiert d'elle-même, et dès les premières leçons. Il n'en va évidemment pas de même avec les voix « à problèmes » ou dans les rééducations. Là, la récupération est plus lente, quoique sûre.

Le travail a une double action : l'unification du timbre, d'une part, et la sécurisation du mécanisme neuromusculaire, d'autre part.

Chez la femme, dans le second registre dit « de tête » et sur une voix non éduquée – c'est-à-dire en émission ouverte –, un deuxième passage apparaîtra aux environs de la fréquence double de celle sur laquelle apparaissait le premier passage[1], c'est-à-dire à peu près une octave. Là encore, dès l'application de la couverture des sons, ce passage s'efface. Le soprano léger qui chante naturellement presque toujours très ouvert et très clair à ses débuts rencontrera des problèmes si la couverture des sons n'est pas appliquée avec beaucoup de souplesse : les passages s'accentueront et le surmenage vocal suivra. Les passages délicats du deuxième registre seront pour le soprano sur le *mi* bémol, *mi, fa* 4 et *si* bémol, *si* 4, *do* 5. Pour le ténor (toujours à l'octave inférieure) : *sol, la* bémol, *la* 4 et *si* bémol, *si* 4, *do, do* dièse 5.

Les méthodes actuelles, au niveau international, développent la voix de poitrine du soprano lyrique, alors qu'auparavant les méthodes pédagogiques préconisaient

1. Raoul Husson, *op. cit.*

de rester en registre de tête le plus possible. Je travaille également dans ce sens, en ayant l'assurance absolue que je ne peux pas fatiguer une voix en raison du support musculaire construit par la gymnastique vocalique. Le développement du registre de poitrine ne fait pas perdre l'aigu, comme on avait coutume de le croire ; il l'élargit au contraire, si cette voix de poitrine a une émission très haute. On entend généralement dire que l'émission de poitrine s'accompagne de sensations vibratoires au niveau du thorax. Cela est vrai chez le débutant ou chez celui qui a une voix mal placée, parce qu'il a une émission de premier registre basse.

L'éducation vocale cherchera à coupler la vibration basse avec la résonance sus-glottique.

Facteurs déterminant les variations tonales et les registres

Pour expliquer simplement ces mécanismes complexes qui déterminent le passage de la voix de poitrine à la voix de tête, je choisirai l'exemple d'une voix de mezzo-soprano non éduquée.

C'est, avec le contralto et le ténor, l'une des trois voix les plus difficiles à placer car leurs tessitures chevauchent continuellement ces deux registres.

Registre de poitrine

Dans le cas de ce registre du grave, le ligament cordal est relâché, le corps musculaire et le revêtement de la corde vocale sont souples et vibrent avec une grande amplitude.

Au fur et à mesure de la montée de la tonalité dans ce même registre, le corps musculaire se contracte. Cette montée s'accompagne d'une tension et de la compression médiane progressive des cordes vocales ainsi que d'une montée de la pression du souffle.

Les cordes vocales sont ainsi accolées sur l'épaisseur du muscle comme deux bourrelets larges. Le timbre est riche en harmoniques.

Lorsque l'élève parvient au *ré*, *mi* bémol et parfois *mi* 3, un tout autre mécanisme se déclenche, et se produit alors ce que l'on appelle le *passage* en voix de tête.

La voix de tête est assimilée au mécanisme de la voix de fausset pour un homme. Des études physiologiques révèlent en effet une parenté, car elles possèdent l'une et l'autre les caractéristiques du « mécanisme léger » de la voix.

Voix de tête désappuyée

Dans le bas du registre de tête, juste après le passage, la musculature, dont la tension vient tout à coup de se relâcher, se retrouve un peu « au point mort » et l'élève le perçoit.

Du fait que la tonalité n'est pas encore élevée, les muscles crico-thyroïdiens sont peu sollicités et n'entraînent pas encore la bascule vers le bas du cartilage thyroïdien ; les cordes vocales sont encore molles et peu tendues : le son produit ressemble à celui qu'on obtiendrait en jouant sur une corde libre de violon.

Puis peu à peu, au fur et à mesure de la montée de la tonalité, le cartilage thyroïdien tracté vers le bas entraîne l'allongement et la tension progressifs du ligament vocal tandis que le muscle cordal, lui, se détend.

Les cordes vocales ne s'accolent plus que sur une faible épaisseur.

Dans l'art lyrique, c'est ici le « point sensible » de l'éducation vocale, car cette émission douce en voix de tête change la couleur de la voix ; les sonorités sont alors pauvres en harmoniques, la voix mince, fluette, inutilisable sur le plan professionnel. C'est la recherche d'une voix plus appuyée dans ce registre qui va, sur une voix non travaillée, accentuer le passage. Celui-ci va s'effectuer d'une manière brusque, comme une cassure.

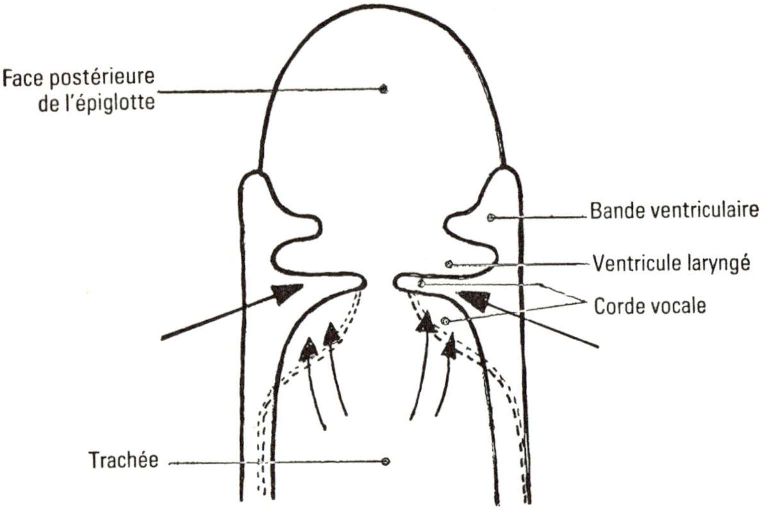

Figure 25

Son aigu : rapprochement et amincissement progressif de l'épaisseur des cordes vocales (voix de tête).
Son grave : (en pointillés) les cordes vocales se rapprochent vers le centre sur leur plus grande épaisseur (voix de poitrine).

Il est vrai que si on cherche à effacer ce passage dans l'art lyrique, il existe d'autres modes d'expression vocale, tels que la tyrolienne, où on l'accentuera au contraire. Mais on peut se demander si les chanteurs soumis quotidiennement à ce régime, et de façon prolongée, ne finiraient pas par avoir de réels problèmes !

Ce passage est plus perceptible sur les voix de mezzo-soprano, contralto et ténor, toujours pour la raison qu'il se situe dans la tessiture constante alors que la basse et le baryton n'abordent le changement que sur l'aigu. Pour la voix de soprano, les mécanismes de changement de registre sont beaucoup plus doux, puisqu'elle entre peu dans le registre de poitrine. Néanmoins, cette voix, sous des abords plus faciles, révèle des pièges redoutables.

Sur une voix parfaitement travaillée, les passages ne s'entendent pas, la voix reste homogène dans sa couleur et son intensité. C'est à la « santé » des notes de passage qu'on reconnaît une grande technique vocale ; dans le cas où l'on enregistre sur ces notes une faiblesse d'intensité, un appauvrissement du timbre pouvant aller jusqu'au « trou » de la voix, on peut parler de défaut technique engendrant souvent des fatigues vocales pouvant aller jusqu'à la formation d'un nodule.

Pour trouver l'équilibre entre ces deux mécanismes et parvenir à un ajustement dynamique entre les deux registres extrêmes (poitrine et tête), il faut faire exécuter un travail vocal prudent mais efficace, susceptible d'effectuer un dosage méticuleux dans la sollicitation des muscles agonistes et antagonistes qui permettra d'unifier la voix sur toute son étendue, de lui donner cette stabilité caractéristique des grandes techniques.

La quinte syllabique accompagnant la gymnastique et la vocalisation qui la suit doivent toujours être attaquées dans le haut médium, puis redescendre par demi-ton jusqu'au grave. Ainsi le passage débutera par l'accolement cordal mince et passera doucement en accolement profond. Ce procédé répétitif donne d'excellents résultats dans le travail musculaire glottique.

Dans une gamme ascendante sur une voix non travaillée, le mécanisme physiologique du passage se déclenchera un demi-ton plus haut que dans une gamme descendante, d'où l'intérêt de ce travail spécifique. Le bon positionnement de la colonne vertébrale contribue à consolider ce travail en profondeur des muscles vocaux. La couverture des sons le complète, ainsi que le travail respiratoire approfondi que je fais faire à mes élèves, car le souffle a bien entendu une part très active dans les variations d'intensité vocale et sur la richesse du timbre.

Les voix de mezzo ou contralto qui se fatiguent montent très souvent trop haut en voix de poitrine ; elles vont droit au forçage vocal.

Dans l'éducation des chanteurs lyriques, il s'agit là d'un sujet qui ne peut pas ne pas être abordé, qu'il le soit bien ou moins bien. En revanche, chez les chanteurs de variétés, il est proscrit. Ce qui peut évidemment entraîner de sévères fatigues vocales. Les chanteuses réalistes, qui sont presque toujours des mezzos ou des contraltos, montent le plus possible en voix de poitrine pour éviter le passage en voix de tête qui, lorsqu'elle n'est pas travaillée, ne permet pas de garder une couleur homogène, nécessaire à ce type d'interprétation.

Pour maintenir cette dangereuse position phonatoire, elles « forcent » au fur et à mesure de leur montée dans la tonalité, la tête se lève, la mâchoire inférieure se crispe et, si elles « souffrent » trop, elles font baisser la tonalité de leurs chansons. Ce n'est pas bon pour leur appareil vocal, car elles vont progressivement chanter de plus en plus grave avec tous les risques d'effondrement glottique que cela comporte.

Et Mme Édith Piaf, me direz-vous ?... Elle était l'exemple parfait du phénomène de surdoué vocal, de l'instrument idéal pour chanter intensément en voix de poitrine, avec toute la puissance voulue. Remplissant sans le recours au micro la grande salle du Trocadéro. L'inimitable...

Que de jeunes chanteuses se sont épuisées en voulant l'imiter ! Si on veut l'imiter, il faut *savoir* chanter.

Je rappellerai simplement qu'une grande technique vocale ne donne pas nécessairement une voix d'« opéra ». Elle assure simplement la possibilité d'aborder le grave et l'aigu dans la même couleur sans se fatiguer ni souffrir, ni mettre en péril son « instrument ».

Ce qui donne la couleur « classique », c'est le travail obligé d'un certain mécanisme phonatoire en raison des tessitures dans lesquelles ont été écrits les morceaux à interpréter, des notes aiguës à ne pas « rater », des difficultés d'articulation dans les tessitures hautes, du choix des voyelles compensatrices pour mieux couvrir les sons, du volume sonore à donner, puisque dans cet art une voix sans micro doit par sa seule puissance remplir des salles immenses, passer « au-dessus » d'un orchestre et d'une masse chorale.

LA PUISSANCE VOCALE

Je rappelle à nouveau, avec insistance, que la puissance vocale, l'ampleur ne peuvent être acquises et conservées que si elles sont utilisées dans la souplesse et sans jamais forcer.

Un chanteur qui « hurle », qui « pousse », ne se maintiendra pas longtemps.

Il est sûr que, pour le chanteur, il y a une vraie jouissance à user de sa puissance. On peut la « donner », certes, mais avec une bonne technique, préservatrice de l'appareil vocal.

Elle est aussi, bien sûr, le privilège de certaines conformations. Mais on peut, notamment en recourant à ma technique, la décupler, en fonction d'un certain nombre de données physiologiques :

– développement de la ventilation pulmonaire pour acquérir des éléments primordiaux dans le chant à grande intensité : la pression sous-glottique et la position diaphragmatique basse pendant la phonation ;

– développement et renforcement du vibrateur laryngien (travail musculaire important du « pont vocal » dans le mouvement de propulsion du maxillaire inférieur) ;

– réalisation de positions laryngées basses qui augmentent l'épaisseur des cordes vocales pendant la phonation grâce au mécanisme de la couverture des sons ;

– renforcement de la musculature aryténoïdienne (qui assure la fermeture des cordes vocales pendant la phonation) par la gymnastique vocalique et la vocalisation axée sur le travail en sons piqués ;

– développement important des cavités de résonance sus-glottiques (laryngo-pharyngo-buccal) ;

– surélévation, allongement, affinement du voile du palais, travail de fermeture entre le pharynx buccal et nasal ;

– abaissement du maxillaire inférieur ;

– positionnement de la cavité buccale (lingual et labial) ;

– travail musculaire, sensibilisation, dilatation des zones buccales dans lesquelles doit s'effectuer la directivité subjective de la projection sonore (grave, médium, aigu, suraigu) ;

– déclenchement du vibrato (p. 279) ;

– conditions neuroendocriniennes d'obtention de pressions sus-glottiques élevées [1].

Les recherches effectuées par le docteur J.H. Amado, endocrinologue, sur des voix très puissantes, ont fait apparaître que toutes celles qui dépassaient 110 décibels (à une distance d'un mètre de la bouche) appartenaient à des sujets nettement hyper-cortico-surrénaliens (ayant un métabolisme « superactif » : tonicité, vitalité, rapidité), hyper-génitalistes (sexualité exigeante), avec tendance à l'hypertrichose (système pileux développé) ainsi qu'une certaine agressivité. Ce qui démontrerait que ces voix puissantes, outre leur conditionnement anatomique et neuromoteur adéquat, possédaient également un métabolisme endocrinien adapté.

1. R. Husson, *op. cit.*

Certaines voix naturellement amples mais non travaillées qui possèdent une émission un peu « blanche » et « ouverte » (qu'on rencontre plus fréquemment chez certains barytons) déclenchent un haut niveau de décibels dans la salle de travail, mais sur scène et face à une vaste salle, cette même voix passerait à peine, paraîtrait encore plus blanche et raide, se fatiguerait extrêmement vite. Seul le travail sur la couverture des sons canalisera, corsètera cette puissance, lui assurera une meilleure portée et lui permettra ainsi de passer au-dessus d'un orchestre.

Cette couverture des sons reposant, bien entendu, sur tout le travail musculaire que nous avons déjà longuement défini.

LA COUVERTURE DES SONS

De tous les professionnels de la voix, ce sont les chanteurs d'opéra qui demandent à leur musculature phonatoire les performances les plus exceptionnelles. Pour protéger cette musculature, soutenir ce travail intensif des muscles vocaux, il importe de réaliser cette « couverture des sons » qui va élargir la tessiture, faciliter la montée dans l'aigu, aider à unifier les passages d'un registre à l'autre, surtout entre la voix de poitrine et la voix de tête.

Si doué soit-il, un élève doit l'apprendre et l'acquérir, car ce n'est pas un mécanisme naturel, à de rarissimes exceptions près. On imagine mal le nombre de belles voix qui se détériorent à cause de l'insuffisance de leur couverture sonore. J'ai en mémoire le terrible chemin de croix d'un splendide baryton, magnifique artiste qui de toute évidence chantait un peu trop ouvert et qui s'est vu perdre les qualités essentielles de sa voix à un âge où il aurait dû être au sommet de sa forme.

Reprenons l'exemple du baryton non éduqué qui constitue la catégorie vocale la plus difficile à faire couvrir. Imaginons qu'il monte une gamme en *fa* majeur sur « A ». Jusqu'à l'*ut* 3, il va chanter avec aisance et rondeur ; à partir de l'*ut* dièse ou *ré* 3, sa voix commence à blanchir, sa bouche s'ouvre en largeur, il commence à relever la tête et à bloquer sa mâchoire inférieure ; il se crispe. S'il continue à monter sur le *mi* bémol, *mi*, il éprouve une sensation de serrage du larynx. Sur *fa* 3, la contraction des muscles de rapprochement des cordes est maximale ; s'il veut encore monter, il va devoir forcer, et l'organe vocal réagira en refusant l'effort impossible, comme le cheval refuse l'obstacle... et c'est le « couac » traumatisant ; les cordes vocales se séparent, ou alors la voix « décroche » et passe brutalement en voix de tête, ce qui le surprend. Il sent bien qu'il faut « faire quelque chose », et ce « quelque chose », c'est la couverture des sons.

On recourt donc généralement à ce mécanisme protecteur au moment du blanchissement de la couleur vocale et du serrage laryngé. Je le fais personnellement pratiquer sur toute l'étendue vocale afin de mieux homogénéiser la couleur dans tous les registres.

Comment s'obtient-il ? En changeant la couleur de la voyelle émise, en la rendant plus sombre, plus ronde, plus chaude, la plus proche possible acoustiquement de la voyelle « écrite » ; parallèlement, la cavité buccale prend un positionnement qui favorise cette action : bâillement, surélévation importante du voile du palais, abaissement du maxillaire inférieur ; les joues sont creusées et les lèvres bien musclées vers l'avant. J'ajoute à cela l'étirement de la nuque et certaines positions du corps. La conjonction de ces différents exercices va entraîner la modification du mécanisme laryngé qui favorisera l'acquisition d'harmoniques graves, assombrira la voix, permettra de monter aisément dans le registre supérieur en conservant toute l'homogénéité du timbre.

En voici précisément les effets physiologiques : déconstriction et descente du larynx, projection de la base de la langue vers l'avant, descente de l'os hyoïde, bascule vers le bas et vers l'avant du cartilage thyroïde [1], augmentation de l'amplitude vibratoire, détente et allongement des cordes vocales, diminution du tonus d'accolement, activation des vibrations de tête, augmentation du débit aérien au travers de la glotte.

Toutes ces attitudes organiques ainsi modifiées s'accompagnent d'une forte évolution des sensibilités internes que le sujet perçoit et localise très bien. L'élève sent que le son prend son axe idéal, permettant la puissance sans aucun effort. En outre, ces modifications s'accompagnent toujours d'un effet relaxant et même euphorisant. L'instinct de l'élève lui confirme qu'il vient de protéger son instrument.

Tous les chanteurs, certes, ne sont pas également attentifs aux « messages » de leur instinct. Lorsqu'un élève craint d'exécuter une performance vocale – hélas, parfois exigée –, il a raison d'avoir peur. La conscience qu'il a de son corps le met en garde, sent que sa musculature n'est pas encore prête pour l'exécution. Si j'osais, je dirais que son corps est infiniment plus raisonnable que sa tête... et qu'il devrait avoir la sagesse de l'écouter. Par volontarisme ou quelquefois par orgueil, il va forcer son instrument au risque de le fatiguer. La réaction de forçage se remarque davantage chez certains ténors et barytons qui, lorsqu'ils ne couvrent pas suffisamment leurs sons dans l'aigu, se congestionnent sous l'effort pour maintenir leurs cordes accolées alors qu'elles « crient grâce ».

1. Les études électromyographiques ont révélé que, dans le mécanisme de la couverture des sons, l'activité du muscle vocal diminuait et celle du crico-thyroïdien augmentait (Van Deinse) (abaissement accentué du cartilage thyroïdien et relâchement du muscle des cordes vocales).

On peut en être sûr, la carrière de ces chanteurs ne durera pas. Même si on est parfois surpris de la résistance de certains matériels vocaux dangereusement malmenés.

Ce mécanisme de la couverture sonore n'est pas toujours ressenti comme aisé à exécuter. Il est même bien souvent contraire à une certaine éthique du chanteur dans sa volonté d'articulation exacte.

Ainsi, lorsque vous demandez à une « Tosca » de transformer son attaque douce et aérienne de *Vissi d'arte* en *Vussu d'arte*, elle hésite. Et pourtant le *i* est terriblement mangeur d'harmoniques dans le chant, et c'est pourquoi je le travaille beaucoup dans mes exercices techniques.

Sur la fin de l'air de Tosca, le véhément et emporté *Perche Signor ?* devra se transformer en « Peûrqueû Sugnor » parce qu'une excellente couverture du son avant la note aiguë va permettre à ce *si* bémol de s'ouvrir, de s'amplifier et de devenir triomphant... sans risque.

Un mezzo débutant ne sera pas moins étonné de devoir prononcer « Prends gôrde à toi » dans son air de *Carmen* et changer son *Chè faro senza il mio ben* en « Queue faro seunzâ il mio beun » dans la dernière phrase de son air d'*Orphée* de Gluck, afin que le *fa* 4 conserve la couleur générale de la voix et surtout qu'il puisse monter en tête et s'épanouir.

« Qu'un œil noir te regârde » de l'air d'Escamillo s'impose également.

Ce travail sur l'assombrissement des voyelles est donc ressenti comme peu naturel, semble manquer de vérité, voire paraît ridicule. L'élève s'imagine que le public va entendre cette modification. Ce n'est qu'après avoir constaté sur les autres élèves et vérifié sur magnétophone que l'audition du mot est meilleure que s'il était exactement prononcé – outre la facilité d'émission éprouvée – qu'il rend les armes. C'est un aspect essentiel de l'éducation vocale.

Les adaptations de couleurs sont modulables en fonction des conformations propres à chacun. La couverture des sons doit s'appliquer à toutes les voix, mais elle présente une application un peu particulière dans le cas des mezzos, mezzo-contraltos et basses. Le travail de couverture risque d'entraîner une émission trop sombre, « tubée », en raison d'une morphologie glottique souvent épaisse et lourde qui, dans le travail d'abaissement du maxillaire inférieur, entraîne une descente trop importante du larynx ; les bandes ventriculaires au lieu de s'étaler vont gonfler et entraver aussi la projection sonore.

Pour y remédier, j'applique en alternance un travail tout en clarté sur les voyelles « i » et « é » avec surélévation volontaire du larynx (sourire, pommettes très soulevées) qui redonne agilité, mordant et souplesse vocale.

La couverture des sons, en outre, agit sur la justesse absolue de ceux-ci, en raison de l'apport des harmoniques dû à l'ouverture accentuée des espaces de résonance. L'élève débutant chante très souvent avec une justesse approximative (et il le vérifie bien lui-même en écoutant les cassettes d'enregistrement d'un cours). En réalité, ce qui peut paraître légèrement faux n'est souvent qu'un manque d'harmoniques dont le son n'est pas suffisamment habillé. Dès que je fais pratiquer le mécanisme de la couverture sonore, la justesse apparaît immédiatement et l'élève en est aussitôt conscient.

Si certaines voix peuvent se permettre des émissions un peu ouvertes dans des salles de spectacle, dans les techniques d'enregistrement, en revanche, cela devient tout à fait rédhibitoire. Ici, la parfaite couverture des sons est indispensable si le chanteur veut restituer avec rigueur ses qualités de timbre et de volume.

Les techniciens sont souvent surpris des difficultés qu'ils éprouvent à enregistrer certaines voix, surtout les voix aiguës, sopranos, ténors et parfois quelques barytons. La fréquence vibratoire est tellement serrée qu'ils doivent prendre quelques dispositions : éloignement des micros, manipulations des boutons de contrôle, filtrage, qui ont pour effet d'altérer partiellement les qualités de ces voix.

Là encore, on incriminera le défaut de couverture sonore. Ces chanteurs qui ne bénéficient pas d'une réduction de fréquence vibratoire dès le haut médium et l'aigu ne sauront peut-être jamais pourquoi leur voix perd ses qualités à l'enregistrement et pourquoi les maisons de disques ne font pas appel à leur talent (ce n'est évidemment pas toujours la seule raison...).

Lorsqu'on écoute Mme Élisabeth Schwarzkopf, on décèle bien sa couverture sonore dès le *mi* bémol 4, qu'elle accentuera sur les *mi* et *fa*, s'ouvrant ainsi la porte de l'aigu et donnant à celui-ci son arrondi et sa courbure idéale. L'aigu apparaît alors très soulevé, d'une pureté aérienne, d'une justesse inouïe, tout en conservant sa rondeur.

Le ténor Nicolaï Gedda nous fournit également un bon exemple de technique irréprochable. Le bâillement qui favorise le passage en voix mixte appuyée dans l'aigu, tout en lui donnant cette belle homogénéité vocale lui a permis d'aborder à l'enregistrement des rôles de tessitures différentes sans jamais fatiguer sa voix.

Pour illustrer l'effet immédiat dans le changement d'émission que déclenche la couverture des sons, j'ai choisi le merveilleux exemple rapporté par Guillaume Ibos, fort ténor créateur du rôle de Werther[1].

Dans le récit qu'il en fait, nous retrouvons cet aspect encore empirique et par certains côtés mystérieux qui accompagne encore de nos jours ce mécanisme mal compris souvent et pourtant indispensable à la restitution de ce qui fait la beauté d'une voix et sa préservation.

Un soir, Guillaume Ibos chantait *Les Huguenots* à

1. Georges Loiseau, *op. cit.* Olivier Merlin, *op. cit.*

l'Opéra. Lorsqu'il parvint à la phrase célèbre du duo : « Oui, tu l'as dit, oui, tu m'aimes », ce dernier mot se prononçant sur un *si* naturel, ce soir-là, il sentit quelque chose d'anormal se produire dans son larynx : toute sa gorge, son pharynx s'ouvraient largement, démesurément et il émit un *si* naturel d'une puissance et d'une couleur qu'il n'avait encore jamais entendues, tout en éprouvant une résonance bizarre, jamais encore ressentie, dans le haut de la tête. Dans le *bis* qui suivit, il retrouva la même place vocale. Rentré en hâte chez lui, devant une glace, il reproduisit exactement le bâillement qu'il avait bien mémorisé. Il put observer que sa pomme d'Adam subissait un abaissement inaccoutumé ; la mâchoire bien descendue, le « m'aimes » s'était tout naturellement changé en « m'âmes ». Il rapporte que, de ce jour, sa voix changea et il put tout se permettre : son *piano*, *pianissimo*, sons filés... Sa voix avait plus d'éclat, de moelleux, de rondeur et d'expression. Parallèlement, il affirme que son souffle avait augmenté de 50 %.

En quelque sorte, c'est à un heureux hasard que ce superbe artiste dut sa rencontre avec la couverture des sons. On sait aujourd'hui qu'il faut l'appliquer systématiquement dans toute éducation vocale. Au passage, j'ajouterai que j'éprouve toujours quelques difficultés avec les voix « du Midi » qui ont « l'assent »... Le « o » ouvert pose alors des problèmes, surtout chez le baryton !

Ce changement de position du larynx qui favorise et développe les cavités de résonance sus-glottiques me conduit tout naturellement à aborder maintenant ces caisses de résonance naturelles de la voix humaine.

LES RÉSONATEURS

Certains chanteurs ont une propagation des sons très directionnelle : dès qu'ils tournent la tête, la voix s'étouffe. D'autres peuvent chanter dos au public, la voix demeurant aussi ample et vibrante.

Je pense pour ma part que l'une des causes de ce phénomène se trouve liée à la parfaite surélévation du voile du palais pendant la phonation. Cette membrane musculaire, que j'assimile à une peau de tambour, interviendra de façon prépondérante dans la mise en vibration du massif osseux de la face et retentira sur la vibration environnante du chanteur.

Ces cavités osseuses de la face, encore appelées « masque », sont, je le rappelle, de dimensions totalement différentes d'un individu à l'autre. Leur importance est probablement l'une des caractéristiques de l'habillage harmonique du son.

Ces cavités sont constituées des fosses nasales, des quatre paires de sinus (maxillaires, ethmoïdaux, frontaux, sphénoïdaux), du pharynx nasal et des cavités orbitaires.

Il n'existe aucune preuve scientifique de ce que ces cavités entrent en vibration lorsque l'on chante. La seule hypothèse que je puisse avancer, c'est que tout chanteur possédant une voix assez puissante et une bonne technique éprouve une sensation bien définie : il perçoit des vibrations, extrêmement euphorisantes d'ailleurs, au niveau des pommettes, de l'espace nasal, des sinus frontaux (cette dernière sensation étant la plus difficile à obtenir pendant l'éducation vocale).

Entre les cavernes osseuses et les cordes vocales se trouvent des espaces de résonance membraneux et musculaires, de volume et de dimensions modulables selon toutes sortes de facteurs : conformation physiologique de chaque voix, position de la langue, articulation, emploi de diverses voyelles, couverture des sons.

Au cours de la pratique de ma gymnastique et de la respiration profonde en bâillement, je fais ouvrir largement cet espace. Ce même travail agira également sur les bandes ventriculaires placées au-dessus de ces « poches ».

Ce sont deux bourrelets charnus placés l'un en face de l'autre.

Dans certaines maladies de la voix, paralysie ou ablation des cordes vocales, la rééducation orthophonique va chercher à se substituer à l'action des cordes vocales par un rapprochement de ces deux bandes, en essayant de les faire vibrer et de reconstruire le son.

Je me souviens d'une femme sur qui on avait pratiqué une ablation d'une corde vocale et qui ne pouvait évidemment plus émettre un son. Je l'ai invitée à s'étendre sur un lit, tête renversée vers le bas, puis je lui ai massé doucement le larynx et j'ai tenté d'amener la corde vocale en face de la bande ventriculaire, en l'incitant alors à émettre un son. Celui qu'elle produisit était parfaitement net et clair. On peut se demander, au passage, si une intervention chirurgicale ne pourrait pas permettre ce rapprochement corde-bande ventriculaire dans les cas d'ablation.

Dans ma technique, tout le travail va au contraire être orienté vers l'effacement de ces bourrelets charnus pour faciliter le passage des « gouttes d'air sonores » fabriquées par le vibrateur laryngien. Elles pourront ainsi profiter de cet espace largement ouvert : le vestibule laryngé. (Si l'épiglotte et la racine de la langue ne sont pas éduquées, elles sont susceptibles d'encombrer cet espace.)

Le son sera déjà habillé d'harmoniques lorsqu'il parviendra dans le pharynx buccal très dilaté par la surélévation maximale du voile et va s'engouffrer dans la cavité buccale.

Selon la hauteur du son, les ondes sonores seront dirigées subjectivement dans des zones bien précises de cette cavité : derrière les dents du haut pour le grave, médium et haut médium, et progressivement reculeront dans le voile pour monter dans l'aigu.

Dans ma technique, j'ai recours à une « balle » imaginaire placée dans la bouche et son pharynx pour creuser les places et développer leurs perceptions.

Le soprano, ayant ainsi bien mémorisé sa « place » dans son palais et bien préparé son positionnement, sera envahi par une sensation étonnante : la projection sonore subjective mais précise sur *fa*, *fa* dièse 4 va déclencher une vibration du massif osseux du masque. La jeune élève qui éprouve cela pour la première fois en est à la fois subjuguée et étourdie.

Cette même vibration se déclenchera chez le mezzo sur *mi* bémol, *mi* 4.

Les chanteurs débutants ont généralement un larynx très haut et par conséquent une cavité sus-glottique plus réduite[1].

Au fur et à mesure de son éducation, le larynx au repos descendra légèrement, agrandissant ainsi l'espace de résonance.

Mécanisme de la résonance

Les « petites gouttes d'air sonores » séparées les unes des autres et générées par le vibrateur laryngien (cordes vocales) vont traverser les résonateurs en les faisant chaque fois résonner à leur propre fréquence d'émission.

Ces impulsions, en fonction de leur propre énergie acoustique, ébranleront plus ou moins l'air contenu dans les cavités de résonance et lorsqu'elles atteindront la sortie de la bouche, elles seront « habillées » des fréquences propres aux résonateurs.

En résumé, le son fondamental émis par le vibrateur bénéficiera donc d'une grande augmentation d'amplitude

1. Avec le docteur Pierre Bousser, j'ai commencé un examen du larynx sur des débutants, grâce à la xérographie.

de son oscillation sous l'influence d'impulsions régulières de même fréquence.

Mais on pourrait penser que toutes ces petites impulsions bien séparées vont sortir de la bouche comme un petit chapelet de sons. En réalité, toutes ces impulsions laryngées se suivent à un rythme plus ou moins rapide et, de ce fait, fusionnent, ce qui aboutit au son continu[1]. La résonance s'amplifie lorsqu'il existe un rapport harmonique entre le rythme des impulsions et la fréquence des résonateurs.

L'habillage du son fondamental sera d'autant plus important que l'air contenu dans les résonateurs sera plus abondant.

On comprendra donc le but de ma technique : amplifier les cavités sus-glottiques (larynx et pharynx buccal).

LE VIBRATO

Dans l'art lyrique, on dit volontiers : « Elle (ou il) a un trop petit vibrato », ou, selon l'heureuse formule de Michel Orecchioni, du « vibra-trop » !

Dans le premier cas, il s'agit de voix serrées, raides, inertes, sans ampleur, un peu dures ou inexpressives, pauvres en harmoniques. On dit de cette voix-là qu'elle est verte.

Dans l'autre cas, on trouve des voix distendues, instables, amorce de la « voix qui bouge » – tragédie du chan-

1. J.-C. Lafon : « L'allongement temporel des sons par la résonance des cavités phonatoires produit une sonorisation permanente à partir d'une émission discontinue [...]. Il y a intégration acoustique au niveau des résonateurs qui jouent le rôle d'une mémoire. Les sons propres des résonateurs ajoutent leur périodicité plus ou moins précise à la périodicité fondamentale laryngée. » *Op. cit.*

teur lyrique – ou qui accuse un vieillissement. Chez un sujet jeune, il faut y voir le signe d'une voix forcée.

Commentaires cruels souvent entendus à propos de ces voix : elles se répandent ou elles chantent pour deux théâtres à la fois...

Devant ces contradictions, on ne s'étonnera pas de ce que le vibrato soit à la fois mal compris, mal défini, mal ressenti et, bien mal à propos, souvent jugé dangereux.

Une fois de plus, *in medio stat virtus.* Tout est question d'équilibre et d'harmonie.

Le vibrato caractérise les belles voix, enrichit le timbre, multiplie les harmoniques, donne à la voix sa souplesse, sa rondeur, son agilité, développe la multiplicité de ses couleurs, bref : permet les belles, les sublimes interprétations !

En quoi consiste-t-il ? En une oscillation régulière de la voix, dont l'amplitude sur des voix saines se situe entre un quart et un demi-ton. Son rythme, régulier, ne doit pas dépasser de 5 à 7 vibrations par seconde. Au-delà, l'oscillation deviendrait trop large, irait vers le trémolo, puis, toujours en s'élargissant, vers le chevrotement.

Pour ma part, je veille à ce que cette oscillation soit non seulement régulière mais surtout modérée.

Certaines voix non éduquées possèdent un vibrato naturel, mais, dans la majorité des cas, il est inexistant. La voix même du professeur peut alors « inciter » au vibrato, que l'élève tentera de reproduire par mimétisme, à condition évidemment que le professeur lui-même ait conservé une voix jeune et dynamique, car avec l'âge, il est fréquent que le vibrato s'accentue à l'excès.

Pour éviter cette évolution, les exercices sur les trilles sont excellents.

Le vibrato se déclenche presque instantanément lorsqu'on arrive à assouplir le larynx et la cavité pharyngo-buccale : cordes vocales, bandes ventriculaires, langue, voile du palais. Il est surprenant de voir, grâce à la fibroscopie, la trémulation du larynx pendant l'exercice sur trilles. Le vibrato déclenche le même phénomène mais en beaucoup moins ample.

Le vibrato fait « bouger » les énergies et les fait se renforcer. Car mettre en mouvement par une technique appropriée les vibrations du corps, c'est aussi réveiller le système de défense de l'organisme. Et de tous les vibrateurs, l'organe glottique est sans doute le plus important. Dans le phénomène vibratoire vocal, quelque chose se met en place qui fait circuler ces énergies. Amplifier ce jeu de vibrations, c'est aussi favoriser la régénération physique et psychique.

Dans le travail du chant, le vibrato aide aussi, curieusement, le débutant à chanter plus en mesure. En outre, il développe le sens du rythme, améliore la conscience physiologique des processus phonatoires. La gymnastique des yeux incluse dans le travail sur la voix a un effet immédiat sur l'assouplissement laryngé et, partant, sur le vibrato.

J'avais déjà remarqué, étant élève au Conservatoire, que ce *vibrato* était plus ou moins accentué selon l'origine du sujet. Ainsi les voix des Noirs, des Méditerranéens, des gens d'Afrique du Nord en particulier, étaient plus précoces et par l'âge et par la maturité vocale que caractérisait le vibrato naturel.

Les traits plus précoces de ces voix peuvent peut-être s'expliquer par des caractères hormonaux. On peut à la fois dire qu'il existe un rapport entre le type physique et le type vocal, comme le disait A. Wicart, mais on peut dire aussi que les cordes, qui ne sont après tout que des muscles, vibrent sous l'influence d'une excitation nerveuse, comme le rappelle Ladet. Stokard, de son côté, a mis l'accent sur l'influence des facteurs endocriniens, eux-mêmes liés à des éléments raciaux. J.-G. Gauthier donne l'exemple des Mongols qui « comme le montre le seuil extraordinairement bas de leur métabolisme sont hypothyroïdiens, tandis que le Noir d'Afrique, par suite de son métabolisme des sels et de la présence importante de pigment, est hypocorticosurrénalien ». D'après Y. Garde, « un défaut de sécrétion d'hormone thyroïdienne entraîne une pauvreté des modulations de la voix parlée ». Les sujets concernés ont du mal à maintenir la hauteur des sons, alors que l'excès thyroïdien provoque souvent un passage brusque d'une voix de poitrine à une voix de fausset, ou une voix bitonale.

Dans le premier cas, le vibrato sera pauvre, dans le second, il peut s'élargir à l'excès.

Dans le phénomène de la mue, les hormones sexuelles et la commande hypothalamique sont déterminantes.

S'il peut exister des variations de trois ans entre l'apparition de la puberté chez un jeune Noir africain et un Blanc euro-américain, avec chez les Asiatiques une puberté encore plus tardive (14-15 ans), on comprendra que l'épanouissement du vibrato apparaisse à des âges variés selon les ethnies en présence.

On a tendance à penser que cette avance prise par certains se retrouve en fin de carrière et que ceux qui ont eu un vibrato précoce verront bouger leur voix plus tôt que les plus « tardifs ». Rien ne permet de l'affirmer. On peut en revanche se demander si les « voix qui bougent » trop tôt n'appartiennent pas à ceux qui se sont surmenés, n'ont pas su conduire leur carrière, n'ont pas su s'imposer une discipline quotidienne suffisante ou qui ont commis des imprudences en s'attaquant, dans le répertoire, à des rôles qui débordaient leur tessiture...

L'attitude même du chanteur peut varier à l'égard du vibrato et cela, souvent, en fonction de facteurs psychologiques. On peut se demander si, dans le cas où l'on ne parvient pas à déclencher le vibrato, même avec une bonne technique, il n'y a pas refus, blocage, peur de « remplir l'espace », comme certains êtres ont peur de leur corps, peur d'accepter leur sexualité ou refusent d'accepter la réalité concrète. Ainsi la voix de castrat, sans vibrato, répondait-elle aux fantasmes d'une époque qui souhaitait faire primer le céleste sur le terrestre...

Les voix d'enfants sont sans vibrato, ce qui, de la même manière, leur donne cette couleur angélique, cette pureté, là encore.

Éviter l'emploi ou le développement du vibrato, c'est rechercher la pureté du son instrumental, le reproduire en toute rigueur. Un choix, en quelque sorte, entre la stricte épure, désincarnée, plus asexuée et la voix charnelle, plus flexible et vivante.

LE SYSTÈME NERVEUX

Il serait singulièrement ambitieux de ma part d'aborder le mécanisme de la commande cérébrale dans ses rapports avec la voix. Je ne peux toutefois la passer totalement sous silence et me contenterai de donner ici quelques indications schématiques pour faciliter la compréhension d'un problème physiologique d'une complexité que les spécialistes eux-mêmes admettent encore aujourd'hui.

Comme pour toutes les fonctions du corps, c'est le système nerveux qui, par l'intermédiaire des nerfs, commande à l'activité musculaire motrice, phonatoire et respiratoire.

Les nerfs moteurs[1] qui partent du système nerveux central commandent l'articulation : joues, lèvres, langue, mouvements du voile du palais, fermeture et ouverture des mâchoires, élévation et abaissement du larynx, mou-

1. Nerfs : maxillaire inférieur, facial, pneumogastrique, glosso-pharyngien (+ plexus pharyngé), spinal, hypoglosse, anse de l'hypoglosse, racine médullaire du spinal, phrénique, plexus cervical profond, intercostaux.

vements pharyngés et laryngés, abaissement de l'os hyoïde, inspiration et expiration.

Les nerfs sensitifs : au niveau de l'appareil vocal et respiratoire, des informations seront perçues par les récepteurs situés dans les muscles, les tendons, les muqueuses, les articulations, etc., et elles sont transmises au cortex.

Les nerfs sensoriels (cortex auditif) : « L'oreille capte les sons et, à travers les voies auditives, transmet le message jusqu'au cortex auditif où se font l'intégration et la mémorisation. »

Les troubles, les conflits émotionnels, les états affectifs déterminent des changements dans l'émission vocale. C'est vraisemblablement au niveau du diencéphale que jouent les facteurs émotionnels.

Le cerveau est un système cybernétique compliqué et ce qu'il importe surtout de savoir, c'est que l'appareil moteur, l'appareil sensitif et l'appareil sensoriel interviennent à la fois dans la phonation.

« L'homme est une machine complexe qui peut ignorer son hardware et à la complexité du déroulement physiologique de l'action s'oppose la relative simplicité de la commande. Le nombre important d'automatismes et de boucles de régulation dans le système nerveux de l'homme supplée de façon heureuse cette carence cognitive de la machinerie du moi[1]. »

1. Pierre Rabischong, Dossier n° 5 de la FNO.

Troisième partie

LA TECHNIQUE

Gymnastique et vocalisation

Avertissement

On trouvera dans les pages suivantes le schéma conducteur d'une leçon de chant, ce qui constitue la base de ma méthode, seul élément que je considère comme son noyau transmissible.

La perfection de l'utilisation est primordiale. Chaque mouvement a été étudié minutieusement pour renforcer la musculature qui favorise le beau chant. Sachant que beaucoup de chanteurs et professeurs de chant utilisent la méthode dans son intégralité ou partiellement, j'expose dans cette deuxième édition plus de détails pour qu'elle continue à aider les utilisateurs et à sauvegarder leur capital.

Cette description ne prétend pas non plus rendre compte des aspects psychologiques et émotionnels qu'engendre la libération de la voix.

Comme le disait Charles Panzera, mon maître : « Le livre le plus sincère ne saurait remplacer une leçon de chant. »

Quelques recommandations et mode d'emploi de cette préparation vocale et musculaire

Ne pas s'inquiéter des courbatures survenant à la suite des mouvements. Elles sont au contraire la preuve que les muscles indispensables à la bonne marche de la voix n'étaient pas exploités. Elles disparaîtront dès la deuxième leçon. L'appareil phonatoire est un organe athlétique et, comme pour tout athlète, il faut procéder à un échauffement musculaire progressif. Il est important de ne donner aucun volume sonore en débutant. Penser articulation maximale, assouplissement corporel et non « voix ». Moins on en donne en commençant, plus on en aura à la fin.

Les apnées d'inspiration seront volontairement longues pour maintenir le diaphragme en position basse : travail de l'appui dans le chant.

Pour cette préparation, un lieu assez sonore, mais pas trop, est préférable. Bannir les pièces avec tapis, rideaux, revêtement mural en tissu. Cela priverait du retour du son et inciterait à « pousser », nuisant ainsi à la souplesse d'émission.

Ne jamais chanter un morceau ou déchiffrer sans avoir fait cette gymnastique.

Une fois acquise la bonne position, la leçon deviendra

de moins en moins statique. Le corps enfin devra participer à la phonation : bouger, marcher, assouplir les épaules, les hanches assurera tout de suite la liberté appréciée par les metteurs en scène.

Dans la position penchée en avant, le larynx sus-glottique augmente naturellement de volume et la dynamique des cordes vocales est allégée puisque celles-ci travaillent en apesanteur. Bien mémoriser cette couleur vocale en position penchée pour la reproduire debout.

Les images fictives sont toujours exagérées pour assurer un rendement maximal des mouvements pour que, ensuite, dans la finalité du beau chant, l'artiste donne cette impression merveilleuse de simplicité, de beauté, d'élégance tant appréciée.

Un des avantages de cette technique réside dans le fait que, quel que soit le tonus du moment, la leçon pourra être exécutée. Fatigue physique ou morale, tension nerveuse, rhume, grippe ou autres maladies qui touchent l'appareil vocal et qui font généralement appréhender, voire décommander la leçon ne constitueront plus un obstacle. Bien au contraire, le travail musculaire précédant la vocalisation va contribuer à éliminer la fatigue ; il active même la guérison.

En cas de laryngite, la gymnastique s'effectuera sans le son et, à la place de la vocalisation, on procédera à un travail doux avec la langue délicatement maintenue sur la voyelle *i* en tierces et en quintes. Pour reblanchir les cordes vocales, ce travail sera effectué pendant une demiheure. J'ai indiqué ce travail réparateur à mes amis professeurs de chant et aux orthophonistes venues se familiariser à la méthode.

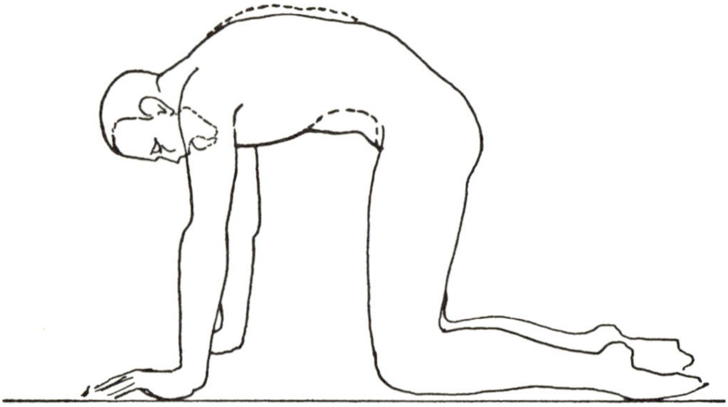

Figure 26

Travail respiratoire conseillé aux chanteurs, comédiens, enseignants et tout autre professionnel de la voix parlée et aux personnes souffrant d'enrouement au réveil, les genoux écartés comme les mains, le dos, la nuque un seul et même arc de cercle :

a) inspirer par le nez, bouche fermée avec une balle fictive et molle au fond de la bouche, dilatation abdominale et dorsale en gardant le dos rond ;

b) expirer avec la langue sortie, molle et souple (voir fig. 28) en rentrant progressivement l'abdomen et en poussant sur les bras pour arrondir encore plus le dos dix fois de suite.

Inspiration : 4 secondes, puis 5, puis 6.

Expiration : 8 secondes, puis 10, puis 12.

Une expiration *légèrement* bruyante favorisera l'élimination des mucosités trachéales et cordales et entraînera une meilleure remontée du diaphragme. Attention : n'y mettre aucune force brutale. En vous relevant de cet exercice, vous allez sentir la voix allégée et plus dans le masque. C'est un travail en profondeur de l'élévation du larynx suivie de son abaissement. Les releveurs du larynx sont les muscles de la santé et de la jeunesse de la voix.

PRÉSENTATION DES DIFFÉRENTS MOUVEMENTS EMPLOYÉS DANS LA GYMNASTIQUE QUI VA SUIVRE

Imaginez être suspendu par une mèche de cheveux située au sommet du crâne.

Ce point très précis est malheureusement quelque peu différent à quelques millimètres près en fonction de la morphologie crânienne. Pour certaines personnes ayant une forte cambrure des vertèbres cervicales, cet étirement entraîne un léger ou fort abaissement de la tête. Soyez sans inquiétude, avec la pratique quotidienne de cet entraînement musculaire assurant la posture idéale de la tête pour le chant et pour la beauté, la nuque va se redresser peu à peu et la tête reprendra une position belle et naturelle.

Sentez bien la traction élévatrice de toute la colonne vertébrale jusqu'au coccyx.

Les épaules sont basses et souples ; les jambes légèrement écartées, les pieds parallèles.

Pour ne pas revenir à des explications répétitives avant le déroulement d'une leçon, je décris ici les principaux mouvements :

L'inspiration

Elle se fera toujours de la même manière : inspiration par le nez, bouche fermée, avec dilatation volontaire des narines et silencieusement. Intérieurement, la bouche est en bâillement total, mâchoires bien ouvertes, la pointe de la langue touchant les incisives du bas, et vous mettez une balle de tennis molle entre les amygdales au fond de la bouche (toujours l'exagération des images pour entraîner un travail profond et des résultats plus rapides). La place de cette balle m'a demandé beaucoup de temps de recherche car, bien qu'elle soit fictive, si vous la déplacez d'un demi-centimètre, vous ne vous ferez aucun

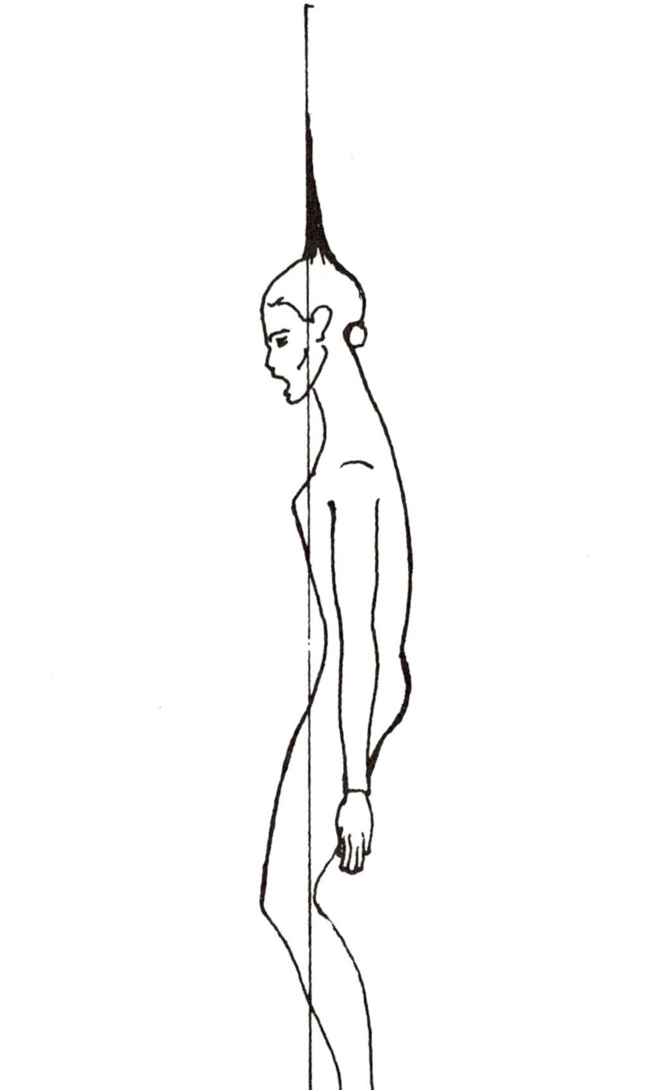

Figure 27

mal et même du bien, mais vous ne toucherez pas les muscles de l'esthétisme sonore [1].

Dilatations successives (voir fig. 15)

1) Abdominale, très basse, ouverture juste au-dessus du pubis, ce qui entraîne l'ouverture des reins.

2) Costale latérale, côtes basses.

3) Dorsale, depuis l'ouverture des reins jusqu'en haut du dos ; évitez le remplissage claviculaire, ce qui est préconisé dans certains exercices de yoga en fin de course d'inspiration. Le beau chant ne supporte pas une pression aérienne trop haute.

L'ouverture des omoplates est très importante pour le chanteur lyrique. Elle lui donne une réserve de tonus et contribue à maintenir le diaphragme en position basse dans les reins. Grand secret du beau *legato*.

Pour le débutant, je propose de ne pratiquer que l'ouverture abdominale pendant deux mois. Lorsqu'elle sera devenue spontanée, on ajoutera les deux autres.

Travail musculaire : voir xérographie n° 3.

Le mouvement d'élongation linguale

Expiration avec la bouche en grande ouverture largeur et hauteur, la langue sort de la bouche, molle, plate, large ; si vous arrivez à couvrir les molaires du bas avec ses bords latéraux, vous sentirez immédiatement une ouverture du larynx sus-glottique : sensation très agréable de déconstriction du larynx. Vous n'oublierez pas de sou-

1. J'avais réalisé dans cette étude de la physiologie phonatoire qu'il fallait solliciter, réveiller, renforcer tout cet assemblage musculaire complexe ; cependant, pour obtenir la rondeur et la beauté d'un son, il faut privilégier le travail de certains muscles précis d'où la nécessité des images.

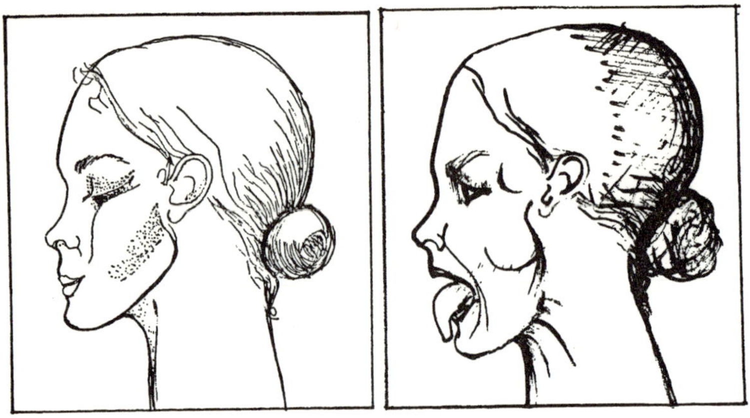

Figure 28

lever les pommettes (travail des zygomatiques qui sont les muscles du beau chant) et d'ouvrir le fond de la bouche comme un rectangle. Vous sentirez dans cette expiration l'air passer sur la langue souple (très agréable).

Je rappelle toujours qu'aucun mouvement ne se fait en force, mais toujours en douceur. La voix n'aime que la tendresse, l'élégance, la beauté et j'insiste sur le fait que vous devez vous sentir beau dans cette exécution.

Voici un moyen pour s'assurer de l'abaissement parfait de la mâchoire inférieure : placer l'index de chaque main devant le tragus de chaque oreille. Ouvrir la bouche au maximum, sentir alors une dépression, un creux sous chaque doigt ; accentuer cette dépression, puis sortir la langue. On obtient ainsi le mouvement idéal. Si les deux cavités ne sont pas rigoureusement symétriques ou de même profondeur, c'est le signe d'une mauvaise articulation des condyles de la mâchoire inférieure, d'une mauvaise occlusion dentaire (cas fréquent). Les mouvements répétitifs de la souplesse mandibulaire contribueront à une rectification.

Sur certaines configurations maxillaires, on n'obtient pratiquement pas de dépression. Cette morphologie héré-

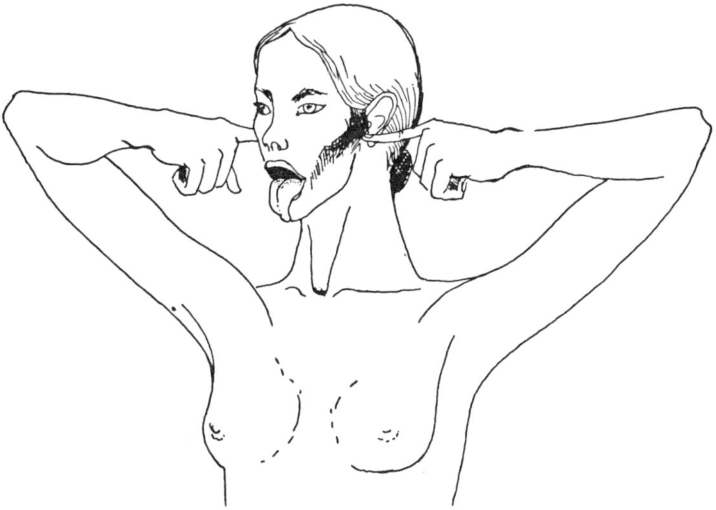

Figure 29

Mouvement favorisant l'écoute interne.

ditaire des condyles n'est pas en faveur de la souplesse nécessaire de l'émission.

Dans toute la gymnastique de préparation, l'accent sera mis sur le « lâcher prise de la langue ». Elle est une des zones principales des interactions somatiques.

Dans le beau chant, la pointe de la langue doit rester derrière les incisives du bas sur toutes les voyelles. C'est une action primordiale qui n'est malheureusement pas habituelle dans la majorité des cas. Naturellement, elle recule surtout en montant dans l'aigu et pour des voix qui veulent forcer le timbre. Il faut lui donner cette éducation pour que cela devienne naturel et spontané. Les élèves chanteurs sont toujours étonnés de la facilité d'émission qu'ils découvrent ce faisant.

L'idéal, c'est une langue bien plate, molle et creusée dans le milieu en chantant. C'est naturel pour certains ou pour d'autres qui ont eu une bonne éducation de base. Mais c'est rare...

J'ai fait travailler un baryton basse extrêmement intéressant, belle voix, belle culture, belle prestance, intelligent et déjà dans le métier, mais il avait eu sa voix forcée au départ de son éducation. La langue était totalement tétanisée, en recul et en surélévation à l'arrière d'une manière constante en chantant. Du fait qu'il était en pleine montée de sa carrière, j'ai dû procéder d'une manière très prudente car un changement de configuration phonatoire apporte toujours un temps pendant lequel on ne se retrouve plus et on a l'impression qu'on ne sait plus chanter. Ce moment n'a pas été trop déstabilisant pour lui en raison de ma prudence. En conséquence de cette mauvaise position linguale, son larynx était trop haut et, de surcroît, il avait une pression aérienne très puissante en phonation, ce qui allait de pair avec un caractère volontaire. Nous avons repris tout le répertoire du lied avec souplesse. À sa dernière leçon, j'ai senti enfin son émission s'assouplir tout en chantant avec beaucoup de justesse (il chantait quelquefois un peu bas, ce qui l'ennuyait beaucoup).

De ce jour je ne l'ai plus revu... C'est hélas une réaction fréquente et tous les professeurs de chant le disent : nous subissons ces désillusions incompréhensibles et c'est là où mes amis psychanalystes ont leur part de travail spécifique et réparateur à faire. Cela nous ramène tous à l'humilité.

Nous n'avons pas que des réussites.

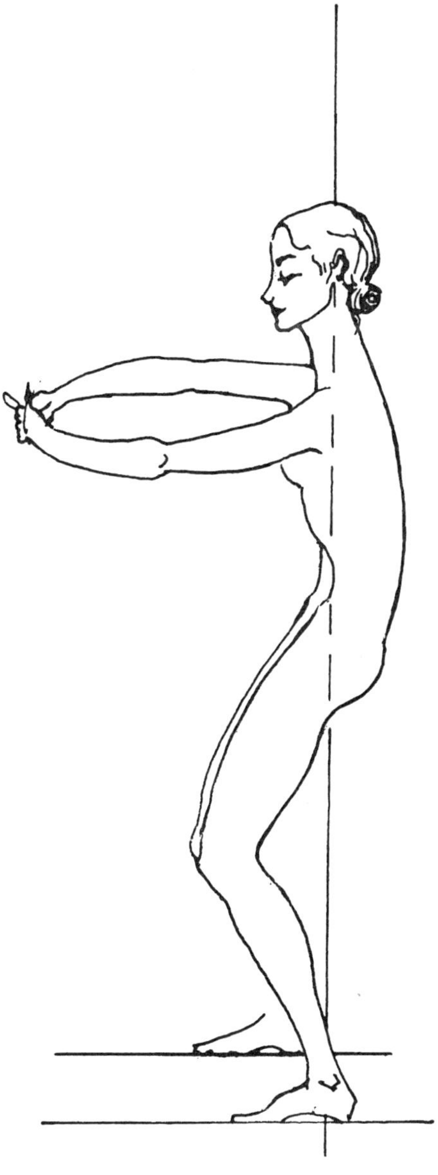

Figure 30

Les bâillements

Les bâillements s'effectueront toujours en apnée d'inspiration :

– ouvrir totalement la bouche en largeur et hauteur, la langue molle et plate, la pointe contre les incisives du bas ;

– imprimer une surélévation volontaire du voile du palais ; sentir les amygdales qui s'écartent ;

– découvrir les dents du haut et du bas.

Ce bâillement total s'accompagne toujours de l'étirement de la nuque en l'arrondissant très légèrement, ce qui contraint la tête à se baisser un peu.

Pour ceux dont le positionnement naturel est légèrement défectueux, ce mouvement paraît souvent difficile. Toute la rééducation du positionnement favorisant la bonne posture du larynx commence là.

Je rappelle cet aspect important pour le chanteur : cette action de bien ouvrir la mâchoire inférieure entraîne l'ouverture des trompes d'Eustache sans laquelle on ne peut pas bien guider sa voix. Il faut l'écoute interne et externe pour bien conduire son émission. Je rappelle également que, sans cette ouverture, on ne peut pas obtenir la justesse absolue.

Mais, comme il n'y a jamais de vérité absolue, certains chanteurs n'ont pas besoin d'ouvrir énormément et pourtant ils chantent juste. Ils ont une technique d'ouverture profonde du fond de bouche, ce qui rappelle les techniques viennoises. C'est très difficile à obtenir et très contraignant. D'une manière générale, les grands chanteurs ont une superbe mobilité maxillaire et je me permets de citer José Van Dam. Ce merveilleux artiste est un exemple de beauté d'émission, son *legato* est bouleversant. Une petite anecdote en relation avec ce grand serviteur de notre art : je faisais travailler un très beau ténor qui, bien qu'appréciant ma méthode, n'était pas tout à fait convaincu d'ouvrir la mâchoire inférieure comme je le lui demandais. J'attendais qu'il découvre par lui-même ce sésame. Il fut programmé dans un opéra avec M. Van Dam et celui-ci, en répétition, lui a dit : « Mais ouvre donc la bouche ! » Immédiatement, il a exécuté. Il a fallu que ce conseil lui soit donné par ce merveilleux artiste pour qu'il décide de le faire. Sa quinte aiguë est devenue superbe.

Figure 31

Suspension par la mèche avec bâillement en apnée.

Projection de la mâchoire inférieure vers l'avant : le « IX »

À la suite du mouvement précédent en bâillement et en apnée, nuque en place :

– projeter lentement la mâchoire inférieure en avant,

maintenue très large, avec un sourire complet et, au fur et à mesure de son avancée, les mâchoires se referment jusqu'à être complètement rassemblées à la fin de la propulsion. Toutes les dents du haut et du bas sont découvertes et la tête reste bien en posture précitée ;

– les dents du bas dépassent celles du haut sans forcer et lorsqu'on ne peut plus aller plus loin, on prononce la voyelle-consonne « IX » [1] ;

– puis lâcher l'air.

Il y a des morphologies maxillaires qui ne peuvent pas exécuter ce mouvement tel qu'il est décrit ci-dessus. Il faudra donc impérativement rassembler les mâchoires toujours en maintenant le sourire total et seulement propulser la mâchoire inférieure en avant avec les maxillaires rassemblés.

Il y a également des mâchoires qui ne peuvent pas dépasser les dents du haut dans cette propulsion. En aucun cas il ne faut forcer. Peu à peu, avec la répétition du mouvement, la mâchoire inférieure va acquérir plus de souplesse.

J'ai également pu observer que ce mouvement pouvait ne pas avoir d'action de renforcement des sus-hyoïdiens. On peut donc faire des « IX » pendant longtemps sans ressentir une amélioration du tonus vocal. Il faudra dans ce cas chercher avec l'élève la mise en action de ceux-ci par des moyens très ciblés et personnels. Cela n'est pas possible à décrire ici.

1. Pourquoi « IX » ? C'est parce qu'il n'y a aucune autre prononciation qui permettait d'obtenir ce que je voulais toucher. La prononciation « IX » en apnée d'inspiration succédant à la propulsion mandibulaire suractive l'ouverture du larynx, renforce la musculature périphérique des cordes vocales et provoque l'écartement des bandes ventriculaires, offrant ainsi un passage plus ouvert à la voix.

But de cet exercice

Pourquoi le sourire total pendant cette propulsion ? Ce sont les muscles pterygoïdiens externes et internes qui poussent la mâchoire en avant. Pour que cette action se fasse dans un mouvement naturel, il faut que les deux muscles risorius et les zygomatiques soient en étirement maximal, c'est-à-dire le sourire total (important).

Si la posture de la nuque est parfaite, tous les muscles suspenseurs du larynx seront sollicités d'une manière adéquate. C'est le mouvement le plus important de cette méthode car une fatigue vocale chez un chanteur provient presque toujours d'un manque de tonus de ces muscles suspenseurs.

J'aime les images poétiques pour parler de la voix. Je compare les cordes vocales à une libellule arrêtée dans sa course et qui frémit sans bouger. Notre libellule vocale est maintenue en suspension par une multitude de muscles. Ils seront tous renforcés par cette action du « IX » à condition que cette action soit idéalement exécutée.

Les chanteurs sont toujours étonnés de constater un mieux-être vocal immédiat dès la première application. De longues années de recherche m'ont été nécessaires pour étudier toutes les interactions de cette dynamique, d'autant que je savais que je touchais une zone très complexe et fragile. C'est la raison pour laquelle j'ai appliqué sur moi ce travail pendant plusieurs années avant de me permettre de l'appliquer sur autrui.

L'apnée d'inspiration assez longue maintenue jusqu'au bout de l'exercice a pour but de maintenir le diaphragme en position basse. C'est l'éducation de l'appui, du soutien de l'*appoggio*, si importante dans le chant. Or c'est un acte qui n'est pas naturel. Je rappelle le pourquoi : en inspiration le diaphragme descend, en expiration il remonte avec l'air expulsé. Mais vouloir le maintenir en position basse pendant le chant qui est une sortie d'air sonore est un acte qu'il faut apprendre. Chaque action de cette méthode est pédagogique et intervient dans une succession précise.

Le tonus réactivé des muscles suspenseurs du larynx redonne une position de jeunesse à celui-ci. Le chanteur qui peut ressentir une fatigue en cours de carrière en trouve ici la raison. Son larynx est légèrement descendu ; cela se joue sur un ou deux millimètres et, hélas, ne peut se détecter au fibroscope... cela engendre une fatigue en chantant avec perte du plaisir, difficulté dans l'aigu, premier passage trop haut, ce qui donne deux voix au mezzo-soprano qui poitrine trop vite, avec toutes les conséquences de ces fatigues : fuite d'air, nodules, etc.

Assurance d'une plus grande longévité des voix.

Un mouvement nouveau dans cet exercice (voir fig. 30)

En position debout, jambes légèrement écartées, pieds parallèles, la colonne vertébrale en place (étirement par la mèche sur le haut du crâne), prendre dans ses bras une sphère fictive et cependant ressentie comme réelle, coudes écartés. Elle appuie entre les deux seins ; sentir les omoplates ouvertes. En propulsant la mâchoire en avant pour le « IX », appuyer sur cette sphère (sans l'aplatir). Vous allez sentir les pectoraux se renforcer à l'avant et les muscles du dos : deltoïdes, sous-épineux, rhomboïdes petits et grands ronds (voir fig. 12) travailler en profondeur. Vous éprouverez la sensation très agréable d'une force récupérée dans l'ouverture dorsale.

Ces muscles sont d'une importance capitale dans l'art lyrique puisqu'ils contribuent à maintenir le diaphragme en position basse dans les reins.

Intégralité du mouvement

Position debout, prendre la sphère.

Expirer en rentrant l'abdomen.

Inspirer avec la balle au fond de la bouche fermée.

Bâillement total hauteur, largeur en apnée, la langue à plat, la pointe contre les incisives du bas.

Détacher les mains.

Prendre derrière le dos deux doigts, l'index et le majeur de la main que l'on veut, les paumes tournées vers les fessiers.

Tirer en douceur vers l'arrière, les épaules tirées ; le thorax s'ouvre ; vous pouvez cambrer mais en conservant l'étirement de la mèche.

Sortir la langue, molle, plate, etc.

Toujours en apnée, relâcher les mains.

Reprendre la sphère, la colonne se remet en place.

Ne pas s'occuper de la langue qui est toujours sortie.

En maintenant l'ouverture totale de la bouche, commencer la propulsion en avant de la mâchoire inférieure en refermant peu à peu les mâchoires ; la langue va rentrer spontanément pendant cette propulsion (l'acte spontané est important pour le travail du larynx).

Lorsque la mâchoire aura fini sa course, prononcer le « IX » puis relâcher l'air

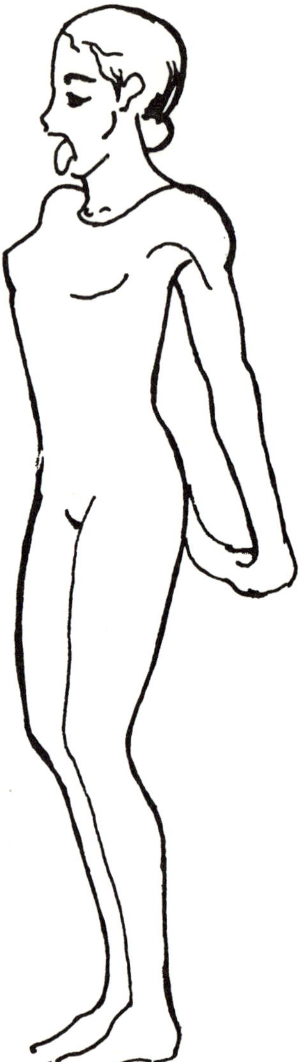

Figure 32

Résumé des actions

Dans ce travail, toutes les actions du beau chant sont incluses :

– l'apnée longue qui maintient le diaphragme en position basse ;

– l'ouverture de la bouche aussi longue que l'apnée qui fait descendre le larynx et ouvre l'oreille interne ;

– l'étirement des bras vers l'arrière qui fait remonter le larynx et qui ouvre cette zone très fragile et somatique du plexus solaire (grande détente) ;

– la propulsion mandibulaire qui renforce les muscles suspenseurs du larynx ;

– la prononciation du « IX » (voir p. 300, note 1).

La mécanique vocale est un puzzle mystérieux où toute action doit être parfaite pour toucher à l'essentiel.

Deuxième exercice du « IX »

Le mouvement d'étirement des bras vers l'arrière oblige à creuser les reins. Pour être logique dans un travail musculaire ago-antagoniste, il faut compléter avec un mouvement contraire.

Debout, jambes écartées, pieds parallèles, reprendre la sphère.

Expirer en rentrant l'abdomen (montée maximale du diaphragme).

Inspirer par le nez abdominal, costal, dorsal avec la balle au fond de la bouche fermée (descente du diaphragme et du larynx).

Ouvrir la bouche au maximum : hauteur, largeur, la langue bien à plat sur le plancher de la bouche, la pointe accolée aux incisives du bas, et rester en apnée.

Lâcher la sphère, lever les bras, se pencher en avant mains rapprochées dans la position du plongeon, le dos, la nuque arrondie, les genoux fléchis pour ne pas fatiguer le nerf sciatique.

Tirer en douceur sur les bras pour allonger souplement le dos bien rond. Sentir l'étirement jusqu'au coccyx, sortir la langue (le larynx remonte).

Relâcher cet étirement en lâchant l'air puis descendre tête en bas, la bouche refermée, les bras, les épaules, la tête abandonnés. Les mains ne doivent pas toucher terre pour accélérer la relaxation des muscles du dos.

Respirer calmement bouche fermée (que l'on soit couché ou debout, la tête n'est jamais en bas. Ce mouvement favorise une circulation sanguine salvatrice dans le cerveau).

Rester ainsi en relaxation ; les bras, les épaules, la tête, la nuque, la langue et la mâchoire inférieure sont abandonnés.

Puis expirer en rentrant l'abdomen. Inspirer avec la balle au fond de la bouche, ouvrir la bouche au maximum, rester en apnée et se relever lentement, tête basse. Sentir la colonne vertébrale se redresser en arrondi. En position debout, reprendre la sphère, puis projeter la mâchoire en avant et prononcer le « IX ».

Lâcher l'air.

Effets de ce deuxième mouvement

Relaxation générale importante.

Remontée du larynx en échange de sa descente précédente.

Réactivation du passage du liquide rachidien dans la colonne vertébrale.

Il se peut que la tête tourne légèrement à la fin du mouvement ; c'est quelquefois le signe d'une hypotension. La longueur de l'apnée conjointe au redressement vertébral peut aussi provoquer ce léger étourdissement. Dans ce cas, lâcher l'air dans le redressement, puis refaire une inspiration suivie de l'apnée et finir l'exercice. Le bien-être que l'on éprouve est assez étonnant.

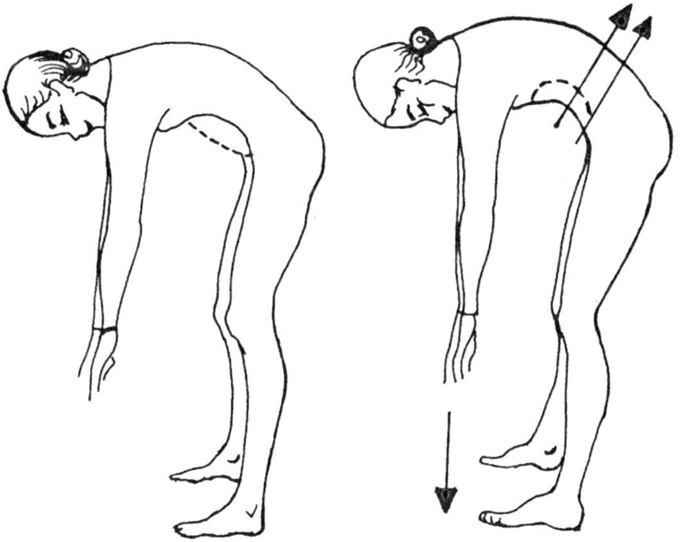

Figures 33 et 34

Une bonne leçon de chant commence toujours par une bonne relaxation.

Support vocalique de la gymnastique

Une quinte syllabique sur LôALô.
Exemple :

Le choix de cette quinte n'est pas le fruit du hasard. Elle a été étudiée dans tous ses aspects pour servir au mieux l'éducation. Elle représente une synthèse parfaite du travail vocal et de l'articulation. Elle aide au « lâcher prise » de la langue.

Position sur le Lô : relâcher la mâchoire inférieure à fond ; les joues sont creusées, les lèvres et leurs commissures sont projetées et bien musclées vers l'avant, mais les pommettes doivent rester soulevées. Prononcer un « ô » sombre, le « ô » de hôme, de ôse (nous abordons la couverture des sons), la pointe de la langue vient taper vigoureusement derrière les incisives du haut sur chaque L.

Position sur le A : ouvrir la bouche au maximum en largeur et hauteur avec surélévation des pommettes, la langue bien plate, la pointe derrière les incisives du bas. Couleur : A de âme. La mâchoire inférieure reste baissée ; seules les joues effectuent le changement de position.

Cet enchaînement de cinq notes doit se chanter piano, très lié, sans saccades, dans le but d'une adduction cordale constante et souple.

Effets de cette quinte syllabique

Sur le Lô sombre, le larynx descend, l'espace sus-glottique est plus grand en hauteur, ce qui apporte des harmoniques supplémentaires au son.

Sur le A, le larynx devrait se relever en fonction du fait que sur la même hauteur de note, sur la voyelle *i*, le larynx est le plus haut,

é, il descend,

A, il descend,

ô, il descend,

OU, il est le plus bas. Voyelle dangereuse en vocalisation, sauf dans le cas où le professeur perçoit un larynx naturellement trop haut placé. Sur mon A préconisé, le larynx ne remontera pas en raison de l'abaissement maximum de la mâchoire inférieure. Et nous sommes de plain-pied dans l'éducation vocale.

Explication : un débutant à qui l'on fait monter une gamme a son larynx qui monte au fur et à mesure de l'aigu. Dans la descente dans le grave, le larynx descend. Sur un larynx bien travaillé, il ne bouge presque plus ; il reste en position médiane, voire basse, et n'a que très peu d'amplitude dynamique. Donc, sur les configurations buccales préconisées dans cette quinte, le larynx ne bougera presque pas et c'est ce qui donne par la suite cette perfection du chant ou du grave à l'aigu et inversement la voix garde une plénitude d'émission.

Ayant entendu beaucoup d'interprétations négatives sur cette ouverture de mon A « qui ne se fait pas dans le chant », je précise que c'est encore un travail musculaire ago-antagoniste pour fortifier la musculature de l'articulation et positionner idéalement le larynx.

POSTURE PRÉCONISÉE POUR METTRE LE LARYNX EN POSITION IDÉALE ET POUR BÉNÉFICIER DE LA PLÉNITUDE DES RÉSONATEURS

La posture que je vais indiquer m'a demandé une longue recherche. Ce sont trois points dans le dos qui permettent à la voix d'exprimer son expression la plus élaborée. J'ai cherché pendant onze années pour cerner cette déduction.

Cela concerne deux points sur la colonne vertébrale et un sur la colonne cervicale. Pour les trouver, il faut se pencher en appui sur un meuble (piano, à queue en l'occurrence), les jambes légèrement écartées, pieds parallèles, les genoux un peu fléchis, bassin basculé par la poussée des reins vers le haut (le parallélisme des pieds permet une ouverture de la région sacrée de la colonne vertébrale). Le dos est bien arrondi.

1er point : pousser vers le haut la zone entre la 12e dorsale et la 1re lombaire[1].

2e point : pousser vers le haut la zone entre la 5e et la 6e dorsale.

3e point : c'est le plus difficile à trouver car la recherche des deux autres points fait baisser la tête.

Pousser avec la nuque et *non la tête* au niveau de la 4e ou 5e cervicale.

Maintenir en poussée ces trois points et faire l'essai de parler. Vous allez entendre la voix se placer dans les résonateurs hauts. C'est la place que chaque chanteur souhaite avoir en se réveillant ; c'est totalement euphorisant. Le larynx est donc parfaitement en place par la poussée de ces trois points, mais on ne peut pas chanter dans cette posture. Il faut prendre en mémoire cette sensation et la

---

1. En fonction de la conformation de la colonne vertébrale, la recherche du 1er point peut aller jusqu'à la 2e lombaire.

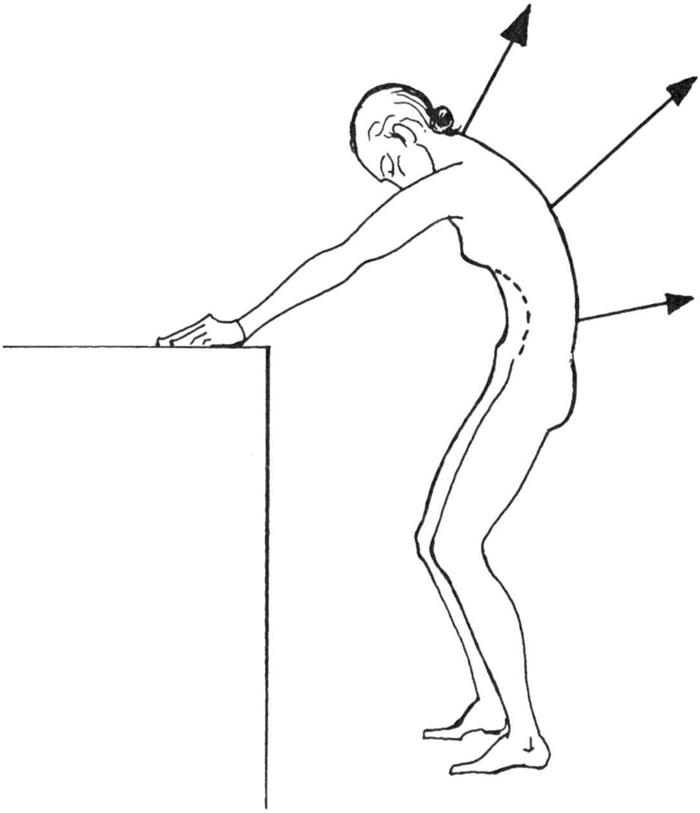

Figure 36

reproduire debout. Vous avez des artistes qui ont cette posture du dos naturelle et il se trouve que ce sont de merveilleux chanteurs. C'est un avantage fantastique de la morphologie héréditaire dès le départ de leur éducation.

La gymnastique des yeux pendant la phonation

J'ai constaté qu'un travail spécifique des yeux détermine immédiatement un assouplissement de l'émission vocale. J'ai passé ma vie en observations constantes pour tout ce qui touche le mécanisme de la voix.

Les exercices plus rapides

Après les exercices de renforcement musculaire, de relaxation et d'échauffement laryngien, nous entrons dans le domaine du chant.

L'inspiration avec la balle était un travail d'abaissement du larynx et d'ouverture du fond de bouche. Cette respiration disparaît au profit de la prise d'air du chanteur en action. Celle-ci se fera toujours par la bouche avec un sourire, d'une manière invisible, esthétique et sans aucun bruit. Tant de chanteurs inspirent bruyamment[1]. La prise d'air abdominale et dorsale se fait rapidement comme dans le chant. La quinte sur LôALô se chante deux fois en exagérant l'articulation[2]. Tous les muscles de la face doivent être sollicités et la dilatation abdominale conservée. Après ces deux quintes, faire une rentrée abdominale en poussant avec les mains, toujours en douceur, sortir la langue, mais cette fois sans lâcher l'air, puis reprise d'air

1. L'inspiration bruyante assèche le larynx.
2. Je rappelle que les cordes vocales font du mimétisme avec les lèvres. Une bonne musculation labiale entraîne un renforcement dynamique des cordes vocales (observation au fibroscope).

identique pour trois LôALô, ensuite quatre, cinq, six, sept, huit, neuf, dix...

Explication de ce mouvement : c'est un travail très élaboré. Après avoir chanté deux LôALô, il reste beaucoup d'air dans les poumons. En rentrant l'abdomen sans lâcher l'air, on fait monter le diaphragme, il pousse la colonne d'air et, comme on est en apnée d'inspiration, les cordes vocales sont fermées [1] et cette colonne d'air vient masser le dessous des cordes vocales, en douceur puisque c'est de l'air, et nettoyer ainsi cette zone très vulnérable. En effet, je voulais pouvoir assainir ce lieu où s'accrochent toutes les impuretés, pollution, poussières, nicotine, etc. [2] Puis, reprise d'air, et l'augmentation du nombre de LôALô fait prendre au corps la mémoire de la quantité d'air adéquate à prendre pour faire des phrases très longues. Nous retombons dans la leçon de chant.

Le nombre de LôALô exécutés dépend du travail d'appui du diaphragme. Il est donc normal qu'un débutant ne puisse pas aller au-delà de cinq, voire six.

Après cet exercice, on sent toute la musculature faciale échauffée, ce qui contribue ensuite dans le chant à offrir un visage, beau, serein, sans la nécessité d'une articulation excessive. Tout a été échauffé et renforcé dans cet exercice de préparation au chant.

---

1. On pourrait penser qu'avec cette gymnastique intercalaire où il n'y a pas de phonation, les cordes vocales sont ouvertes. Eh bien non, elles sont fermées. Observons cette construction divine qu'est l'être humain lorsque l'on veut plonger sous l'eau : on respire, on se met en apnée et on plonge. Eh bien, le corps a tellement peur de mettre de l'eau dans les poumons qu'il ferme hermétiquement les cordes vocales. Cette connaissance m'a permis d'élaborer mon mouvement.

2. Une belle chanteuse italienne m'a dit un jour : *« Signora, facciamo pulizia. »*

Viennent ensuite des exercices qui ont l'air d'être faciles et qui, en réalité, sont la base du beau chant.

Premier exercice

Ouvrir la bouche au maximum en hauteur et en largeur ; avec la pointe de la langue, taper vigoureusement derrière les incisives du haut et laisser ensuite retomber la pointe molle derrière les incisives du bas. Se regarder dans le miroir pour ce faire[1]. Ajouter ensuite trois LôALô, pas trop vite. Observer toujours dans le miroir le travail précis de la pointe de la langue : sur chaque L, elle tape vigoureusement derrière les incisives du haut, sur chaque O et A, elle se pose mollement derrière les incisives du bas. Il faut conserver le travail d'articulation précis des lèvres.

On entend immédiatement l'émission qui se projette en avant. Tout recul de la langue en chantant envoie l'émission en arrière. D'où l'importance de ce petit exercice qui n'a l'air de rien. Puis ce travail est repris avec une grande rapidité. C'est le travail d'articulation linguale rapide du récitatif mozartien et rossinien.

Dans les premiers temps, la langue bafouille au bout de trois exercices ; c'est normal car c'est un entraînement répétitif qui donnera cette vivacité du récitatif avec la compréhension parfaite de chaque mot.

Deux exercices à ajouter après quelques mois du travail précédent :

1. Mon grand étonnement fut de constater que, pour les uns, la chose est simple et facile, pour d'autres, et c'est fréquent, la langue n'a aucune possibilité de cibler ce travail. Dans ce cas, dans le chant et y compris dans le langage courant, l'articulation et l'expression des mots seront perturbées. Cela veut dire aussi que les ordres du cerveau n'atteignent pas les effecteurs musculaires de la langue. Il faut faire un travail très suivi pour redonner cette dynamique exacte.

– position idéale debout (voir fig. 27) ;

– bras le long du corps, prendre les pouces entre l'index et le majeur ;

– expirer par la bouche en rentrant l'abdomen ;

– inspirer avec la balle (voir p. 291) ;

– chanter le LôALô en conservant la dilatation abdominale ;

– bâiller en apnée ;

– tirer en douceur sur les pouces vers le sol pour maintenir les épaules basses[1] ;

– pendant le bâillement en apnée, imaginer être soulevé par la mèche de cheveux située sur le sommet du crâne, sentir l'allongement de la colonne vertébrale sans cambrure ; le voile du palais monte en même temps comme s'il était aspiré par la mèche ; la langue est basse au fond de la bouche ;

– en maintenant cet étirement vers le haut, projeter le maxillaire inférieur vers l'avant avec le sourire en refermant peu à peu les mâchoires. La prononciation de « IX » n'intervient qu'à la fin de la propulsion ;

– expirer et se décontracter très souplement.

Durée de l'étirement par la mèche : 6 ou 7 secondes environ.

Explication du mouvement : tous les muscles qui permettent une montée dans l'aigu avec aisance sont sollicités. Avant de faire monter une vocalise qui succède à ce mouvement, j'ai préféré dans ma démarche préparer et renforcer les muscles adéquats pour sécuriser cette montée dans l'aigu.

1. Si l'étirement se faisait avec les mains tendues, on ne toucherait pas les mêmes muscles et ce sont ceux qui travaillent avec l'étirement sur les pouces qui sont les muscles de la voix.

Deuxième exercice

Toujours après quelques mois des exercices de base :

– reprendre la position debout ;

– avec un doigt de chaque main, prendre deux points précis de chaque côté du nez[1], tirer en douceur vers l'extérieur, sentir l'ouverture volontaire interne du haut du nez au niveau de l'os du masque ;

– expirer par la bouche en rentrant l'abdomen ;

– inspirer avec la balle au fond de la bouche fermée, dilatation abdominale, costale, dorsale qu'il faut conserver en chantant ;

– chanter le LôALô avec plus de timbre et sentir la vibration vocale passer par cette grande cheminée nasale ouverte[2] ;

– bâiller totalement en hauteur et largeur, en conservant l'apnée. Imaginer une balle plantée cette fois derrière les incisives du haut, sentir cette balle poussée vers le haut comme si elle traversait le palais dur devenu mou à cette occasion ; la balle monte dans le nez jusqu'au niveau des doigts ;

– propulser lentement la mâchoire inférieure en avant en refermant les maxillaires avec l'impression d'écraser la balle ;

– prononcer le « IX » et se détendre.

Parlez immédiatement après cet exercice et vous allez sentir l'émission vocale très résonante et placée en avant.

Explication : ce mouvement est d'une importance capitale pour l'art lyrique, l'art du beau chant puisque, par le

1. Dans la continuité du nerf facial sous-orbitaire, poser les doigts sur la terminaison supérieure.

2. Pour un débutant, il va sentir tout de suite cette émission en avant qui est euphorisante et si importante dans l'émission lyrique.

biais de ces images, certes étranges ! nous allons toucher et sensibiliser les deux petits muscles crico-thyroïdiens à la base du cartilage thyroïdien ; ils vont entraîner la bascule de celui-ci qui entraîne elle-même la bascule du larynx et des cordes vocales pour que l'émission parte directement, simplement et sans efforts, dans les résonateurs osseux de l'avant de la face. Le travail musculaire accompli a creusé et « matérialisé » la place vocale traditionnellement appelée « en avant ».

Le plus difficile et le plus long a été d'inventer ces images.

Il est à remarquer qu'il n'y a aucune manipulation dans mon travail. L'élève agit avec le support des images et il prend ainsi plus rapidement ses mémoires.

Troisième exercice

Toujours en position debout, bras le long du corps, expirer, inspirer, bâillement total en apnée, imaginer un rectangle placé entre les dernières molaires du haut, puis sentir ce rectangle qui pousse les molaires vers l'extérieur : le palais s'écarte, puis propulser le « IX ». Expirer.

Les muscles du suraigu viennent d'être renforcés et surtout sensibilisés. Pour le ténor et le soprano, sentir cette action à partir du *si* 4, *do* 5, *do* dièse 5, *ré* 5.

J'ai fait un jour travailler un beau ténor qui avait des difficultés sur sa quinte aiguë. Il avait toujours reçu le conseil de bien couvrir et projeter les lèvres en avant à partir du *si* bémol 4 et il le craquait régulièrement.

J'ai appliqué ce mouvement en lui demandant de le reproduire en vocalises. Les *si* bémol 4, *si* 4, *ut* 5 sont sortis magnifiquement. Et j'ai eu cette réflexion étonnante : « Yva, ce n'est pas possible, c'est trop facile ! »

C'est le résultat de toute cette recherche fondamentale : si les muscles adéquats sont bien sollicités sur chaque note de l'échelle vocale, le son sortira parfait et à sa place.

La gymnastique vocale

On ne peut comprendre une réalité qu'après l'avoir expérimentée.

EXERCICE À FAIRE LE MATIN SANS PHONATION (avant ou après le petit déjeuner)

Position penchée, jambes légèrement écartées, pieds parallèles (voir fig. 33), bras souples, le dos bien rond.

Inspirer lentement avec la balle au fond de la bouche fermée, la pointe de la langue derrière les incisives du bas, dilatation abdominale.

Expirer avec la langue sortie, molle, plate, large, pommettes soulevées, en rentrant l'abdomen comme si la paroi abdominale voulait rejoindre les lombaires et en tirant en douceur sur les bras vers le sol, mains tendues, doigts rapprochés, puis recommencer (voir fig. 34).

Premier jour, cinq fois, puis progressivement jusqu'à dix.

Voir les interactions musculaires sur les xérographies n° 3 et 4.

L'émission vocale est déjà travaillée en souplesse et douceur. Le geste respiratoire est approfondi et entraîne une bonne oxygénation. En se relevant, on sent déjà la voix placée plus haut.

EXERCICE AVEC LA PHONATION
(la fin de matinée est le moment favorable pour le faire)

Prendre appui sur un meuble (hauteur idéale : un piano à queue), pieds légèrement écartés et parallèles, les genoux un peu fléchis, le bassin basculé pour arrondir la région lombaire et tout le dos.

Chercher et pousser les deux points du dos et le point de la nuque (le larynx est idéalement placé) (voir fig. 36).

Expirer tout simplement par la bouche en rentrant l'abdomen.

Inspirer avec la balle au fond de la bouche, la pointe de la langue placée, dilatation abdominale, costale et dorsale.

Garder intégralement ces dilatations et chanter le LôALô pianissimo et avec une articulation maximale (voir p. 308).

Expirer avec la langue sortie molle, plate, large, souple, pommettes soulevées, fond de bouche comme un rectangle, en rentrant l'abdomen. Puis recommencer cinq fois de suite. La dilatation abdominale maintenue pendant la phonation est une discipline très importante pour le chanteur dans sa gestion du souffle.

Premier mouvement du « IX »

Position debout, jambes légèrement écartées et pieds parallèles, genoux un peu fléchis pour basculer le bassin.

Prendre la sphère (voir fig. 30).

Expirer tout simplement par la bouche en rentrant l'abdomen (le diaphragme monte).

Inspirer avec la balle avec dilatation abdominale, costale et dorsale jusqu'en haut du dos sans creuser les reins (le larynx et le diaphragme descendent).

Chanter le LôALô en conservant les dilatations.

Bâiller en apnée (le diaphragme se maintient en position basse) avec allongement souple de la nuque.

Toujours en apnée, lâcher la sphère.

Prendre les deux doigts derrière le dos (voir fig. 32). Tirer en douceur les bras et les épaules vers l'arrière, la poitrine s'ouvre, bomber le torse en rapprochant les omoplates (le bâillement s'accentue de lui-même), puis sortir la langue souplement (conserver l'étirement de la mèche, ce qui empêche la tête de se lever).

Toujours en apnée, détacher les mains, reprendre la sphère et projeter lentement la mâchoire en avant (voir fig. 30), en appuyant sur la sphère.

Expirer.

Les mouvements en apnée ne doivent pas excéder 10 secondes.

Au fur et à mesure de l'éducation, ce temps d'apnée pourra s'allonger, ce qui a pour but de maintenir le diaphragme en position basse en phonation (il n'y est pas habitué).

Pour certaines personnes nerveuses et qui ont un rythme cardiaque très rapide, le temps d'apnée va sembler trop long et elles seront obligées de lâcher l'air avant la fin de l'exercice. Ne pas s'inquiéter, le travail régulier va ralentir le rythme cardiaque au fur et à mesure de l'éducation.

Les médecins personnels des élèves ont constaté un ralentissement du rythme cardiaque avec tout ce que cela implique sur le plan de la levée du tempérament nerveux, sur l'angoisse, l'insomnie et la longévité de la vie. *Qui va piano va sano !* Un diaphragme trop fougueux et incontrôlé ne peut pas bien servir la voix. Tout est parfaitement contrôlé dans ce type de préparation vocale.

Autre recommandation : Pour une femme qui a eu une intervention au niveau des seins, je préconise de ne pas tirer les bras vers l'arrière, mais de poser les mains sur les fessiers et de faire une ouverture des coudes vers l'arrière en douceur.

Deuxième mouvement du « IX » : mouvement antagoniste

Reprendre la position debout précitée.

Prendre la sphère.

Expirer simplement par la bouche en rentrant l'abdomen.

Inspirer comme précédemment.

Chanter la quinte LôALô comme précédemment.

Bâiller en apnée.

Lever les bras à l'horizontal, puis les projeter bien parallèlement en avant, mouvement du plongeon, mains tendues et rapprochées (tout a son importance pour toucher les bons muscles).

Toujours en apnée, rentrer l'abdomen (le larynx remonte), sortir la langue souple.

Tirer sur les bras et les mains en douceur pour allonger les dorsaux, dos bien rond (traction de 4 à 5 secondes).

Relâcher, se baisser totalement en expirant ; refermer la bouche. Relaxation. Temps de relaxation : 15 secondes environ. Davantage si vous vous sentez bien.

Inspiration bouche fermée avec la balle et dilatation abdominale.

Bâillement en apnée. Se redresser lentement, tête basse, le menton près du thorax, bien dérouler la colonne vertébrale en arrondi. Debout, reprendre la sphère, les épaules sont basses. Suspension par la mèche. Opérer une dilatation volontaire des narines, surélever les pommettes et le voile du palais.

Projeter lentement et doucement la mâchoire inférieure en avant en appuyant sur la sphère pour faire travailler les pectoraux et les dorsaux, et prononcer le « IX ».

Expirer, puis se décontracter.

Voir interactions p. 300, note 1. Un chanteur ne doit rien négliger pour bien se porter.

TROISIÈME EXERCICE

Les deux exercices respiratoires qui vont suivre pourront être faits en alternance, un jour l'un, un jour l'autre.

Premier mouvement

Travail du diaphragme en maintenance basse en phonation.

Position assise (un tabouret assez haut), les pieds à terre bien à plat.

Mettre les mains sur les côtes basses latérales, les pouces et les coudes en avant (toujours le souci du détail pour toucher les bons muscles).

Sentir le dos bien ouvert et rond, sans cambrure rénale, posture de la tête idéale (mèche).

Expirer tout simplement par la bouche en rentrant l'abdomen et en appuyant sur les côtes basses (le diaphragme fait une montée maximum – ce n'est pas du chant).

Inspirer avec la balle, l'abdomen se gonfle et les côtes s'ouvrent sous les mains.

Conserver les côtes ouvertes intégralement et continuellement en chantant le LôALô.

Expirer comme précédemment.

Deux fois de suite : un LôALô avec plus de timbre.

Deux fois de suite : deux LôALô { tempo.
Deux fois de suite : trois LôALô { assez lent.

Durant l'allongement des LôALô, ni les côtes ni l'abdomen ne doivent bouger (maintenance du diaphragme en position basse pendant la phonation de plus en plus longue). Un chanteur qui a déjà un bon appui pourra aller jusqu'à quatre LôALô.

Deuxième mouvement, en alternance

Il m'a été inspiré par la grande Maria Callas. J'avais pu assister en coulisses à sa répétition de son air de Casta Diva lors d'un récital avec chœur et orchestre à l'Opéra Garnier. J'avais toujours la curiosité d'observer les grands chanteurs. Elle avait pour habitude de chanter avec ses deux mains croisées sur le haut du thorax, les épaules, qu'elle avait très étroites et menues, projetées en avant. Au moment d'attaquer son air, je m'attendais à voir ses mains monter avec la prise d'air. À mon grand étonnement, j'ai vu ses mains descendre, le haut du thorax s'est légèrement creusé et le dos s'est ouvert amplement. Tout d'abord surprise, j'ai compris ensuite que cette grande dame du chant avait complètement développé sa prise d'air dans le dos conjuguée, bien sûr, avec la dilatation abdominale, ce qui favorisait une émission très haute et une grande réserve d'air au service de son *legato* émouvant.

J'ai aussitôt réfléchi pour mettre en pratique ce mode respiratoire qui, je m'en suis rendu compte par la suite, avait, outre une action bénéfique sur le beau chant, une formidable action thérapeutique sur l'être. Et, de plus, cela élimine les mucosités si souvent encombrantes pour le chanteur qui respire trop haut.

Exercice :

Position assise toujours sur un tabouret assez haut, les pieds bien à plat au sol.

Mettre les deux mains superposées sur le thorax, 3 centimètres environ au-dessus de l'entre-deux des seins.

Expirer tout simplement par la bouche en appuyant doucement avec les mains pour faire creuser le haut du thorax sous celles-ci, comme s'il voulait rejoindre l'entre-deux des omoplates.

Inspirer par le nez (voir p. 291). L'abdomen s'ouvre et, conjointement, sentir l'air monter depuis les reins jusqu'en haut du dos ; les omoplates s'ouvrent amplement.

Ne pas mettre d'air sous les mains.

Chanter le LôALô.

Expirer avec la langue souplement sortie avec sourire, bouche bien ouverte en appuyant avec douceur sur le thorax pour bien vider le haut des poumons.

À faire six fois de suite en ajoutant une quinte de LôALô tous les deux exercices pour arriver jusqu'à trois à la file.

Effets :

– pendant l'émission des LôALô, vous allez être étonné de la légèreté de l'émission (la voix adore avoir le moins d'air possible sous elle. Les cordes vocales frémissent, vibrent avec légèreté si la colonne d'air n'est pas brutale) ;

– pendant les premières inspirations de ce type, vous allez percevoir physiquement la descente du diaphragme ;

– vous aurez aussi l'heureuse surprise de sentir la vibration, la résonance du masque se conjuguer avec une délicate vibration sous les mains et entre les omoplates ouvertes. C'est euphorisant !

QUATRIÈME EXERCICE

C'est la reprise exacte du deuxième exercice pour les débutants.

Pour ceux qui ont six mois de travail :

– premier « IX » identique au deuxième exercice de la p. 305 ;

– position debout, jambes légèrement écartées, pieds

parallèles, les bras le long du corps, suspendu par la mèche, faire l'exercice décrit p. 315 ;

– position debout, troisième exercice avec les doigts sur les résonateurs du masque (voir p. 316) ;

– position debout, le rectangle (voir p. 317) ;

– deuxième mouvement du « IX » (voir p. 305).

Toute la gymnastique de renforcement musculaire est faite.

CINQUIÈME EXERCICE

Les exercices plus rapides à reprendre (voir p. 312).

SIXIÈME EXERCICE

Travail de la langue à reprendre (voir p. 314).

SEPTIÈME ET DERNIER EXERCICE

Faire autant de LôALô que l'on veut, légers comme du récitatif, et en même temps danser, assouplir le corps. Il faut être créatif dans la gestuelle pour bien entraîner le travail des deux hémisphères du cerveau, tout en gardant une parfaite articulation rapide du LôALô. Les metteurs en scène trouveront ainsi des chanteurs libres dans leur corps, tout en ayant une parfaite maîtrise de l'articulation chantée.

Indications musicales

PREMIER EXERCICE (voir p. 319)

Les hauteurs d'attaques proposées sont conçues ici pour des voix saines. En rééducation, la hauteur est à déterminer en fonction de chaque cas particulier.

Catégorie vocale n° 1 – soprano léger, lyrique, ténor (le ténor léger attaquera un demi-ton au-dessus) : 1re quinte sur le *si* 2 et on montera par demi-tons jusqu'au *mi* bémol majeur 3.

Catégorie vocale n° 2 – soprano dramatique, mezzo, baryton : du *la* 2 jusqu'au *ré* majeur 3.

Catégorie vocale n° 3 – contralto, basse chantante, basse : du *la* bémol 2 au *do* majeur 3.

DEUXIÈME EXERCICE (voir p. 320)

Les « IX ».

Catégorie n° 1 : *mi* majeur 3, *mi* bémol majeur 3.

Catégorie n° 2 : *mi* bémol majeur 3, *ré* majeur 3.

Catégorie n° 3 : *do* dièse majeur 3, *do* majeur 3.

TROISIÈME EXERCICE (voir p. 323)

Catégorie n° 1 : *fa* majeur 3, *mi* majeur 3.
Catégorie n° 2 : *fa* majeur 3, *mi* majeur 3.
Catégorie n° 3 : *mi* majeur 3, *mi* bémol majeur 3.
Mêmes attaques pour les deux exercices.

QUATRIÈME EXERCICE (voir p. 325)

Catégorie n° 1 : *fa* majeur 3, *mi* majeur 3.
Catégorie n° 2 : *fa* majeur 3, *mi* majeur 3.
Catégorie n° 3 : *mi* majeur 3, *mi* bémol majeur 3.
Pour les deux « IX » plus forts, on descend d'un demi-ton chacun d'eux.

CINQUIÈME EXERCICE (voir p. 326)

Exercices rapides.
Catégorie n° 1 : *la* majeur 3, *do* majeur 3.
Catégorie n° 2 : *la* bémol majeur 3, *si* majeur 2.
Catégorie n° 3 : *sol* majeur 3, *la* majeur 2.

DERNIER EXERCICE (voir p. 326)

La danse.
Catégorie n° 1 : *si* bémol majeur 3 et descendre jusqu'au *si* majeur 2.
Catégorie n° 2 : *la* majeur 3, *si* bémol majeur 2.
Catégorie n° 3 : *sol* majeur 3, *la* bémol majeur 2.

La vocalisation

Après cet entraînement musculaire général de la voix, chaque professeur peut à son gré reprendre la vocalisation qui lui convient. Il constatera que l'élève aura plus de facilités pour exécuter ce qui lui est proposé.

Ma vocalisation personnelle a été élaborée dans le même souci d'efficacité que la gymnastique qui précède.

L'échauffement sera progressif et l'ordre proposé pour les exercices devra être respecté car ils sont tous complémentaires.

Les exercices vont sembler simples, mais ils ne le sont pas. En fonction de la forme de la bouche, ils vont encore effectuer un travail ago-antagoniste pour retendre les cordes vocales alternativement et assurer ainsi une non-fatigabilité du larynx.

Les vocalises exécutées sur des quintes au départ se termineront en fin d'échauffement sur deux octaves, voire deux octaves et demie selon les possibilités.

Le sourire sur les voyelles *i* et *é* n'est pas un travail appliqué dans le beau chant. Cette configuration sera utilisée pour renforcer la tension cordale entre chaque posture idéale du bel canto (lèvres légèrement projetées en avant, joues creusées et, cependant, pommettes soulevées, langue basse, molle, creusée dans le milieu et palais soulevé).

Pour éviter la tétanisation des dix-sept muscles de la langue avec la vocalisation sur voyelles, la quinte assouplissante sur LôALô sera encore utilisée. Le but, on l'aura compris, est de ne jamais fatiguer la voix pendant les exercices d'échauffement.

EXERCICE N° 1

Tension et assouplissement des cordes vocales

En position debout idéale, chanter une quinte suivie d'une quinte en tierces sur Lé-Lé-Lé avec un sourire total (couleur joyeuse, dents du haut découvertes, surélévation des pommettes et du voile du palais ; la pointe de la langue tape vigoureusement derrière les incisives du haut sur chaque L. Couleur é, le é allemand-Hertz).

Ce n'est pas du chant. L'étirement du risorius et des zygomatiques donne une bonne tension cordale et ouvre le larynx sus-glottique.

Puis, alternativement, le même exercice sur LôALô, lèvres projetées en avant, joues creusées, couleur plus sombre. Sentir la voix résonner dans les pommettes soulevées. Travail de la couverture des sons.

Bien garder les positions ago-antagonistes jusqu'au bout de l'exercice.

Catégorie n° 1 : *sol* majeur 3 et descendre par demitons jusqu'au *si* majeur 2.

Catégorie n° 2 : mêmes tonalités.

Catégorie n° 3 : *fa* majeur 3, *la* majeur 2.

Deuxième série de l'exercice précédent :

– position debout ;

– pencher la tête tout en gardant la nuque bien en place, le menton se rapproche du thorax ;

– pendant ces deux petites vocalises, tourner la tête de gauche à droite, lentement, sans aller trop loin, c'est inutile.

C'est un subterfuge pour que l'élève débutant entende et sente tout de suite la voix se projeter dans le masque, en avant. Le cerveau étant une matière noble, il faut lui donner un « truc » pour qu'il mémorise la sensation et tout de suite lui demander de reproduire cette émission en position normale. L'éducation est plus rapide.

Pour toutes les catégories vocales, cet exercice sera attaqué un demi-ton au-dessus du précédent.

EXERCICE N° 2

Les sons piqués

En position debout.

Cet exercice concerne l'ouverture et la fermeture rapide des cordes vocales.

Il donne une grande tonicité musculaire glottique. Le son piqué doit être clair, lumineux, net, bref, tonique mais léger.

Éviter tout mouvement au niveau du cou, ce qui entraînerait une brutalité d'accolement des aryténoïdes ; on ne doit percevoir que du son et non le mouvement qui l'entraîne.

La voyelle *i* sera encore utilisée en alternance pour retendre les cordes vocales.

Mais la production de ce *i* sera encore un « truc » pour entendre la sonorité monter dans le front.

En effet, la voyelle *i* est la plus délicate dans l'art lyrique puisqu'elle entraîne la voix dans la gorge et non en tête. C'est donc une configuration spéciale que j'utilise pour placer cette voyelle. Et celle-ci ne s'emploie pas dans le chant. C'est uniquement pour donner des mémoires de reproduction sans le secours du « truc ».

Position de ces sons piqués sur *i* : un sourire total avec surélévation des pommettes ; la mâchoire inférieure descendue de deux doigts, la pointe de la langue bien calée derrière les incisives du bas. Essayez, vous verrez. Le son monte tout seul dans le front.

Pour retrouver dans le chant cette projection sonore dans la tête du *i* et *é* : projeter les lèvres légèrement en avant, joues creusées, mâchoire descendue de deux doigts et pointe de la langue bien calée derrière les incisives du bas ; le son va retrouver le même itinéraire.

Ce *i* bien placé est d'une grande importance pour la justesse absolue. Un chanteur, un chef de chœur s'en rendra compte immédiatement. Il faut se souvenir que, spontanément sur le *i* chanté, les mâchoires se referment et la langue recule.

Parler, chanter, c'est naturel. Bien parler, bien chanter s'apprend.

L'exercice se fera en sons piqués sur des tierces trois fois de suite, sur *o* et alternés avec le *i*.

Catégorie n° 1 : *sol* majeur 3 et descendre par demi-tons jusqu'au *mi* majeur 3 (4 séries) puis reprendre un demi-ton au-dessus et ainsi de suite et *selon les possibilités de chacun* jusqu'au *si* bémol 4, *si* 4, *ut* 5, *ut* dièse 5, *ré* 5 et pour le soprano léger jusqu'au *mi* bémol, *mi* 5.

Il ne faut pas que la voix donne des signes de difficulté, s'arrêter au moment de l'écoute de ceux-ci. La répétition journalière entraînera la facilité peu à peu dans le suraigu toujours léger et clair. Pour les débutants, un *léger* mouvement rapide de rentrée abdominale accompagnera chaque son piqué pour envoyer une petite pression aérienne qui facilitera l'action des cordes vocales.

Pour les chanteurs confirmés, c'est une petite pression vers le bas de l'abdomen qui sera sollicitée.

Catégorie n° 2 : soprano dramatique : comme la catégorie 1 et monter jusqu'à l'*ut* 5 ;

mezzo-soprano : attaque comme la catégorie 1 et monter jusqu'au *si* bémol 4 ;

baryton : *mi* majeur 3 et monter jusqu'au *fa* dièse 4, puis *sol*, *la* bémol 4 selon les possibilités de chaque voix.

Catégorie n° 3 : contralto : *mi* majeur 3 et monter jusqu'au *sol* 4, voire au *la* 4 selon les possibilités ;

baryton basse : *mi* bémol 3 et monter jusqu'au *fa* 4 ;

basse : *ré* majeur 3 et monter jusqu'au *mi*, *fa* 4 ;

baryton : *mi* majeur 3 et monter jusqu'au *fa* dièse 4, puis *sol*, *la* bémol 4 selon les possibilités de chaque voix.

Un petit « truc » pour favoriser la bonne émission : placer la pointe de la langue contre la partie osseuse du creux du palais, bien projeter les lèvres en avant, joues creusées, pommettes soulevées et projeter les sons piqués sous la pointe de la langue ; sentir le palais vibrer sous celle-ci.

Même travail sur les *i*, sourire et mâchoire descendue.

Trois quintes en tierces sur *ô* : quatre séries.

Trois quintes en tierces sur *i* : quatre séries.

Reprendre un demi-ton au-dessus avec la langue en position normale. Bien sentir le son taper au même endroit dans le creux du palais. La sensation est étonnante, essayez !

Cette position haute de la pointe de la langue fait baisser l'arrière de la langue et facilite ainsi le passage de la voix dans la cavité buccale.

C'est encore un moyen pour accélérer l'éducation.

Mêmes attaques que précitées.

EXERCICE N° 3

La tenue de souffle

Toutes les difficultés se trouvent ici réunies. Cet exercice va entraîner l'élève à maîtriser la gestion de son souffle. C'est aussi le travail sur l'appui, les longues tenues de son avec positions diaphragmatiques basses.

À la difficulté de tenue de souffle s'ajoute celle de la nature même de cet exercice que j'ai conçu minutieusement pour réunir toutes les difficultés : attaque *piano* d'une gamme par la note haute et descente lente, puis remontée à l'octave avec plus d'intensité et redescente à l'octave grave sur la même tenue de souffle.

À quelques exceptions près, le chanteur débutant ne peut terminer l'exercice. Au début, il parvient à peine à descendre la gamme. Pour ceux qui ont déjà pratiqué des techniques respiratoires, l'exercice est plus facile.

Il ne faut pas couper l'exercice par une respiration. Il faut aller au bout de ses possibilités personnelles et éventuellement s'arrêter en milieu d'exercice et réattaquer le suivant. Au fur et à mesure du travail accompli quotidiennement, l'élève verra son temps de phonation s'allonger.

Je propose pour un débutant une durée de 16 à 18 secondes. Cette durée atteinte et l'exercice réussi, on ralentit l'exercice. Cette gamme descendante se chante sur ô-OUI-ô-OUI très *legato* ; la position des lèvres sur le OUI demeurera identique à celle sur le ô (lèvres en avant). Cette position va contribuer à la rondeur et à l'unification du timbre, à l'effacement des passages et accentuera le phrasé *legato*, assurant une économie de souffle.

Se pencher en avant, en prenant appui sur le piano à queue ou sur un meuble.

Expirer à fond en rentrant l'abdomen.

Inspirer lentement (abdominal, costal et dorsal).

Ouvrir la bouche avant l'attaque[1], lèvres en avant, langue bien calée derrière les incisives du bas.

Attaquer la vocalise en s'imaginant que la production sonore s'effectue très au-dessus des cordes vocales ; maintenir la dilatation abdominale et dorsale pendant toute la descente de la gamme (avoir l'impression de chanter sans donner d'air), puis chanter avec plus d'intensité le saut d'octave aigu et redescendre en gardant toujours les dilatations.

Un conseil de Lily Lehmann qui est excellent et que j'emploie avec mes élèves avec beaucoup de succès : l'instinct voudrait, en bas de la gamme lente, qu'on rentre l'abdomen pour donner de l'air énergiquement pour la remontée à l'octave ; elle préconisait de faire le contraire, de redonner une dilatation abdominale volontaire, ce qui permet de retrouver une nouvelle source de souffle.

1. Bien mémoriser l'ouverture de bouche avec la pointe de la langue contre les dents du bas avant l'attaque du son. Reproduire ce système dans les morceaux : le larynx est ainsi parfaitement en place. Exemple fig. 37.

Première vocalise de l'exercice n° 3

Pour la première catégorie vocale

La deuxième : *si* bémol majeur.
La troisième : *la* majeur.

Deuxième vocalise de l'exercice n° 3

En position debout, mains sur l'abdomen pour contrôler la dilatation abdominale constante,

Se positionner et reprendre l'exercice précédent, un demi-ton au-dessus pour toutes les catégories vocales.

Troisième vocalise de l'exercice n° 3

Se pencher en avant avec appui et reprendre le même exercice un demi-ton plus haut pour toutes les catégories.

Quatrième vocalise de l'exercice n° 3

Les exercices suivants s'exécuteront tous en station debout.

Reprendre le même exercice en décomposant encore l'inspiration plus rapide et profonde par la bouche. C'est l'éducation de la prise d'air du chanteur entre chaque longue phrase musicale.

Pour la première catégorie, attaquer chaque exercice un demi-ton plus haut pour arriver au *sol* majeur (les débutants ne monteront pas au-delà du *mi* majeur, l'exercice étant très difficile ; il faut attendre de l'exécuter parfaitement avant d'effectuer des attaques plus hautes).

Pour la deuxième catégorie, monter successivement par

demi-ton jusqu'au *fa* majeur avec les mêmes conseils de modération et de prudence.

Pour la troisième catégorie, aller jusqu'au *mi* bémol majeur.

Une des causes de difficultés rencontrées dans la tenue de souffle dans ces exercices se situe dans la trop grande déperdition d'air dans les attaques.

L'attaque sur ô couvert est difficile. Pour contourner la difficulté, je fais effectuer quelques petits sons piqués légers sur ô, sur la note d'attaque. Les chevalets aryténoïdiens vont ainsi exécuter une fermeture rapide des cordes vocales et réagir rapidement dans l'adduction cordale pour exécuter l'attaque, évitant ainsi la perte de souffle. Exemple :

– sons piqués légers sur la note d'attaque (quatre ou cinq) ;
– reprendre l'inspiration décomposée ;
– positionner bouche et lèvres ;
– attaquer doucement sans heurt la gamme descendante, etc.

Dans la plupart des cas, les élèves croient qu'en chantant *pianissimo*, ils iront plus loin dans l'économie du souffle. C'est une erreur. Bien chanter *pianissimo* constitue le sommet de la technique. Le débutant ne possède pas encore une musculature glottique suffisamment renforcée et la fuite d'air est trop importante pendant la phonation. Le *pianissimo* d'un grand artiste emplit des salles immenses ; celui des débutants est à peine audible dans une salle de travail et pourtant le professionnel fournit moins d'effort que le débutant...

Ce troisième exercice est indispensable à l'éducation des attaques, du *legato*, de l'*appoggio*, de la tenue de souffle. C'est la préparation idéale des longues phrases lyriques telles que la deuxième reprise de « *Dove sono* » dans l'air de la comtesse des *Noces de Figaro*.

EXERCICE N° 4

Les trilles (voir p. 110)

Dans un travail quotidien, ces exercices ne seront pratiqués que deux ou trois fois par semaine. Ils sont néanmoins indispensables. Pour certains, dotés par la nature, ils apparaissent relativement faciles. Pour la majorité, ils semblent presque irréalisables. Et, dans ce cas, la leçon avec le professeur de chant est indispensable.

On évitera de l'obtenir à tout prix, ce qui débouche sur le redoutable forçage de la voix et la déstabilisation du larynx. J'ajouterai que la gymnastique des yeux et l'agitation des doigts de la main gauche facilitent cet exercice.

Pour la première catégorie :

Trille majeur :

Prendre la couleur du « o » italien (ocre).

Monter par demi-ton jusqu'au *la* bémol majeur ; les débutants ne trilleront pas au-dessus du *sol* majeur. Pour certains élèves très avancés, je monte jusqu'au *si* bémol majeur (trille avec le *contre-ut*).

Pour la deuxième catégorie, monter par demi-ton jusqu'au *fa* majeur. Pour la troisième, jusqu'au *ré* majeur. Le matériel vocal lourd de cette catégorie exige une attention particulière du professeur.

Le trille mineur en demi-ton donne des vibrations moins larges, mais je le trouve personnellement moins brillant. Il suffit, dans l'exemple ci-dessus, de battre le *do* 4 avec un *do* dièse au lieu d'un *ré*. Il est également moins difficile d'exécution.

Dans les battements rapides de deux tons voisins, la note principale donnant la tonalité est généralement battue avec la note du dessous. Personnellement, je préfère battre avec la note voisine du dessus ; le travail musculaire est plus tonique et plus sécurisant pour l'appareil vocal. Lorsque le trille est bien établi dans une voix, on peut pratiquer le trille ascendant et descendant. Là aussi, la présence du professeur est indispensable.

On ajoutera l'exercice suivant.

EXERCICE N° 5

Parvenu à ce stade de la leçon, l'organe vocal est parfaitement préparé et conditionné. Ainsi, toutes les grandes vocalises traditionnelles peuvent être abordées, en fonction de la voix de chacun.

Il est difficile de donner des indications précises de hauteur et de catégorie ici. Tout dépend des possibilités de l'élève. C'est pourquoi il faut appeler à une grande prudence si le travail s'exécute sans contrôle.

On trouvera ici les trois types de vocalises auxquelles j'ai habituellement recours :

Autre exemple :

Cette dernière vocalise est difficile. La répétition de l'aigu la fera monter moins haut que la précédente.

Autre exemple :

Grande vocalise très assouplissante et difficile pour le souffle.

Au cours d'une même leçon, une seule de ces vocalises est choisie.

EXERCICE N° 6

Les sons filés (voir p. 113)

Catégorie n° 1 : débuter en *do* majeur et monter par demi-tons jusqu'au *la* majeur (débutants : *mi* majeur).

Catégorie n° 2 : *si* bémol majeur et monter jusqu'au *mi* majeur.

Catégorie n° 3 : *fa* dièse majeur et monter au *do* dièse majeur.

EXERCICE N° 7

La légèreté

Chacune de mes leçons se termine sur cet exercice dit de légèreté.

Je reprends le travail de la langue pour sécuriser la montée dans l'aigu.

Ce travail ne sera pas exécuté en position statique. L'élève devra au contraire « bouger dans son corps », danser, exécuter des mouvements amples et souples, tout en conservant une bonne tenue de la nuque.

Exemple :

Cette vocalise monte par demi-ton jusqu'à l'extrême aigu, puis redescend. Selon les voix, on ajoutera une, puis deux vocalises dans la descente pour étendre l'exercice.

Exemple de vocalise ajoutée :

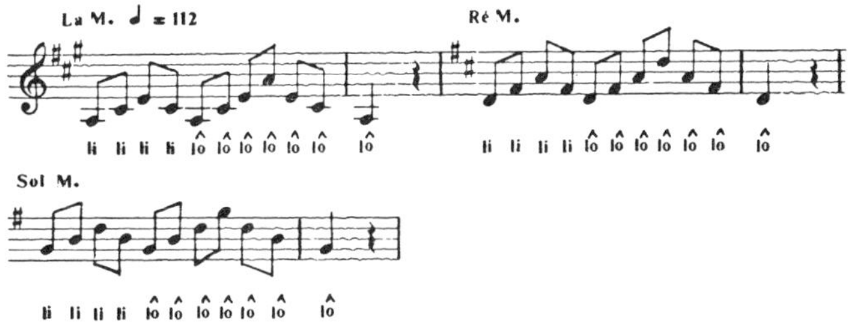

Deux vocalises :

Là encore, il est difficile de fixer les limites dans l'aigu et dans le grave. Tout dépend de l'étendue vocale propre à chacun.

Je dirai simplement pour donner une idée de l'exercice que je fais débuter un soprano léger, lyrique léger, sur un *si* bémol 2 et je monte jusqu'au *ré* 5 (débutant : *ut* 5).

Le soprano lyrique : de *la* 2 à *ut* dièse 5.

Le soprano dramatique et mezzo clair : de *la* 2 à *ut* 5.

Le mezzo large et contralto : de *la* bémol 2 à *si* bémol 4.

Le ténor léger : de *do* 3 à *ré* 5.

Le ténor lyrique : de *si* bémol 2 à *ut* dièse 5.

Le baryton léger : de *la* bémol 2 à *si* bémol 4.

Le baryton Verdi : de *sol* 2 à *la* 4.

La basse chantante : de *sol* 2 à *la* bémol 4.

La basse : de *mi* 2 à *sol* 4.

Cet exercice est généralement très bien vécu par l'élève. Il est ressenti comme libérateur et très euphorisant.

La leçon de chant est terminée.

Pour les débutants, je préconise de travailler essentiellement la technique pendant plusieurs mois. Lorsque la voix commence à se placer, on peut aborder le travail sur les morceaux, la partie proprement musicale.

Il est parfaitement concevable que certains professeurs fassent exclusivement du travail technique pendant un an, parfois même deux années, avant de se consacrer à la musique et au chant lui-même. Avec ma méthode, on peut aller, et sans aucun danger, plus vite. Le travail en profondeur qui est imposé construit en effet rapidement des bases extrêmement solides.

La technique vocale parfaitement maîtrisée ne signifie pas que l'élève saura l'appliquer dans sa façon de chanter. C'est encore une autre étape.

Écrire domine ce que l'on veut transmettre, c'est l'infini qui pose sa signature.

Bibliographie

M. ALEXANDER, *The Resurrection of the Body*, Delta Book, 1974.

Docteur Erkki BIANCO, « Cours-conférence du 19-11-1983 », in *Musique et Découverte*, « La voix chantée : acoustique et physiologie ».

Lennox BROWNE et Emil BEHNKE, *La Voix, le Chant et la Parole*, Société d'éditions scientifiques, 1893.

H. CLASTRES, *La Terre sans mal*, éd. du Seuil.

P. CLASTRES, *Le Grand Parler*, éd. du Seuil.

Ph. DEJONCKÈRE, *Précis de pathologie et de thérapeutique de la voix.*

C. DINVILLE, *Les Troubles de la voix et leur rééducation*, Masson.

D. FERNANDEZ, *Porporino*, Grasset.

Raoul HUSSON, *La Voix chantée*, Gauthier-Villard, 1960.

W. KAHLE, H. LEONHARDT, W. PLATZER, *Anatomie*, Flammarion, coll. « Médecine, Sciences ».

Professeur Jelena KRMPOTIC, in *Revue de laryngologie* de Bordeaux.

– « Index neuromusculaire des nerfs relatifs à la phonation ».

– « Index neuromusculaire chronométrique du grand hypoglosse et de ses branches relatives à la fonction de la langue pendant la mastication, la déglutition et la phonation. L'adaptation de l'index neuromusculaire à la fonction. »

KOBBE, *Tout l'opéra*, R. Laffont, coll. « Bouquins ».

Lily LEHMANN, *Mon art du chant.*

Docteur François LE HUCHE, *Anatomie et physiologie des organes de la voix et de la parole*, coll. « Phoniatrie », Éditions O.V.E.P.

Georges LOISEAU, *Notes sur le chant*, Durand et c^ie^, 1947.

Olivier MERLIN, *Le Bel Canto*, Julliard.

Ch. PANZÉRA, *L'Art de chanter*, Éditions littéraires de France.

Alain PÂRIS, *Dictionnaire des interprètes*, R. Laffont.

H. ROUVIÈRE, *Anatomie humaine*, Masson.

A. TOMATIS, *L'Oreille et la Vie*, R. Laffont.

Pierfrancesco TOSI, *L'Art du chant*, Éditions d'Aujourd'hui.

Docteur A. WICART, *Le Chanteur*, 2 vol., Ph. Ortiz éd., 1931.

Diverses revues dont :

– Celle de la Fédération nationale des orthophonistes, dossier n° 5, octobre 1981 : « Voix : carrefour de la personnalité. »

– *Traverses*/20, « La Voix, l'Écoute » (revue du Centre Pompidou).

Comptes rendus du troisième colloque ORL de Foch. (Laboratoires Fournier frères).

Table

DEUXIÈME PARTIE

CORPS ET VOIX

TROISIÈME PARTIE

LA TECHNIQUE

Composition réalisée par PCA
44400 REZÉ

Cet ouvrage a été imprimé par

FIRMIN DIDOT
GROUPE CPI

Mesnil-sur-l'Estrée

pour le compte des Éditions Robert Laffont
24, avenue Marceau, 75008 Paris
en décembre 2005

Imprimé en France

Dépôt légal : avril 2003
N° d'édition : 46786/02 – N° d'impression : 76971